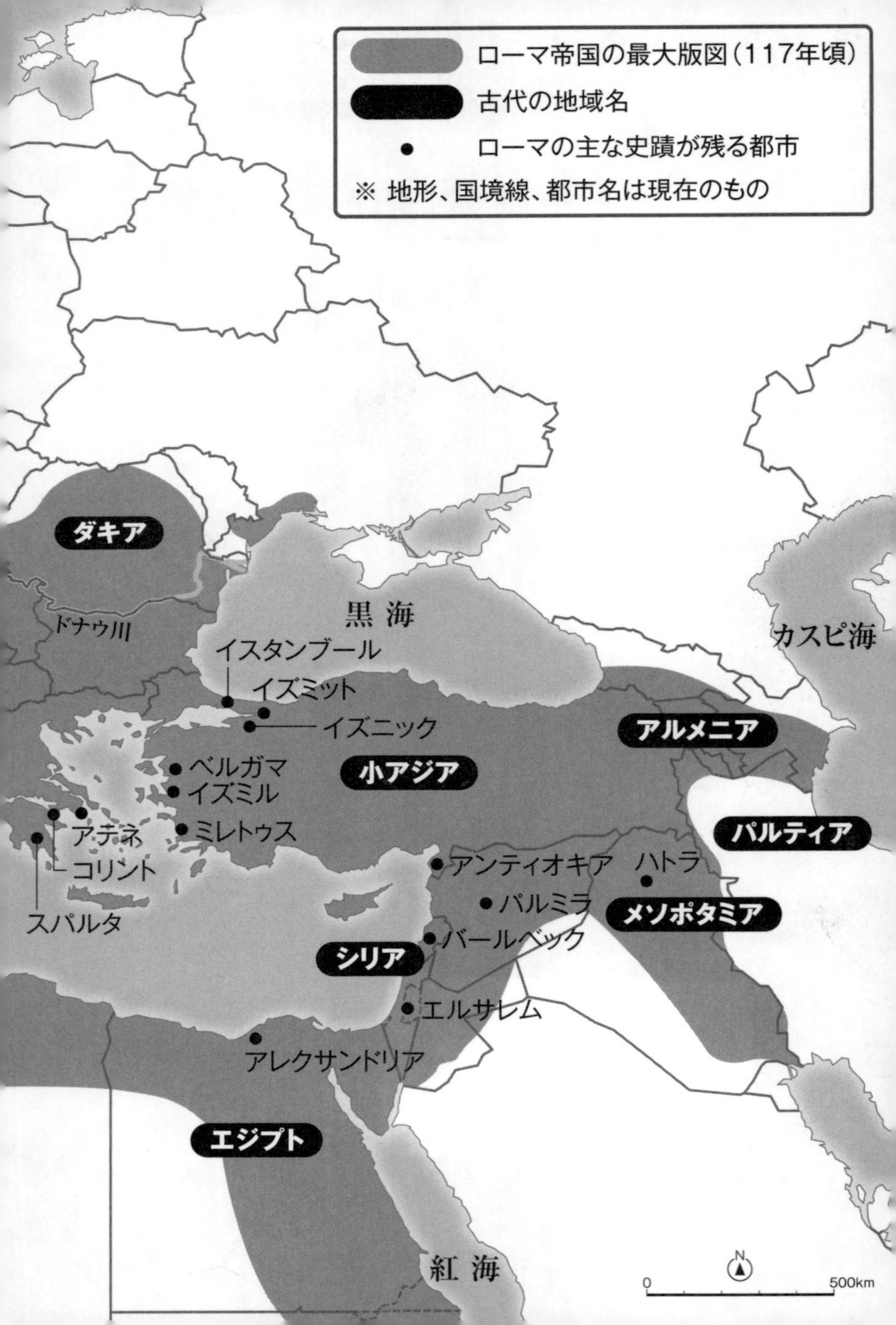
ローマ帝国の最大版図（117年頃）
古代の地域名
ローマの主な史蹟が残る都市
※ 地形、国境線、都市名は現在のもの
ダキア
ドナウ川
黒 海
カスピ海
イスタンブール
イズミット
イズニック
アルメニア
小アジア
ベルガマ
イズミル
アテネ
コリント
スパルタ
ミレトゥス
パルティア
アンティオキア
ハトラ
パルミラ
メソポタミア
バールベック
シリア
エルサレム
アレクサンドリア
エジプト
紅 海
N
0
500km

ローマ帝国の最大版図
ハドリアヌスの長城
ヨーク
ブリタニア
チェスター
コルチェスター
バース
ロンドン
ケルン
ゲルマニア
エルベ川
トリーア
ライン川
パリ
ランス
ウィーン
大西洋
ガリア
ヴェローナ
リヨン
ミラノ
ラヴェンナ
ニーム
オランジュ
ナルニア
アルル
ラツィオ州
カプア
コルシカ島
ローマ
ナポリ
セゴビア
バルセロナ
クーマ
ポンペイ
サルディニア島
カプリ島
ヒスパニア
タラント
パエストゥム
メリダ
カルタゴ
メッシーナ
セビリア
カルタヘナ
シチリア島
トゥッガ
シラクサ
マラガ
ヌミディア
チュニス
マウレタニア
ティムガド
地中海
レプキス・マグナ

「ローマ史」

教養としての読み方

How to read Roman History for cultural refinement

東京大学名誉教授
本村凌二

PHP

はじめに

本書は所謂《いわゆる》ローマ通史ではありません。その種の「ローマ史」なら拙著もふくめ何冊も手にすることができるでしょう。ここで敢《あ》えて「読み方」というからには、ローマ史を理解するにあたってどのような点に注目すべきか、という姿勢で語ったつもりです。

たとえば、同じようなポリス（都市国家）として出発しながら、なぜギリシア人は民主政を目指し、ローマ人は共和政を樹立したのか、というテーマについて論じています。両者の差異に目を向ければ、そもそも部族のあり方が異なっていたことに気が付きます。

また、曲がりなりにも五百年もつづいたローマの共和政が前一世紀後半のカエサル―アウグストゥスの時代に、なぜ第一人者の権力を認めるようになったのかも興味深いテーマです。華々しい政争と戦争の背景にはいかなる事態がひそんでいたのか、その問題を考えるとき、カエサルやアウグストゥスを支持した人々がいかなる社会層であったのかにも目を向けなければなりません。

さらにまた、長い間パクス・ロマーナ（ローマの平和）で繁栄を享受したローマ帝国が、なぜ三世紀に「軍人皇帝時代」の「危機」に見舞われたのかは世界史の観点からも重要なテーマです。軍人が力をもつ時代とはどのような特徴があるのでしょうか。彼らの出身地はどこにあったのでしょうか。それらについて考えるとき、歴史の裏側にひそむ意外な実態に目をみはることにもなります。

それに加えて、しばしば自由を尊重するローマ人は寛容だったと言われますが、長い歴史をたどれば、それも変質していくのが見て取れます。とりわけ「クレメンティア（慈愛）」という言葉に注目すると、そこには三つの段階があり、それらが「自由」の意識と微妙に関わり合っていることが浮び上ってきます。

これらのテーマは、これまでも断片的に語られてきたかもしれません。でも、本書において、「ローマ史」という大きな流れのなかで、それらのテーマに注目すれば、「世界史としてのローマ史」という問題の理解がより深まることと思います。その意味では本書も時系列に従って通史もどきの形をとっておりますが、ひとえに理解しやすさに配慮したためです。

ところで、かつて丸山眞男という大先生が「ローマ史には人類の経験が凝縮されている」とか「ローマ史は社会科学の実験場である」とか指摘されています。さらにまた、『ローマ人の物語』で名高い塩野七生さんは「ローマ史は世界史のブランド品」とも指摘されています。

私のようなローマ史を専門とする研究者の立場からすれば、このようなお褒めのご指摘を手離しで喜んでばかりはいられません。ほんとうに「人類の経験の凝縮」なのか「ブランド品」

なのか、という疑問は念頭を去来しないでもありません。

しかしながら、半世紀近くローマ史研究を狭義の専門としてきた身からすれば、その学習のなかで見えてきたことも少なくありません。たとえば、世界帝国としてのローマ帝国を祖形とすれば、近代における海洋帝国としてのポルトガルやスペインについても、植民地をちりばめた大英帝国についても、理解を深めることができるように思います。さらには二十一世紀におけるアメリカ「帝国」や中華「帝国」についても、ローマ史を座標軸とすれば、なんらかの手がかりが得られるような気さえします。

ギリシア悲劇はくりかえし、ヒュブリス（傲慢）が悲劇の原因であることを教えています。ここで「ローマ史はすごいぞ」と吹聴《ふいちょう》すればヒュブリスの誹《そし》りをまぬかれないかもしれません。しかし、「世界史理解の座標軸としてのローマ史」であれば、学習効果は間違いないという自負はあります。

読者の皆様がこの「読み方」を参考にしながら、世界史を学ぶ楽しさを知っていただければ幸いに思います。今や「世界史」はたんなるブームではなく「グローバル・ヒストリー」としてわれわれの教養の基本となりつつあるからです。

二〇一八年二月吉日

本村凌二

教養としての「ローマ史」の読み方　目次

II

勝者の混迷、カエサルという経験
——グラックス兄弟の改革、ユリウス・クラウディウス朝の終わり

第4章　持てる者と持たざる者の争い

第5章　英雄カエサルとローマ皇帝の誕生

Ⅲ

「世界帝国ローマ」の平和と失われた遺風
——五賢帝の治世とその後の混乱

序章　ローマ一二〇〇年の歴史に学ぶ

ローマの歴史に触れるとき、誰もが疑問に感じることが二つあります。

一つは、「なぜ、ローマは帝国になり得たのか」。

もう一つは、「なぜ、ローマ帝国は滅びたのか」です。

ローマがイタリア半島で、小さな都市国家（ポリス）として産声を上げたとき、地中海世界には少なく見積もっても千数百個もの都市国家が存在していました。その中にはローマより文化的に秀でていたものもあれば、技術的に進んでいたものも、人口の多いものもありました。しかし、そうした都市国家をすべて飲み込み、大帝国を築き上げたのはローマでした。

紀元前二世紀のギリシアの歴史家ポリュビオスは、世界で初めて「なぜ、ローマは帝国になり得たのか」という問いに真剣に向き合った歴史家かも知れません。ギリシア人であった彼は、先進国であるギリシアの諸国家が成しえなかったことを、なぜローマはできたのかという問いの答えを、ギリシアとローマを比較することで見出そうとしました。

もう一つの「なぜ、ローマ帝国は滅びたのか」という疑問も、十八世紀のイギリスの歴史家エドワード・ギボンの『ローマ帝国衰亡史』を筆頭に、多くの歴史家が取り組んできた問題です。

ローマは長期にわたって安定して帝国を維持した世界史上稀有な帝国です。アレクサンドロス大王の帝国、モンゴル帝国、イスラム帝国、世界史にはいくつもの「帝国」が登場しますが、ローマほど長期間にわたり、帝国を維持した国はありません。

そのローマ帝国がなぜ滅びたのかという疑問をギボンが持ったのは、彼の生きる十八世紀のイギリスがローマ帝国と重なって見えたからだと思います。当時のイギリスは、世界に植民地支配を広げ、大英帝国として世界に君臨しようとしていました。おそらくギボンは、母国イギリスの未来を、ローマ帝国の歴史から学ぼうと思ったのだと思います。

ポリュビオス以降、今日に至るまで、さまざまな時代のさまざまな人々が、これらの問いに取り組み、彼らなりの答えを導き出してきました。

歴史という学問の答えは、数学のように必ずしもひとつではありません。これらの問いの答えもひとつではありません。過去の歴史家が導き出した答えは、すべて真実であると思います。でもそれは、真実のひとつであって、真実のすべてではありません。

「ローマは一日にしてならず」という言葉がありますが、ローマは、帝国になるまでに、いくつもの「試練とその克服」を経験しています。その中のどれかひとつでも克服できなかったとしたら、ローマは帝国になることはできなかったでしょう。

長い年月をかけて帝国に成長したローマは、やはり長い年月をかけて滅びの道を歩んでいきます。以前、わたしは著書の中で「ローマの滅亡は老衰のようなもの」だと述べたことがあります。それは、ローマの滅亡には、それを決定づけるようなドラマチックな事件がないからです。ローマは、さまざまな要因が複雑に絡《から》み合い、少しずつ、少しずつ、体力が衰えていき、滅亡に至っています。


本書では、約一二〇〇年に及ぶローマの長い歴史を、大きく四つの時代に分けて解説しています。

第一部（Ⅰ）は、前八世紀のローマの建国から、第三次ポエニ戦争が終結し、カルタゴが滅亡する紀元前一四六年まで。なぜここで区切るのかというと、小さな都市国家から拡大したローマが、地中海世界の覇権を握り、事実上の帝国になったと言えるのが、この前一四六年だからです。

第二部（Ⅱ）は、前一四六年のカルタゴ滅亡から、共和政末期の混乱期を経て、アウグストゥスという最初の皇帝が生まれてくる帝政の初期です。この時代は「勝者の混迷」とも言うべき混乱の時代です。地中海の覇権を手にし、事実上の帝国となったローマは、巨大になったがゆえの問題を抱え、内乱を繰り返すことになります。その混乱を収める形でカエサルが登場し、皇帝が誕生して、ローマは名実ともに帝国になるのですが、帝政が安定しないなか、カリグラやネロといった悪帝が出てきたことで、共和政に戻した方がいいのではないかという動きも生まれます。

第三部（Ⅲ）は、それまでの混乱を乗り越え、ローマ帝国がまさに最盛期を迎える五賢帝の時代を中心とします。しかしこの最盛期は百年も続かず、ローマは再び混乱の三世紀と言われる軍人皇帝の時代に突入していきます。

第四部（Ⅳ）は、軍人皇帝時代、その混乱を収拾したディオクレティアヌス帝から、西ローマ帝国の滅亡までを扱います。これまでこの時代は、ローマというひとつの大帝国の終焉として捉《とら》えられることが多かったのですが、本書ではもう少し視野を広げ、古代世界の終焉という視点でもローマの滅亡を見ていきたいと思います。

くりかえしになりますが、かつて、丸山眞男という大先生は、「ローマの歴史の中には、人類の経験のすべてが詰まっている」と語られています。私自身、大学生のときから数えれば、半世紀近い年月をローマ史研究に費やしてきましたが、ローマ史はいまだに謎に満ちています。まさにローマの謎は汲めども尽きない泉のようなものなのです。

歴史は過去の話ですが、その過去は今と不可分のものではありません。

鉄血宰相として知られるドイツの宰相オットー・フォン・ビスマルクは、「賢者は歴史に学ぶ」と言いましたが、大切なのは、歴史から何を学び、それを自分の人生や社会にどう活かすかです。

詳しくは本文に譲りますが、第二次ポエニ戦争（前二一八〜前二〇一）のカンナエの戦いでローマ軍がハンニバル率いるカルタゴ軍に大敗したとき、スキピオは敵将ハンニバルの戦法を学び、ローマを勝利に導きました。

初代皇帝アウグストゥスは、養父カエサルの暗殺に学び、四十年の長きにわたる安定政権をつくり上げました。

歴史は常に、「先人に学んだ者が勝利を摑む」ということを教えてくれています。

なぜ、ローマは帝国になり得たのか。

なぜ、ローマ帝国は滅びたのか。

この問いの答えはまだ出尽くしていないと、わたしは思っています。ぜひ読者の皆さんも、本書をきっかけにこの問いにチャレンジし、その答えを今後の人生と社会の発展に役立てていただきたいと思います。

I

なぜ、ローマは世界帝国へと発展したのか

——地中海の統一とカルタゴの滅亡

第1章　なぜ、ローマ人は共和政を選んだのか

「ならず者」的性格だった初期のローマ

建国神話というのは、どこの国のものも美しい物語で彩《いろど》られているものですが、ローマの場合も例外ではありません。

伝承によると、ローマの建国は紀元前七五三年四月二十一日。建国の王は、オオカミの乳を飲んで育ったロムルスとレムスという双子の兄弟のひとり、ロムルスです。

ロムルスとレムスの母は、美と豊穣《ほうじょう》の女神ヴィーナスの息子にして、トロイア戦争で武勇を誇ったトロイアの武将アエネアスの血を受け継ぐアルバ・ロンガ部族の王女レア・シルウィア。父は、レアの美しさに魅せられた軍神マルスだと伝えられています。

つまり、ローマを建国したロムルスは、父からも母からも神の血を受け継いだ、非常に高貴

な出自の持ち主なのです。

アルバ・ロンガ部族の王位継承権を持って生まれたロムルスとレムスの双子は、運悪く生まれてすぐ王家の内紛に巻き込まれ、命を狙われてしまいます。しかし、彼らの身の上を憐《あわ》れんだ兵士によって、双子はカゴに入れられ、テヴェレ川に流されます。これを助け、自らの乳を与えて育てたのが、河畔に棲《す》む雌オオカミでした。

やがて牧夫にひろわれ、たくましく育った双子は、成長し自らの出自を知ると、力を合わせて略奪王を倒し、王位を祖父に戻し、自らは新たな国づくりを始めます。

しかし、仲のよかったロムルスとレムスは次第に対立するようになり、ついにはロムルスはレムスを殺してしまいます。

こうして王権を安定させたロムルスは、国名を自らの名にちなんで「ローマ」と改め、盛大な建国式典を催《もよお》します。この式典を行ったのが、前七五三年四月二十一日、つまり、今もローマで盛大なイベントが行われる「ローマの建国記念日」なのです。

ローマ初代の王ロムルスの治世は三十七年に及び、その間に元老院や市民集会など、共和政ローマにも引き継がれるローマの基礎が築かれました。

神の血を受け継いだ高貴な王による建国の物語は、あくまでも「神話」なので、どこまで真実が含まれているのかはわかりません。しかし、そんな神話の中にも史実を反映していると思われる逸話があります。その筆頭が、「サビニ女の略奪」と言われる話です。

「サビニ女の略奪」の話は西洋ではよく知られた物語で、多くの画家がこの話をモチーフにした絵を描いています。中でもフランスのルーヴル美術館に収蔵されているジャック・ルイ・ダヴィッドの『サビニの女たち』（一七九九）は有名です。

建国間もないロムルス王の治世の悩みは、女性が少なく子供の数が増えないことでした。このままではローマの人口は減少し、早晩、国家存亡の危機を迎えることになります。

この危機を脱するためにロムルス王が決行したのが、ローマ近郊の国、サビニ人から女性をだましとるということでした。

しかし、無理矢理女性たちを拉致《らち》するわけですから、妻子を奪われたサビニ人も当然、黙ってはいません。ローマに復讐を誓い、やがて両国は対決することになります。

ところが、このとき両者の間に割って入った者がいました。

それは、ローマに強奪されたサビニの女性たちでした。

「どちらに犠牲が出てもわたしたちは悲しい思いをするのです。どうか、争いを止《や》めてください」

彼女たちにしてみれば、サビニ人が殺されることは、自分の父親や兄弟が殺されることであり、ローマ人が殺されることは、夫や幼な子が殺されるのと同じことでした。

もちろん最初は無理矢理奪われたのですから、ローマ人を恨《うら》んだことでしょう。しかし、一緒に暮らすようになって一年が経ち、二年が経つと、子供も生まれます。そうして略奪された

サビニの女たち

サビニの女性が、ローマ人とサビニ人の間に割って入り、必死に戦いを止めようとする場面を描いた絵。ダヴィッド作。ルーヴル美術館蔵。

女性たちの心にも変化が生まれたのだと思います。

サビニの女性たちが和平を訴えたことで、ローマとサビニの争いは調停され、やがて両国は一つに統合されていきました。

隣国の女性を力ずくで略奪するなんて、ローマ人はなんて野蛮なんだ、と思うかも知れませんが、古代は、国際交流などできない時代です。交通手段も限られていたので、ほとんどの人が自分の生まれた村や町という狭い世界の中で、その一生を終えていました。地中海には小さな島がたくさんありますが、島ならなおさらです。男性でさえほとんどがそうなのですから、そうした時代に、自分が暮らす町や島の外に出ていく女性などまずいません。

実はロムルス王も、最初は周辺諸国に特

使を送り、ローマに女性を嫁《とつ》がせて欲しいとお願いしているのですが、どこの国からも色よい返事がもらえなかったために、強奪という強硬手段に踏み切ったのです。

この時代の新興国はどこも女性不足という問題を抱えていたので、女性が必要なときは近隣から強奪するということが、ごく当たり前のこととして行われていました。

それに、実は同じようなことは現代でも起きています。記憶に新しいところでは、ＩＳ(Islamic State／イスラム国)が女性を強奪し自国の戦士と結婚させるという、「サビニ女の略奪」と同じようなことをやっています。

美しい建国神話を持つローマですが、実際の建国期のローマの構成員は、周辺諸国から亡命してきた者や生まれ故郷にいられなくなったならず者、主人のもとを逃げ出した奴隷など訳あって流れてきた人々が多く、そのほとんどは男性でした。同じようなことをしたＩＳも、構成員のほとんどは男性兵士です。つまり、女性不足という状況下では、略奪という野蛮な行為は、時代にかかわらず起こり得る、ということです。

誤解しないでいただきたいのですが、わたしはＩＳの行ったことを正当化したり、仕方がないことだったと言うつもりではありません。事実として、「建国」には常にある程度の暴力的な部分が伴い、それは時代を遡《さかのぼ》れば遡るほど強くなる傾向があるということです。

日本にしても、大国主命《おおくにぬしのみこと》が天孫に国を譲ったという、美しい「国譲り神話」がありますが、実際の建国のときにどれほど暴力的なことがあったのか、本当のところはわかりません。

美しい「神話」の中には、野蛮な暴力行為がいろいろ隠されているのです。いや、むしろ暴力的な現実があったからこそ、美化しようという気持ちが働き、美しい建国神話が生まれることになったのだと思います。そのため、哲学者ヘーゲルは「偉大なるローマもそもそも略奪国家にすぎない」と批難しています。

ローマの共和政を開いた「ルクレティアの凌辱」

ローマは初代ロムルスから、七代にわたって王政が続きます。西暦でいうと前七五三年から前五〇九年までの約二百五十年間で、この間を「王政期」と呼びます。

二代目の王ヌマ・ポンピリウスはサビニ人、三代目のトゥッルス・ホスティリウスはローマ人、四代目のアンクス・マルキウスはサビニ人と、ローマ人とサビニ人が交互に王位に就いているのですが、王政期の後半、五代目以降はエトルリア人の王が続きます。

エトルリアはローマの北に位置する、現在トスカナ地方と言われている地域です。ここはイタリアの中でも最もいい場所です。古代ローマ人はエトルリア人を「トゥスキ／Tusci」と呼んでいましたので、トスカナという地名は「エトルリア人の土地」を意味します。

どこでもそうですが、最初にその土地に入ってきた人々が最もよい場所に住み着きます。つまりエトルリア人は、ローマ人より先にイタリアに住み着いた民族だということです。

イタリアにいち早く入ったエトルリア人は、先進文化を持っていました。そのエトルリア人が続けてローマの王位に就いたということからは、当時のローマがエトルリアの持つ先進文化に圧迫されていたということが読み取れます。

しかし、現実には圧迫と同時に、エトルリアの先進文化に期待を寄せていたという一面もあったと思われます。なぜならこの時期のローマの街は、悪臭漂う汚水に悩まされていたからです。エトルリア人の技術による大下水道工事は、ローマの市民生活に多大な恩恵をもたらすと期待されていました。

ところが、第七代の王タルクィニウスは、その建設工事に民衆を駆り出し、酷使したため、現実には民衆に感謝されるどころか、不満を抱かせる結果になってしまいました。

そんな中、王にとって致命的な事件が起きます。

王の息子セクストゥスが、美しく貞淑な人妻ルクレティアを強姦したのです。

事の発端は、酒宴の席で盛り上がった男たちの「妻自慢」でした。

誰の妻が最も貞淑で優れているか、男たちは口々に自分の妻を自慢しましたが、ここでいくら話していてもらちがあかないと、男たちは酔った勢いで馬を飛ばし、自分の妻の様子を確かめに行くことになりました。

すると、ほとんどの男の妻が遊びほうけていた中、ただ一人コラティヌスの妻、美貌で知られるルクレティアだけが貞淑に機織《はたお》りをしていました。

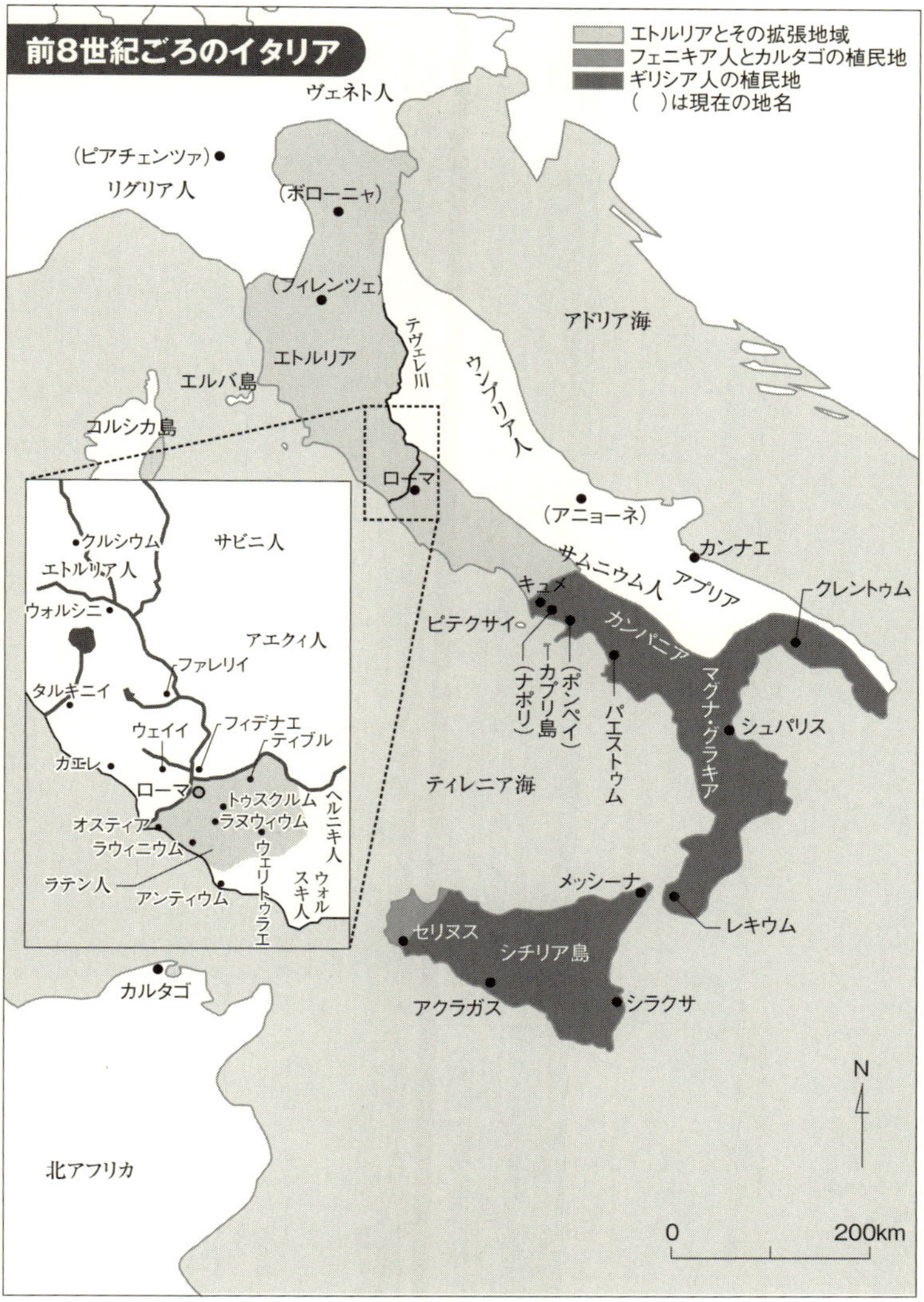

前8世紀ごろのイタリア
エトルリアとその拡張地域
フェニキア人とカルタゴの植民地
ギリシア人の植民地
(　)は現在の地名
ヴェネト人
(ピアチェンツァ)
リグリア人
(ボローニャ)
(フィレンツェ)
エトルリア
エルバ島
コルシカ島
テヴェレ川
ウンブリア人
アドリア海
ローマ
(アニョーネ)
カンナエ
サムニウム人
アプリア
キュメ
ピテクサイ
カンパニア
クレントゥム
(ナポリ)
カプリ島
(ポンペイ)
パエストゥム
マグナ・グラキア
シュパリス
ティレニア海
メッシーナ
レキウム
セリヌス
シチリア島
アクラガス
シラクサ
カルタゴ
北アフリカ
N
0
200km
クルシウム
サビニ人
エトルリア人
ウォルシニ
アエクィ人
ファレリイ
タルキニイ
フィデナエ
ウェイイ
ティブル
カエレ
ローマ
トゥスクルム
ヘルニキ人
オスティア
ラヌウィウム
ラウィニウム
ウェリトゥラエ
ラテン人
アンティウム
ウォルスキ人

その話を聞いた王の息子セクストゥスは、「そんなに優れた女性だというなら、ひとつその貞淑を試してみようじゃないか」と言い出し、夫が留守の夜を狙って、ルクレティアの寝室に忍び込んだのです。

もちろんルクレティアは必死に抵抗しますが、悪辣《あくらつ》なセクストゥスは、次のような言葉で彼女を脅《おど》しました。

「これ以上拒《こば》めば、姦通の最中に殺されたと思われるように、貴女の死体と奴隷の死体を並べて置いておくぞ、それでもいいのか」

この言葉にルクレティアは仕方なく、セクストゥスに身を任せます。

しかし、彼女はセクストゥスが帰るとすぐに、自分の夫と父親に、それぞれ信頼できる友人を伴ってすぐに来て欲しいと使いを出します。そしてみんなが揃ったところで、何があったのか、すべてを打ち明けました。夫は妻を慰め許しましたが、ルクレティアは「罪は免《まぬか》れても、罰からは逃げません」と言い、隠し持っていた短剣で自らの胸を貫き果てたのでした。

一部始終を見ていた友人ブルトゥス（?～前五〇九）は、ルクレティアの胸から引き抜いた血塗《まみ》れの短剣を手に、「これ以上、王家の暴虐不法を許してはおけない。王家を追放しよう」と叫びました。

もともとエトルリア系の王に対する不満が人々の中に蔓延していた中で起きた事件でしたから、ブルトゥスの怒りは民衆を突き動かし、集会も王家一族の追放を決議するに至ります。

こうして前五〇九年、王家一族を追放したローマは、これ以上、王という名の独裁者による専制政治を望まず、王に代わるものとして任期一年限りの指導者である執政官（コンスル）二名を選出するという道を選びます。共和政ローマの誕生です。

ローマの王政末期には、民衆の王に対する反感がかなり強まっていたので、ルクレティアの事件が起きなくても王政はなくなっていたかも知れません。しかし、この類の事件がローマ中に知れ渡ったことが、王政転覆のきっかけになり、ローマが共和政に移行したことは紛《まぎ》れもない事実なのです。

なぜ、これほどまでに独裁を嫌ったのか

独裁者と化していた王タルクィニウスを追放したローマは、以後「王」を置かず、民会、元老院、政務官の三者による共和政をしきます。

共和政ローマで国政を担《にな》ったのは、「民会（コミティア）」の選挙によって選ばれた「政務官（マギストラトゥス）」たちでした。政務官の任期はわずか一年、同じ人が連続して就任することは禁じられ、さらに、政務官の最高位であり、戦時には軍の最高司令官も兼ねる「執政官（コンスル）」は、二名選任することで互いを牽制させ、独裁を防ぎました。

ちなみに、共和政のスタートにあたり、民会が選んだ最初の執政官は、ルクレティアの夫で

あるコラティヌスと、王族追放の立役者となったブルトゥスでした。

エトルリア系の王族を追放したときのローマ市民の不満の正体が、エトルリアという異民族の支配を受けることであったり、タルクィニウス個人の悪政であれば、新たにローマ人の王を立てるという選択肢もあったはずです。しかし、ローマ人は「王」という単独の支配者を嫌い、市民を主権者とする政体である「共和政」を選びました。

政務官や、最高権力者である執政官の任期を一年というごく短いものにしたのは、ローマの共和政が、まさに「反独裁のためのシステム」だったからだと言えます。

ローマ人は、なぜこれほどまでに独裁を嫌ったのでしょう。

それは、ローマ人が「自分たちは自由人である」という強い意識を持っていたからだと考えられます。つまり、一人の人間に支配されることを、自らの自由を侵《おか》すものとして嫌悪したのです。これは古代ローマを理解する上で押さえておくべきポイントです。

現代人は「自由」を当然の権利と思っていますが、古代社会というのは、王を頂点に、貴族がいて平民がいて、最下層に奴隷がいるというピラミッド構造の世界です。古代ローマにも当然のものとしてこうしたヒエラルキーが存在していました。実際、ローマ人は自らの国家を「S・P・Q・R」と表記しました。これは、「Senatus Populusque Romanus」の略号で、直訳すると「ローマの元老院と民衆」となります。ローマという国の主権者は、元老院（＝貴族〈パトリキ〉）と民衆（＝平民〈プレブス〉）という二つの身分の人々であるということです。

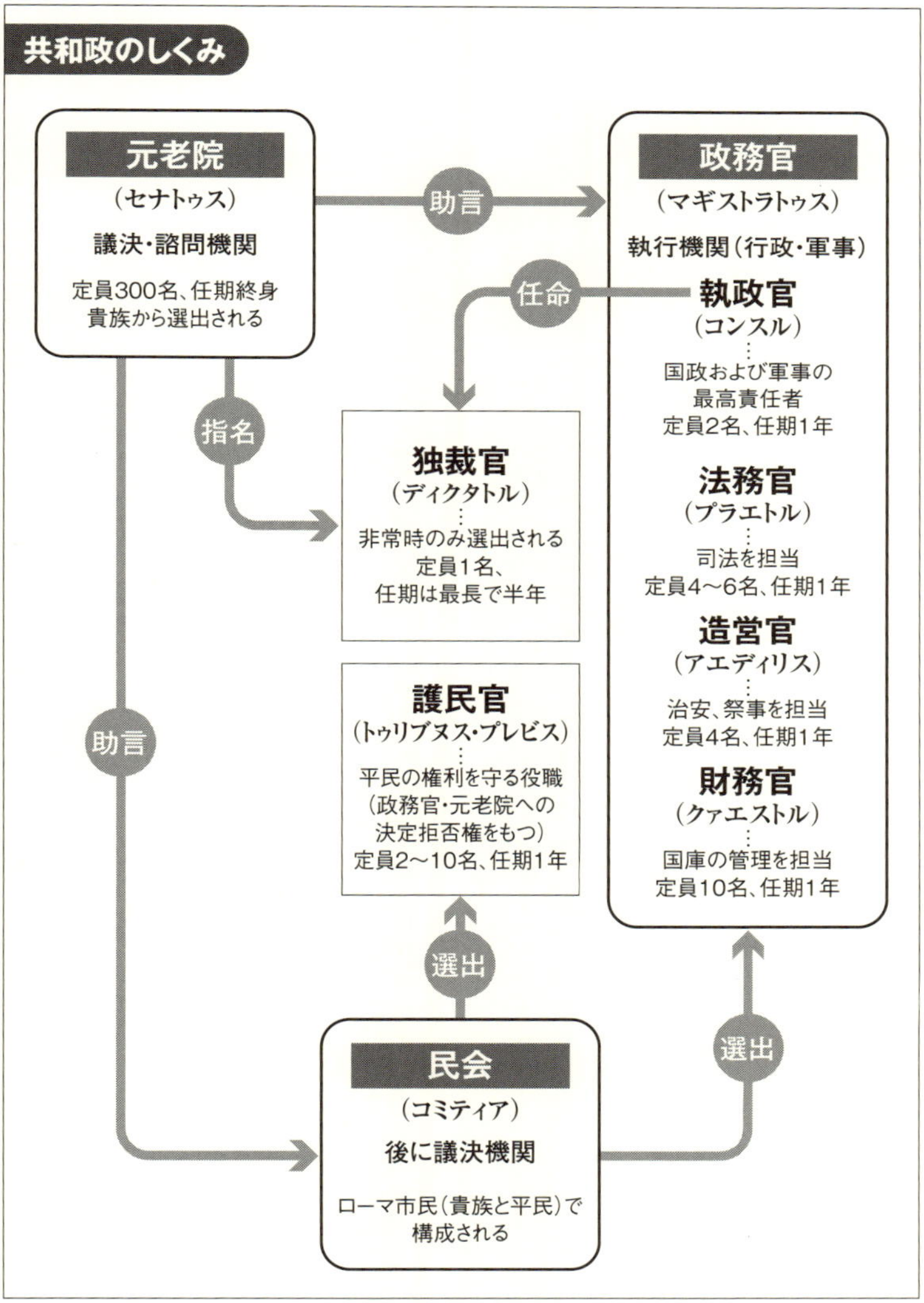
共和政のしくみ
元老院
（セナトゥス）
議決・諮問機関
定員300名、任期終身
貴族から選出される
助言
政務官
（マギストラトゥス）
執行機関（行政・軍事）
任命
執政官
（コンスル）
国政および軍事の
最高責任者
定員2名、任期1年
指名
独裁官
（ディクタトル）
非常時のみ選出される
定員1名、
任期は最長で半年
法務官
（プラエトル）
司法を担当
定員4〜6名、任期1年
造営官
（アエディリス）
治安、祭事を担当
定員4名、任期1年
護民官
（トゥリブヌス・プレビス）
平民の権利を守る役職
（政務官・元老院への
決定拒否権をもつ）
定員2〜10名、任期1年
財務官
（クァエストル）
国庫の管理を担当
定員10名、任期1年
助言
選出
選出
民会
（コミティア）
後に議決機関
ローマ市民（貴族と平民）で
構成される

先の話になりますが、この意識はローマが共和政から帝政に移行しても保たれました。帝政時代もローマはあくまでも「S・P・Q・R」であり、皇帝を意味する「I（Imperator の頭文字）」が入ることはありませんでした。

共和政ローマにおける身分区別は非常に厳格なものでした。身分を超えた婚姻は許されず、同じローマ市民であっても、貴族と平民とでは投票の割当数に大きな差がありました。

こうした厳格な身分区別があるにもかかわらず、なぜローマ人は貴族も平民もともに「自分たちは自由人である」という意識を持つに至ったのでしょう。

理由はいくつか考えられます。一つにはローマの軍事組織が挙げられます。

ローマ軍はエトルリア人にならって「ファランクス」と呼ばれる密集隊形を組んで戦います。集団でまとまって戦うため、人々には助け合いの意識が生まれ、連帯感や団結心が育《はぐく》まれます。その結果、個人としての自由を尊重しつつ、同時に全体の利益を重んじるという、当時としては珍しいほどバランスのよい自由意識が育まれたのではないかと思われます。

しかし、ファランクスだけではローマ人の強固な自由意識は説明できません。もう一つ重要なのが、ローマ人の祖国に対する強い思いと、それが個人の名誉と強く結びついていたという事実でしょう。

もともと農民だったローマ人は、土地というものに強い執着心を持っていました。祖国の土地。それがローマ人にとって最も重要なものだったのです。実際、共和政期のローマの歴史は、祖国の土地を守り、拡大するために、ただひたすら祖国を強くすることを考えてきた人々の歴史だと言えます。

こうした思いは、名誉を「故国のために尽くした人」に与えるようになり、結果、祖国のためには身も心も財産も使い、戦いで死ぬことも厭《いと》わぬ英雄を数多く生み出すことになったのです。勇敢に戦う英雄を讃《たた》えつつも、決して独裁は許さない。これこそが、共和政期のローマ人の自由意識の特質だと思います。

ローマが国家として誕生したとき、そこにはまだ身分の差はほとんどありませんでした。そうした中で功績を上げた人、英雄的な活躍をした人たちの家が、後に「貴族」あるいは「氏族」と称されるようになっていったのです。

この当時のローマについては、史料と言ってもその内容は伝説や伝承的なものが多く、何が真実かを明らかにすることは難しいのですが、おそらく平民の間には身分の区別に対する不満がありながらも、祖国の防衛や統治に尽力していた貴族に対する敬意が払われていたのだと思われます。

共和政ローマにおける最高権力者は、構造上は二人の執政官ですが、実際に最も大きな権力を有していたのは、有力貴族の集まりである「元老院」でした。

元老院の歴史は古く、創設は初代国王ロムルスの治世まで遡ると言われています。もともと王の諮問機関として、三〇の氏族の長に当たる者たちから選ばれた元老院議員（パトレス）

は、創設時は約一〇〇人ほどでしたが、共和政期には約三〇〇人にまで増員されています。

元老院議員の任期は終身で、本来の役割は政務官や民会への助言ですが、市民の代表である民会は貴族が優勢であり、政務官は任期が短かったため、実権は元老院が握っていたと言えます。つまり、ローマの共和政というのは、実際には貴族支配だったということです。

とは言え、自由意識の強いローマでは、平民が貴族の圧政にひたすら耐えていたわけではありません。ローマの共和政は、貴族が主導権を握ってはいましたが、その内実は集団主義的自由意識に立脚していたのです。そのため平民は、不満があれば貴族に対して、自らの意見を主張しています。

その結果、共和政初期には平民と貴族との間で約二百年にわたり身分闘争が繰り返されることになりますが、一連の闘争によって、ローマには平民を守る護民官が創設され（前四九四）、ローマ法の基礎となる「十二表法」が作られ（前四五〇）、貴族と平民の通婚を認めるカヌレイウス法が生まれ（前四四五）、ローマは個人の自由を尊重した法治国家へと成長していくことになるのです。

民主政を選んだギリシア人の国民性

ギリシア史とローマ史を比べたとき、すべての面においてギリシアの方が進んでいたと言われています。実際、ローマにとってギリシアの諸国家は文化的先進国でした。

ところが、興味深いことに、民主的な政治への移行という点においては、ローマの方がわずかながらギリシアに先んじているのです。

ローマが共和政を樹立したのは前五〇九年。それに対し、ギリシアのアテネがクレイステネスの改革を経て民主政を樹立したのは前五〇八年です。わずか一年ですが、ローマの方がギリシアに先んじているのは事実です。

文化的には明らかな後進国であるローマが、当時の先進国であったギリシアとほぼ同時に独裁から脱しているということは注目すべきことだと言えるでしょう。

異なっているのは、ローマが共和政を選んだのに対し、ギリシアは（と言ってもこの場合はアテネですが）、直接民主政を選んだということです。

アテネの民主政は、市民権を持っている者は誰でも直接政治に参加できるというものです。もちろん民主政に移行したと言っても、クレイステネスの改革後しばらくはまだ完全なものではなく、重要な役職に就けるのは貴族や富裕層に限られていました。しかしそれも、市民に平等意識が浸透していくに伴い、徐々に改善され、前五世紀の半ば頃には、ほとんどの公職者が選挙によって選ばれるようになっています。これは非常に高いレベルの民主政治と言えます。

アテネの民主政の最高議決機関は、市民の総会である「民会」です。さまざまなことがこの民会における多数決で決められるのですが、現実問題として、全市民がすべての議決に参加するのは難しく、重要事項以外は、市民から選ばれた五〇〇人による「評議会」で決議されていました。

このように言うと、ローマの元老院と同じくギリシアでは評議会に権力が集中したのではないかと思われるかも知れませんが、アテネの評議会議員の任期は一年と短い上、就任できるのは一生の間に二回だけ、それも連続して就くことは禁じられていました。ギリシアでは、評議会議員にこうした制約を課すことで独裁を予防したのです。

もう一つ、アテネは独裁を予防するために、ローマにはない方法を導入しています。それは「陶片追放《とうへん》／オストラキスモス」です。

これは、専横な振る舞いをする人が現れたとき、その人の名を「オストラコン／陶片（陶器のかけら）」に書き投票し、多く票が集まった場合は、その人物を「独裁者になる危険性が高い人物」として、十年間国外追放処分にするというものです。

独裁を未然に防ぐためのシステムですが、アテネではこれが政争の道具に使われてしまいました。

対立陣営が互いに敵側のリーダーを追放するため、陶片追放を利用するようになってしまったのです。しかし実際には、両陣営が同様の画策を行ったため、陶片追放はほとんど成功しなかったとも言われています。本来の趣旨はよくても、制度が悪用されてしまったためにきちんと機能しなかったということです。

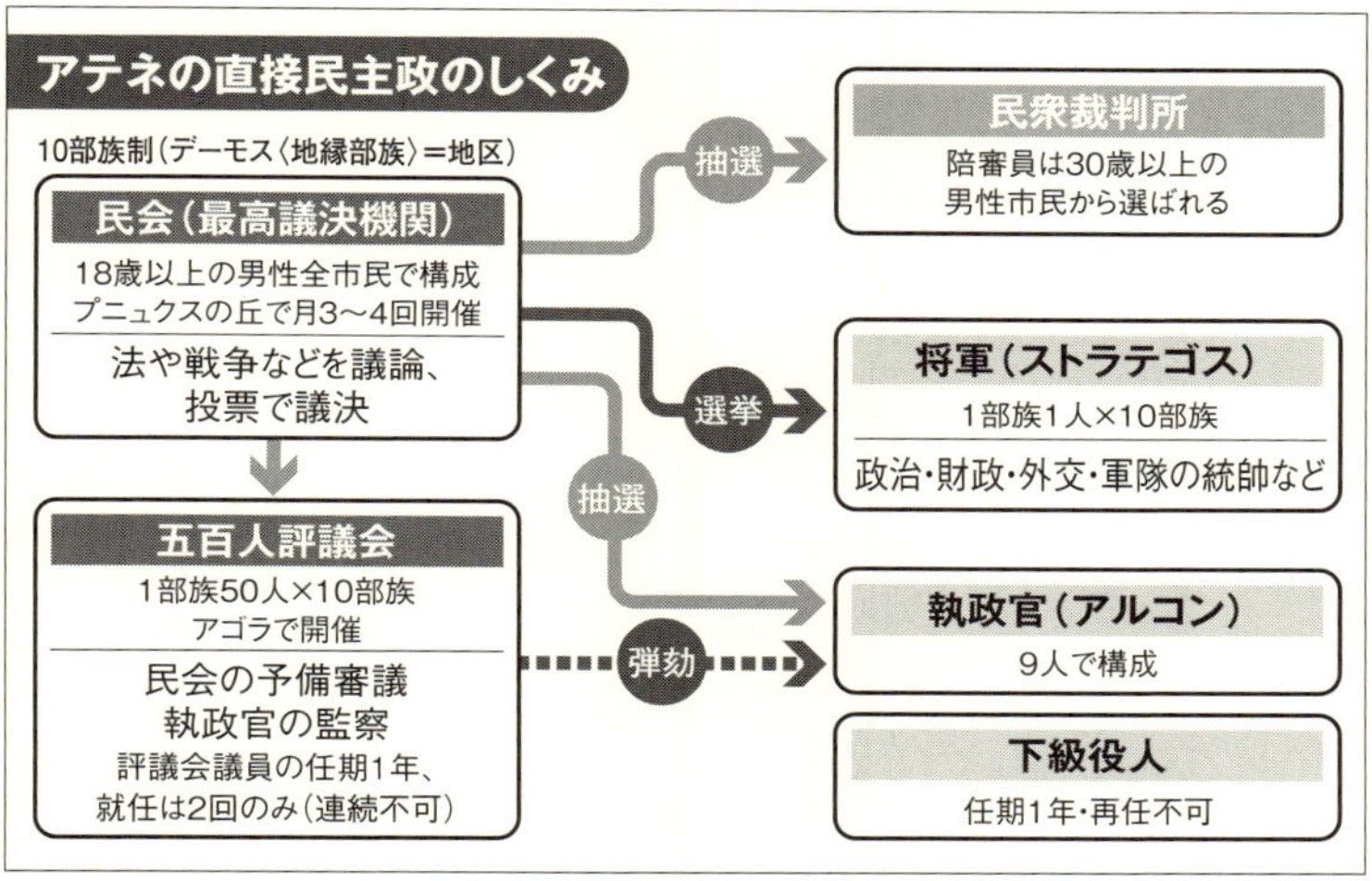

またアテネでは、立候補制だけだとどうしても貴族中心の政治になってしまうということで、基本的な公職者は抽選で選出するというシステムも生まれました。これも実際にはどこまで厳密に抽選が行われたのかというと疑問が残るところですが、それでも民主政は、さまざまな工夫と修正が加えられながら、それなりに徹底されています。

ほぼ同じ時期に、同じように独裁者を追放し、民主的な政治を実現させたローマとギリシアですが、両者は「共和政」と「民主政」とそれぞれ異なった道を選びました。

ギリシアは、なぜ民主政を選んだのでしょう。

それは、ギリシアでは個人に根ざした自由意識というものが強かったからだと考えられます。

実は、先ほどローマ人の集団主義的自由意識を育んだ理由の一つとして挙げた「ファランクス」という密集隊形は、もともとはギリシア軍の陣形でした。つまり、同じ陣形を採用したローマとギリシアでは、同じように自由意識が育まれたものの、ローマでは「公」が、ギリシアでは「個」がそれぞれ重視されたために、政体の形も異なったものが選択されたということです。

こうした両者の国民性の違いは、両国の在《あ》り方にも顕著に表れています。

ローマもギリシアの諸ポリスと同じく、小さな都市国家から始まっています。

なぜギリシアは民主政に向かい、ローマ人は共和政に向かったのでしょうか？

ポリス（都市国家）が形成されていたころの人間集団のあり方が異なっていたことが近年では明らかになっています。もともとギリシア人もローマ人も部族集団であり、それほど差異はなかったと考えられていました。

しかしながら、考古学などの知見が示唆するところでは、ギリシア人の部族集団は成員の間に身分差が希薄であり、「村落社会」のようなものだったらしいのです。そこで市民たちの間は平等であるという意識がはっきりしていたとのことです。スパルタはその平等社会の典型でした。もちろん、ギリシア人の社会でも富裕な階層も貧しい階層もありましたが、それらが貴族と平民という身分上の区別を生み出すには至らなかったようです。

これに比べて、ローマ人の部族集団では有力な富裕層が貴族のような「氏族社会」を形成しており、その周りに有力者に依存する民衆がいたようです。伝説上のロムルスとレムスの双子の兄弟のような有力者たちを中心にした集団であり、そもそもからして身分差をふくんだ社会だったのです。

このようにして、ギリシア人の平等な村落社会が民主政として形をなし、ローマ人の格差のある氏族社会が共和政をもたらしたと言えるのです。この問題はギリシア史とローマ史の比較のみならず、広く世界史をふりかえる上でも重要な手がかりをあたえてくれます。

共和政の成立以降、ローマは拡大し続け、やがて帝国へと成長していきますが、ギリシアのポリスは、小さなポリスの中で完結し、自らの領土を拡大することはありませんでした。

もちろんギリシアの諸ポリスも、ペルシアのような巨大な敵と対峙《たいじ》する際には、同盟を結んで連携しますが、同盟はあくまでも一時的なもので、それがポリス同士の結合に結びつくことはありません。

また、アテネのような力を持ったポリスは、増えすぎた人口問題を解決するために植民地をつくったりもしていますが、ギリシアの植民地はローマのそれとは異なり、一つの独立したポリスとして、もとのポリスと主従関係になることなく活動していきます。

民主政は本当に優れた政体なのか

古代アテネの民主政は、当時としてはかなり高度な民主政治だと言えますが、ローマの共和政がその後五百年近くも続くのに対し、わずか五十年ほどでうまく機能しなくなってしまいます。民主政が機能しなくなった状態を表現するのに、かつては「衆愚政」や「衆愚政治」という言葉がよく使われていました。しかし現在の歴史学では、「ポピュリズム／populism」という表現の方が適切だと考えられています。

衆愚政は英語で「モボクラシー／mobocracy」、「mob」は群衆、「-cracy」は、〜の支配という意味なので、直訳すると群衆による支配ということなのですが、この「mob」という英語には「無秩序な群衆」という、民衆を見下す価値観が含まれていたため、差別的表現として学問の世界では意識的に使わないようになっている言葉なのです。

かつては日本の教科書にも「衆愚政（衆愚政治）」という表現が使われていましたが、同じ理由から近年は使われなくなっているはずです。

「ポピュリズム」は、民衆の支持のもとに体制と対決する政治姿勢を表す言葉です。

この説明だけだと、民主政と何か違うのかと思われるかも知れませんが、ポピュリズムには、民衆の利益や権利の保護、不安の解消を目指した結果、民衆感情に引きずられてしまった政治家が、民衆の人気取りに走った状態という負の側面が含まれます。

古代ギリシアの民主政治の短命さについて論じられるとき、アテネで生まれた、ある意味「理想的な民主政」が、なぜポピュリズムになってしまったのか、という論じられ方がよくされるのですが、わたしはこの議論には根本的な間違いが含まれていると考えています。

なぜなら、古代の民主政であっても、現在の民主主義であっても、「民主」という言葉がついている以上は、民（民衆）が主なのですから、その本質には常にポピュリズムが含まれていると考えるからです。

日本でも「民主主義がポピュリズムに陥った」と嘆くように言われることがありますが、ポピュリズムへの移行は、民主政の本質を考えれば、ある意味、当然の結果だということです。

では、ポピュリズムの危険をはらんでいる民主政を正しく機能させるためには、どうすればいいのでしょう。

実はこの問いの答えは、古代ギリシアですでに出ています。

民主政を正しく機能させるために必要なのは、「優れた政治家による意識的な努力」です。具体的に言えば、指導者が民衆を説得し、正しい方向に向かわせることが、民主政においては重要な意味を持つということです。実際、古代アテネで民主政がうまく機能していたのは、ギリシア民主政の立役者たちが民衆をうまく説得していた時期なのです。

この、民衆を説得すること（人）をギリシア語で「デマゴーゴス」と言います。

デマゴーゴスから派生した言葉である英語の「デマゴギー／demagogy」や日本語の「デマ」が嘘というネガティブな意味合いを持つことからもわかるように、現在はデマゴーゴスというと、「口先だけで民衆を扇動する政治家」というイメージがあります。しかし、本来のデマゴーゴスは、単に「民衆を説得する人」という意味の言葉でしかありません。

民衆を説得するには、それなりの能力が必要です。

では、古代ギリシア民主政の黄金期、政治家たちはどのような方法で民衆を説得したのでしょう。

先ほども少し触れましたが、クレイステネスの改革直後のアテネは、民主政の理想は掲げたものの、まだうまく機能していませんでした。民主政がうまく機能しなかった最大の理由は、下層市民に民主主義に対する意識がまだなかったからでした。

当時は、市民は平等という意識はあったものの、兵士として戦争に参加していない人には国政に対する発言力はない、と考えられていました。そのため政治の場で発言するのは、自ずと国防を担った貴族など裕福な市民に限られていたのです。

民衆は戦争に参加したくなかったということではありません。当時は戦争に参加するために必要な経費はすべて自己負担が基本です。つまり、民衆には武装して戦争に参加するだけの経済力がなかったのです。

こうした状況に変化が生じたきっかけは、ペルシア戦争でした。

ペルシア戦争では船が活用されました。船には「漕《こ》ぎ手」が必要です。この「漕ぎ手」として戦争に参加したのが下層市民でした。船の漕ぎ手であれば大金を要するような武装は必要ありません。こうして直接戦争に参加したことで、民衆（下層市民）にも国政に発言しようという意識が生まれました。

クレイステネスの改革から第二次ペルシア戦争まで約三十年、この間に民衆はだんだんと国政に参加しようという意欲を高めていくわけですが、それまで政治に参加していなかった彼ら民衆には、大局をみて物事を判断するという政治的視点がまだありませんでした。そうしたときにテミストクレスやペリクレスといった政治家が、民衆をうまく説得し、導いていったので、ギリシアの民主政はうまく機能することができたのです。

たとえば、ちょうど第二次ペルシア戦争の三、四年前、それまで技術を持たなかったため採掘できなかったラウレイオン銀山が、マケドニアから労働者を連れてきたことで、銀の採掘が可能になる、ということがありました。

アテネでは、このラウレイオン銀山から産出した銀の使い道について、議論が行われています。目先のことしか見えない民衆は、その銀をみんなに配れと主張しました。もし、このまま投票が行われていれば、数で勝《まさ》る民衆の意向が通り、一時金として銀が配られてしまったでしょう。

このとき、銀は来るべきペルシアとの戦争への備えに使うべきだと考えていたテミストクレスは、この銀は船を建造するために使うべきだと主張するのですが、ストレートにペルシアとの戦争のためとは言わないのが、彼の政治家として優れたところです。

すでにアテネは十年ほど前にペルシアと戦争をしているのですが、その戦いに参加したのは富裕層だけだったので、民衆にとってペルシアは依然として遠い国だったのです。ですから、ペルシアとの戦争に備える必要があると言われても実感はありません。

そこでテミストクレスは、ペルシアとの戦いのためではなく、当時のアテネの民衆にとって身近な脅威である、アテネから肉眼でも見えるアイギナ島のポリスとの戦争に備えるために船を造る必要がある、と民衆を説得したのです。

テミストクレスの語った言葉は真実ではありません。そういう意味では民衆に嘘をついて先導したとも言えますが、まさに「嘘も方便」というものでしょう。結果的にアテネは、彼のこうした説得がうまくいったおかげで、第二次ペルシア戦争に勝利することができたのです。

テミストクレスやその後のペリクレスがうまく民衆を導くことができていた間は、ギリシアの民主政はうまく機能していきましたが、彼らが亡くなると、口先だけで威勢のいいことを言って、無謀な作戦へと人々を誘導する政治家が現れるようになり、やがて民主政はポピュリズムへと変化してしまうことになるのです。それと同時に、単に「民衆を説得する人」という意味でしかなかったデマゴーゴスという言葉も、だんだんと口先で「民衆を扇動する人」という悪い意味で使われるようになっていったのです。

このことからわかるのは、デマゴーゴス自体が悪いのではなく、民主政においては、デマゴーゴスの能力によって、民衆は良くも悪くも流れるということです。

プラトンは独裁政、アリストテレスは貴族政を推奨した

われわれが、ギリシアの民主政を考える上ですごく大事なことは、その後に出てくるプラトンやアリストテレスといった高名な哲学者たちが、民主主義に対して全く期待を持っていないという事実でしょう。

彼らは民主政などいいものではないと主張しているのです。

では何がいいのかというと、プラトンは独裁政がいいと言い、アリストテレスは貴族政がいいと言っています。

独裁というとネガティブなイメージがつきまといますが、プラトンの言う「独裁」は、かつてアテネが経験したような独善的な独裁ではなく、賢者による独裁です。

本当に賢い人が行うのであれば、独裁が最もよい政体だとプラトンは主張しています。賢者による独裁など理想論だと思うかも知れませんが、わたしは必ずしも理想論だとは言いきれないと思います。本書では第Ⅲ部でお話しするローマの五賢帝時代は、かなりその理想に近い歴史的事例だと言えると思うからです。

一方、アリストテレスは貴族政を推奨しています。これは言い換えれば共和政がいいということです。

なぜ貴族政がいいのかというと、貴族というのは、やはりそれなりの教養を身につけた人であると同時に、それなりの富も持っているからです。つまり、裕福な貴族であれば、見識があるだけでなく、公金を不正に使う可能性も少ない、だから貴族集団が民衆を導くのがいいのだというのがアリストテレスの考えなのです。貧しい人が必ずしも不正を働くわけではないと思うのですが、アリストテレスは貴族政こそが最も優れた政体だと主張しています。

プラトンにしてもアリストテレスにしても、決して民主政がいいとは言っていません。それは、彼らが民主政の失敗を実際に目《ま》の当たりにしているからです。

今とは時代が違いますし、彼らの主張には強引なところもありますが、民主主義が一番いいんだ、平等が理想なんだと思い込んでいる現代人にとって、彼らの言葉に耳を傾けることは、本当に今の政体がベストのものなのか、という疑問を抱く貴重な機会になると思います。

実際、今の民主主義が本当にベストの政体だと自信を持って言える人がどれだけいるでしょうか。

今の政治の世界は、少しでも失言すると、すぐにやり玉に挙げられて徹底的に叩きのめされ、辞職にまで追い込まれることも珍しくありません。もしかしたらその人は政治家としては優秀かも知れないのですが、そのことが問われることはありません。

もちろん、何を以《もっ》て政治家として優秀と判断するのかというのは難しい問題ですが、個人的なスキャンダルや失言だけで全人格を否定してしまうという今の風潮には疑問を感じます。

他人の失言をよってたかって叩く人々の姿は、古代の陶片追放を彷彿《ほうふつ》とさせ、わたしはあらためて民主主義はポピュリズムなのだと思ってしまいます。

でも、そう思った方がいいのではないでしょうか。

そうした前提に立っていれば、民主主義がポピュリズムに陥ったなどと嘆くこともないし、民主主義が最も優れた政体だとやみくもに思い込むこともなくなるからです。それに、所詮はポピュリズムなのだと思っていれば、少しはマシなポピュリズムをつくろうという、前向きな考え方ができるようになるのではないでしょうか。

ローマが大国になれて、ギリシアが大国になれなかった理由

アリストテレスの主張が正しいかどうかは別として、共和政を選んだローマが、民主政を選んだアテネよりも、国として発展したことは事実です。

前五〇九年に共和政国家となって以降、ローマは近隣の国を飲み込み、やがてイタリア半島全域を治め、さらに地中海世界全域にまでその支配を広げていきます。

一方のアテネは、民主政が半世紀ほどうまく続きますが、その後ポピュリズムに陥り、国家として拡大することのないまま、政治は混乱していきます。

ここまでローマとギリシア（特にアテネ）とを比較して述べてきましたが、当時の地中海世界には少なく見積もっても千数百ものポリス（都市国家）が存在していました。つまり、ローマは単にアテネと比べて大国になったというのではなく、千数百存在したポリスの中で唯一、大国に成長することができた、ということなのです。

なぜ、ローマだけが大国になることができたのでしょう。

この問いは、この時代を見る上で避けて通れないものですが、われわれ後世の研究者のみならず、同時代を生きた歴史家にとっても大きな問いだったようです。

実際、前二世紀の歴史家ポリュビオスは、この問いに対し、「政体循環論」という視点から考察しています。

ポリュビオスは、ギリシアのメガロポリス出身の貴族ですが、第三次マケドニア戦争の際に、人質としてローマに連れてこられ、そのまま二十年以上もローマで生活した人物です。人質と言ってもポリュビオスは貴族ですから、奴隷として連れてこられたわけではありません。ローマにとってギリシアの諸国家は先進国なので、ローマでは有力貴族の保護のもと、歴史家としての活動をしていました。

こうしてローマの内情にも詳しくなったポリュビオスは、ローマ拡大の秘密は、その政体のバランスのよさにあると指摘します。

ギリシアもローマも最初は同じく「王政」からスタートしていますが、ギリシアはその後「貴族政」になり、貴族政が混乱した中で僭主《せんしゅ》（タイラント）が現れ、その僭主とよばれる独裁者を追放して「民主政」に移行するのですが、それも長くは続かず、半世紀ほどでポピュリズムから混乱常態になり、その混乱の中で、再び「独裁者」、つまりマケドニアのアレキサンダー大王（アレクサンドロス大王）による支配を受けるというように、内部の政争を繰り返すとともに、政体も循環しているのです。

ポリュビオスは、このようにギリシアの政体が安定しないのは、常に「独裁」「貴族政」「民主政」という三つの要素のどこかに偏《かたよ》り過ぎるからだと述べています。どこかに偏るため、内部において「スタシス／stasis」つまり権力争いが絶えない。そして、スタシスが絶えず繰返されているので、ギリシアは外に向かって力を発揮することができないというのです。要はギリシアは内輪揉《も》めで忙しくて外に向かって行く余裕がない、ということです。

これに対し、ローマは、非常に内部が安定しているとポリュビオスは言います。

もちろんローマにも身分闘争や貴族間の対立など内輪揉めはあるのですが、ローマの場合は、それがギリシアのように国政を揺るがすような対立構造にまで発展することはありませんでした。

では、なぜローマでは内輪揉めがスタシスにまで発展しなかったのでしょう。

それは、共和政という一つの政体の中に、「二人の執政官（独裁）」と「元老院（貴族政）」と「民会（民主政）」という三つの要素が配置され、元老院が強かったとは言うものの、それらが絶妙なバランスを保っていたからだと、ポリュビオスは言います。

これはギリシアとローマ、両方のことを詳しく知っていたポリュビオスならではの、それぞれの特性を非常に的確に捉《とら》えた考察だと思います。

第2章　強敵を倒したローマ軍の強さの秘密

第二の建国者、名将カミルスのローマ愛

共和政に移行したのち、ローマはその国土を拡大し続け、最終的には巨大な帝国へと成長を遂げます。国土を拡大させたということは、言い換えれば、周辺諸国を侵略していったということです。

現代では周辺諸国への侵攻は許されざる行為ですが、古代世界においてはローマに限らず隙あれば隣国に攻め込むというのはごく当たり前の行為でした。

そんな時代に大国を築いたことから、ローマの軍隊というのは、無敵とまでは言わないまでも連戦連勝のとても強い軍隊だったのだろうと思っている人が多いのですが、実はそうでもないのです。ローマはかなり手痛い敗北を幾度となく経験しています。

共和政初期、まだローマが小国だった頃の、エトルリア人との戦いは、まさに祖国の存亡をかけた戦いでした。

幾度となく攻め込む敵を斥《しりぞ》けるだけでは、民衆は疲弊してしまいます。なぜなら命をかけて戦っても、自分たちの土地を守るだけでは得るものがないからです。

そこでローマは自分たちの方からエトルリア人の領土に攻め込むことを決めます。この戦いに勝てば、領土も広がるし、多くの戦利品を獲《と》ることができます。

ローマが狙いを定めるのは、ローマに近いエトルリアのウェイイという広く豊かな都市でした。しかし、ウェイイは建築土木技術に秀でたエトルリア人が工夫を凝らした難攻不落の呼び声高い都市です。遠征軍を仕立てても勝てる保証はありません。

しかし、攻撃は最大の防御と考えた元老院は、勝てる保証のないこの戦いに市民を参加させるため、思い切った提案をします。兵役に就いた市民に国家が報酬を支払うというのです。戦争に参加する費用は自己負担が当たり前の当時、これは思い切った改革でした。

市民にとって、戦いに勝たなければ得られない戦利品よりも、額は少なくとも従軍すれば確実にもらえる報酬は魅力的でした。

こうして始まったウェイイへの遠征ですが、やはり簡単に決着はつかず、ローマ軍はウェイイの街を包囲した塹壕《ざんごう》の中で十年もの年月を過ごすことになってしまいました。

何とか戦局を打開しなければならない。そう考えたローマは、武勇の誉れ高いカミルス（前四四七頃〜前三六五頃）を独裁官に指名します。

共和政ローマの最高責任者は、基本的には任期一年の二人の執政官（コンスル）ですが、国家が重大な危機に直面したときには、任期半年の「独裁官（ディクタトル）」が指名され、一人で国を導くことができました。極端に独裁者を嫌ったローマですが、非常時においては指揮系統が一本化されることの重要性を理解していたということでしょう。

このカミルスの立てた策が当たり、ウェイイは陥落、ローマは膨大な戦利品と多くの奴隷、そしてこれまでの四倍にも及ぶ広大な領土を手に入れることに成功したのでした。

カミルスは不屈の魂と明晰な頭脳を持っていただけでなく、卑怯なことは絶対にしない正義の人でもありました。

ウェイイを陥落させた後、エトルリア南部に位置するファレリイという街をカミルス率いるローマ軍が包囲したときの話です。

ファレリイの街の貴族の子弟たちを連れた教師が、城外の草地で子供たちを運動させていました。ローマ兵はそのことに気づいていましたが、特に妨げるようなことはしませんでした。

すると、その教師がローマ兵に近づきささやきました。

「この子供たちを人質にすれば、ファレリイはすぐにも落ちるだろう」

その言葉を聞いたカミルスは、教師を一喝します。

「ローマの武人は正々堂々と戦うのだ。抵抗できない子供が相手ではないぞ」

このことを知ったファレリイの人々は、敵将カミルスの気高さに感銘し、自ら降伏を願い出たのでした。

カミルスのおかげで国土の安泰のみならず、近隣諸国に威勢を轟《とどろ》かすことができたにもかかわらず、カミルスは祖国ローマから思いがけず弾劾されることになってしまいます。

彼の人気を妬《ねた》んだ者たちによって「カミルスは戦利品を私物化している」という噂が流されたのです。人々がこの噂を信じてしまったのには、理由がありました。

敵を感銘させるほど高潔なカミルスは、ローマ兵に降伏してきたファレリイの街で勝手な略奪を禁じました。そのため、ファレリイを落とし、金品を略奪するつもりだったローマ兵の間に不満が蔓延していたのです。彼らはこの不満を利用

ローマ軍兵士

ローマ軍団のことを「レギオ／Legio」と呼ぶ。高度に組織化された軍団の力でローマは領土を拡大していった。ルーヴル美術館蔵。

して噂を流したのでした。

いわれ無き誹謗中傷を、高潔なカミルスが反論する気にもなれず無視していると、人々は欠席裁判という形でカミルスに賠償金を支払うよう判決を下します。

人々の信頼が自分から離れたことを知ったカミルスは、深く悲しみ祖国を離れる決心をします。

それでもカミルスは、祖国の城門を出るとき、「わが民の忘恩を悔いさせたまえ。ローマがふたたびカミルスを必要とする時が訪れるように計らいたまえ」と、神々に祈りました。

数年後、カミルスのこの祈りに神が応える日が訪れます。

イタリアの北方にいたケルト人（ガリア人）がローマに侵攻してきたのです。名将カミルスの去ったローマは大敗を喫《きっ》し、ケルト人に首都ローマを占領されてしまいます。ロムルスの建国から三百六十六年、ローマ始まって以来の屈辱でした。

追い詰められたローマ人は、神々にすがる思いで亡命していたカミルスに独裁官として戻ってくれるよう頼みました。

再び独裁官の職に就いたカミルスは、散り散りになっていたローマの兵士たちをかき集め、ローマ奪還の軍を編成します。カミルスの帰還で見事に息を吹き返したローマ軍は、ローマからケルト人たちを一掃します。

しかし、奪還したものの、ケルト人に踏みにじられたローマはもはやかつてのローマではありませんでした。建物は破壊され、土地は荒れ果てていました。あまりの酷《ひど》さに、ローマを捨ててどこか他の場所を新たな首都とした方がいい、と言う者も多くいました。

このとき、われわれはローマ人なのだから、ローマに留まり復興すべきだと人々を説得したのは、祖国に裏切られながらも、祖国を誰よりも愛していたカミルスでした。

人々は救国の英雄カミルスの言葉に移住を思いとどまり、彼のもとでローマの復興に尽力しました。もし彼がいなければ、ローマはこのとき世界史から姿を消していたかも知れません。

だからこそカミルスは、今も「ローマ第二の建国者」と言われているのです。

ローマ人を奮い立たせた「カウディウムの屈辱」

ケルト人を追い出してカミルスが再建したローマは、前四世紀から前三世紀にかけて、サムニウム人との断続的な戦争を繰り広げます。

サムニウム人とは、イタリア半島中央部の山岳地域に住む山岳民族ですが、彼らはかなり手強く、ローマは苦戦を強いられます。

山岳民族であるサムニウム人は、豊かな平原の獲得を狙い、ローマとの境界線では小競《こぜ》り合いが絶えませんでした。このしつこいサムニウム人を壊滅させるため、ローマは彼らの本拠地を叩こうと遠征軍を派遣します（前三二一年）。山岳地帯の進軍は過酷でしたが、ローマ軍は何とかサムニウム人の領土に侵入することに成功します。

このとき、土地に不案内なローマ軍は、途中出会った羊飼いに敵陣の様子を尋ねました。すると羊飼いたちは「サムニウム軍は、ローマの同盟国を攻めているのでここにはいない」と言うではありませんか。ローマ軍はこれを好機と考え、羊飼いたちに道案内を頼み、サムニウム人の本拠地を目指します。

しかし、これは罠でした。

実は、ローマが自分たちを壊滅させるつもりだと知ったサムニウム軍が、知将ポンティウスの指揮のもと、カウディウムという峡谷にローマ軍を誘い込もうと画策し、兵士に羊飼いの格好をさせ、嘘の情報を流したのです。

まんまと罠にかかったローマ軍は、サムニウム軍に完全に包囲されてしまいます。

死を覚悟したローマ軍でしたが、なぜかポンティウスはローマ軍にとどめを刺そうとはしません。そして、条件付きではありますが、講和を提案してきたのです。

ポンティウスが出した条件は二つ、一つは「ローマが占領した土地を返還すること」、もう一つは「敗北を認め、服従の意を示す儀式を行うこと」でした。

この「隷従の儀式」は、槍の頸木《くびき》の下をくぐるというものです。頸木というのは牛馬を使役するときにその首にはめる道具です。儀式では、その牛馬の頸木に見立てた槍の下を半裸に近い状態で、一人ずつくぐらなければならないのです。

カウディウムの屈辱

槍（頸木）の下をくぐるローマ兵たち。屈辱的な出来事として長くローマ人の胸に深く刻まれた。マテウス・メーリアン作。

そのような恥辱を受けることは、誇り高きローマ兵にとって、死よりも辛《つら》いことでした。

実際、ローマの兵士たちは講和を拒否して、死ぬまで戦うことを望んだと言われています。しかし、遠征軍の最高責任者である執政官は、多くのローマ兵を生還させる道を選びました。

こうして、衣服をはぎ取られたローマ兵は、サムニウム兵が口汚く罵《ののし》る中、屈辱の儀式を受け、ローマへの帰還を果たしたのでした。

しかし、「カウディウムの頸木」と呼ばれるこの物語は、ローマの恥辱では終わりません。

先ほど少し触れましたが、ローマ軍というのは、決して連戦連勝の常勝軍ではありません。恥辱にまみれた大敗も数多く経験しています。そんなローマが大帝国にまで発展することができたのは、決して敗北という恥辱に沈むことなく、復讐心を掻き立て、その恥を必ず雪《そそ》いできたからなのです。

カウディウムで惨《みじ》めな儀式刑を余儀なくされたローマ兵が打ちひしがれてローマに帰還したとき、ローマの人々は悲しみとともにこれを受け入れ、元老院の長老は彼らとともに復讐を誓いました。

「(帰還兵らの) この陰鬱な沈黙はやがて嵐のごとくサムニウム人に襲いかかる。敵どもに頸木の下をくぐらせ、城壁を吹き飛ばしてしまうのだ」

そして実際、新しい執政官のもと軍団を再編成したローマは、サムニウム軍を打ち負かすと、敵将ポンティウスを先頭に、すべてのサムニウム兵に槍の頸木の下をくぐらせ、見事にリベンジを果たしているのです。

後世、ルネサンス期のイタリアの思想家マキアヴェリは、この「カウディウムの頸木」について、『デスコルシ』という書の中で、「あれはサムニウム人の失敗だった。あのとき、サムニウム人はローマ軍の兵士全員を殺すべきだった。なぜなら、ローマ人は、屈辱が大きければ大きいほど復讐心に燃える民族なのだから」と述べています。

実際、こういうときのローマ人は驚くほどの執念深さを見せます。サムニウム人との戦いは、カウディウムの頸木とポンティウスへのリベンジを含む第二次サムニウム戦争が前三〇四年に和議を結び終了した後も完全には終わらず、最終的には第三次サムニウム戦争で完全にサムニウム人を征服するまで（前二九一年）、つまりカウディウムの頸木から三十年の年月を、この屈辱を糧《かて》に戦い続けているのです。

わたしはよく冗談で、もし中国の『三国志』に出てくる名軍師、諸葛孔明《しょかつこうめい》が率いる軍とローマ軍が戦ったら、という話をするのですが、「最初の戦いはまず間違いなくローマ軍が負けるでしょう」と言っています。なぜなら、ローマ軍はああいった手練手管《てれんてくだ》はあまり使わないからです。

でも、それは初戦の話です。二戦目以降はローマ軍の勝率はグッと高くなるでしょう。ローマ人は一度敗北すると、その屈辱をどうやって晴らすかということに対して並々ならぬ執念を燃やすので、二回目、三回目と、その屈辱を晴らす勝利を手にするまで決して諦めず、ねばり強く戦い続けるからです。

ハンニバルの常識破りの戦法——第二次ポエニ戦争

こうしたローマ人の執念深さは、ポエニ戦争においても発揮されます。

ポエニ戦争は前三世紀から前二世紀にかけて、ローマと地中海貿易で栄えていたカルタゴとの間で、第一次から第三次まで行われた戦争です。

ちなみに「ポエニ」とはフェニキアのことです。フェニキアというのはギリシア人による呼称で、ラテン語では「ポエニ／Poeni」と称しました。

第一次ポエニ戦争は、カルタゴとローマの間に位置するシチリア島を巡る争いです。

当時、西地中海は海洋民族であるフェニキア人勢力のひとつであるカルタゴが、東地中海はギリシア人勢力が支配し、シラクサやメッシーナはギリシア人が住んでいました。シチリア島もその西半分をカルタゴが、東半分をシラクサとメッシーナが治めていました。

この地中海の覇権を巡る争いにローマが加わったきっかけは、シラクサに攻められたメッシーナからの救援要請でした。

当初ローマはこの争いに加わるべきか悩みますが、ローマが手をこまねいていればメッシーナはカルタゴを頼り、地中海の覇権がカルタゴのものになる可能性もありました。そこで前二六五年、ローマはメッシーナに援軍を送ることを決めます。

ローマの出兵を聞くと、シラクサと同盟を結んでいたカルタゴが参戦、戦いはカルタゴ対ローマの争いに発展していきます。

前二五六年、史上最大の海戦とも言われるエクノムス沖海戦でローマはカルタゴに圧勝したものの、帰途、海難事故に遭い、六万もの兵を失ってしまいます。それでもローマは艦隊を再建し、前二四一年、アエガテス諸島沖海戦でも勝利を収め、ついに第一次ポエニ戦争は終結します。ローマはこの勝利によって、多額の賠償金とシチリアを手に入れたのでした。

ハンニバルと軍象

ハンニバルのアルプス越えを描いたフレスコ画。戦闘用の象を率いての行軍だった。ヤコポ・リパンダ作。

第二次ポエニ戦争は、その約二十年後、強力な経済力で多額の賠償金を完済したカルタゴが、ローマに復讐戦を挑《いど》むかたちで始まります。

このときカルタゴ軍を率いたのが、有名な猛将ハンニバル（前二四七～前一八三）です。

第一次ポエニ戦争で敗軍の将となったハンニバルの父ハミルカルは、幼い頃から息子ハンニバルに生涯ローマを敵とすることを神殿で誓わせたと伝えられています。

長じてハンニバルはカルタゴの将軍になり、幼き日の誓いを破ることなく、ローマへの復讐戦を始めます。

ハンニバルによるローマ攻めは苛烈なものでした。歩兵五万、騎兵九〇〇〇、さらに三七頭の軍象を率い、何とアルプスを越えてローマに攻め込むという、信じられない策を強行したのです。

ハンニバルの通ったアルプスは二〇〇〇メートル級の山並みです。しかもアルプスの周囲にはガリア人がいたので、途中抵抗されれば彼らとも戦わなければなりません。

実際、この作戦でハンニバルはローマに着く前にすでに多くの兵を失っています。ポリュビオスの記録によれば、アルプス越えを成し遂げたときのハンニバル軍は、歩兵二万、騎兵六〇〇〇、軍象二〇頭と激減しています。この数字を見れば、アルプス越えがいかに過酷なルートだったか想像がつくでしょう。過酷な行軍の中、絶望しかけた兵士たちをハンニバルは、遠くに見えるイタリアの平原を指さして「あれがお前たちのものになるのだ」と言って鼓舞したと言われています。

敵がアルプスを越えて攻め込んでくるなど、ローマには想定外でした。

ローマはシチリアかヒスパニア（イベリア半島）が戦場になると踏んでいたので、慌てて軍を移動させなければなりませんでした。ローマが軍勢を整えている間にも、ハンニバルはイタリア各地で猛威を振るっていました。

中でもローマ人を驚かせたのは、軍象という初めて見る生きた「巨大兵器」でした。

軍象は初期には御者と兵士が乗り、高い位置から弓で攻撃するという使い方がされましたが、その巨大な体自体がすでに強大な武器であるとわかったのでしょう。後には御者だけが乗り、敵兵を巨大な脚で踏みつぶすという使われ方がされました。

ローマが大軍を率いてハンニバルの軍と対峙したのは前二一六年、イタリア南東部のカンナエでのことです。

ローマ軍の兵力は七万六〇〇〇、その内訳は歩兵七万、騎兵六〇〇〇。対するカルタゴ軍は、歩兵四万、騎兵一万。騎兵はカルタゴが上回っていましたが、総数ではローマの方が遙かに上回っていました。しかも、カルタゴ軍の歩兵はガリア人などの傭兵が中心を占めていましたから、士気という面でもローマ軍の方が遙かに勝っていました。

にもかかわらず、ローマ軍はこのカンナエの戦いで歴史的な大敗北を喫します。

カンナエの戦いでカルタゴ軍を率いていたのは名将ハンニバル、対するローマ軍はガイウス・テレンティウス・ウァッロという人物が率いていました。

数で勝るローマ軍は、ごく普通の四角形の陣形で布陣。何しろ約八万もの大軍ですから、カルタゴ軍の兵士たちは圧倒され、足がすくむ思いがしたことでしょう。

しかしハンニバルは、ローマの布陣を見てひとつの策を思いつきます。そうして取った陣形は、中央にピラミッド型に歩兵軍団を置き、その両側を騎兵隊で固めるというものでした。

ローマ軍の初戦は、常に正攻法です。このときも真っ向から攻めて行きました。

ローマ軍が攻め寄せると、カルタゴ軍の中央に位置する歩兵軍団は押されるように退《さが》っていきます。これを自分たちの猛攻に押され後退していると思ったローマ軍は、さらにカルタゴ軍を追い詰めるべくどんどんと攻めて行きました。

でも、これこそがハンニバルの策でした。カルタゴ軍は押されているように見せかけ、巧《たく》みにローマ軍の主力である歩兵部隊を誘い込んでいたのです。

このとき、前方の敵を追うことに夢中になっていたローマ軍は、カルタゴの騎兵部隊が両サイドから自分たちを取り囲んできていることに気がつきませんでした。

ローマ軍が気づいたときには、時すでに遅し。騎兵部隊と歩兵部隊では圧倒的に騎兵の方が強いので、ローマ軍の主力部隊七万は、完全に包囲された逃げ場のない状態で壊滅状態に追い込まれてしまったのです。

このハンニバルの戦法は、少ない兵力で強大な敵を倒すための世界最高峰の戦術のひとつとされ、今でも防衛大学校の教育課程では必ず取り上げられています。

この戦いにおけるローマ軍の死者の数は約七万、その中には元老院議員が八〇名もいました。たった一日の戦闘でこれほど多くの死者を出したのは、前近代史上他に類がありません。

敗戦将軍を受け入れ、チャンスを与える

不可能と思われたアルプスを越え、軍象でイタリア各地を踏み荒らし、カンナエでは圧倒的な兵力の差を覆《くつがえ》し勝利を収めるという、まさに鬼神の如き進撃を続けてきたハンニバルですが、なぜか彼はここでローマに進軍することをためらいます。

カンナエの戦い

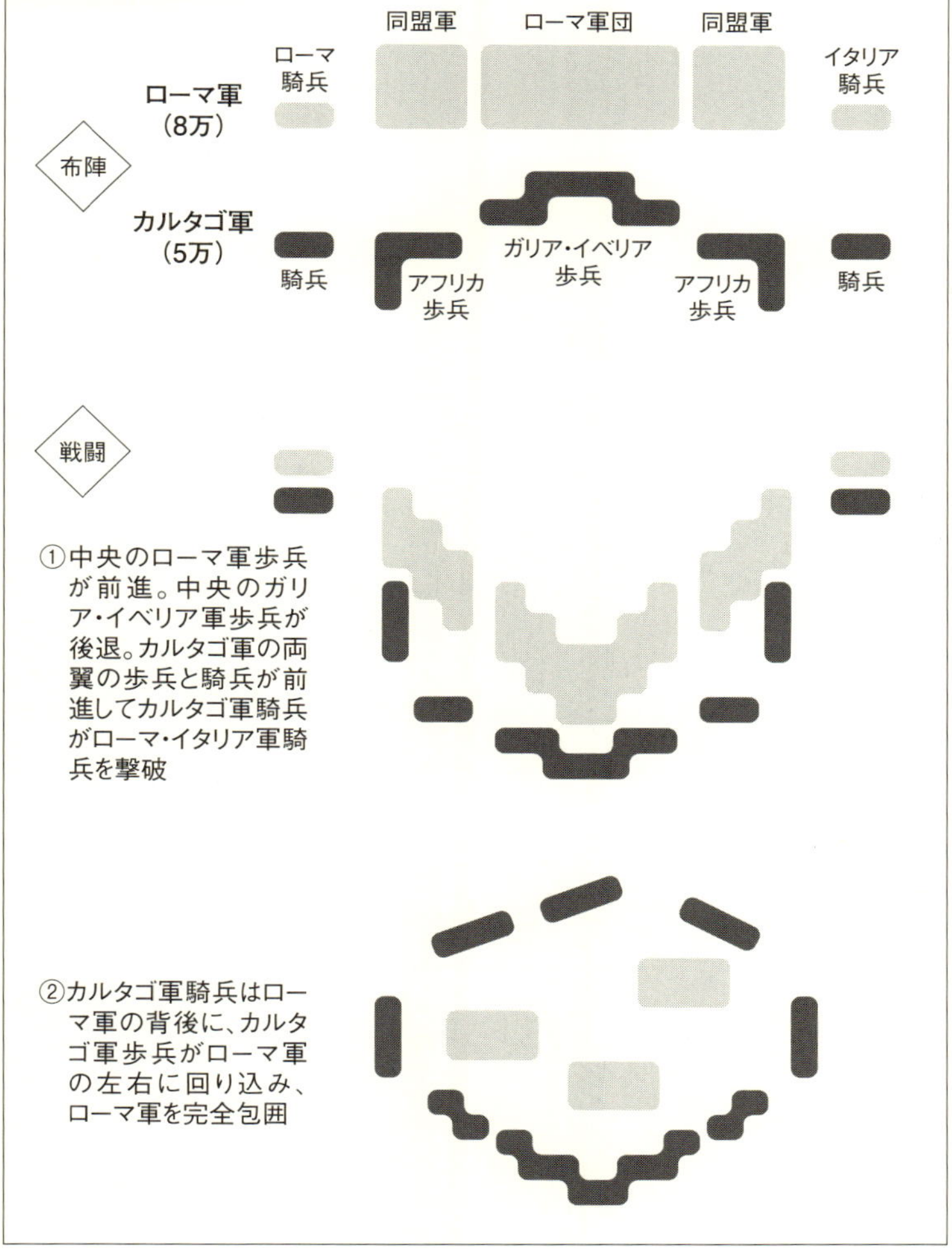

同盟軍
ローマ軍団
同盟軍
ローマ
騎兵
イタリア
騎兵
ローマ軍
(8万)
布陣
カルタゴ軍
(5万)
騎兵
アフリカ
歩兵
ガリア・イベリア
歩兵
アフリカ
歩兵
騎兵
戦闘
①中央のローマ軍歩兵が前進。中央のガリア・イベリア軍歩兵が後退。カルタゴ軍の両翼の歩兵と騎兵が前進してカルタゴ軍騎兵がローマ・イタリア軍騎兵を撃破
②カルタゴ軍騎兵はローマ軍の背後に、カルタゴ軍歩兵がローマ軍の左右に回り込み、ローマ軍を完全包囲

ハンニバル軍の中でも、このとき指揮官の多くが「ローマを叩くべきです」と進言しました。しかし、ハンニバルは頑として彼らの言葉を受け入れませんでした。

ハンニバルは、なぜためらったのでしょう。

ローマ軍の人的被害は大きく、ローマ市民はこの大敗北に大きな衝撃を受けましたが、この敗北でローマ自体が倒れたわけではありません。まだローマには大軍を再編成し、ハンニバルを迎え撃つだけの力が充分に残っていました。

カンナエではうまく策が当たり勝利を手にすることができましたが、これ以上ローマの大軍を相手に戦い続ける余力がカルタゴ軍にはないことを、ハンニバルは冷静に判断していたのです。

おそらくハンニバルは、ここで「風」が吹くのを待ったのだと思います。

カンナエでのカルタゴ軍大勝の噂が伝われば、ローマの同盟国や、被征服状態にある周辺諸国がローマから離反するのではないか、そう思い待った、ということです。

ローマと同盟諸国の絆が揺らげば、本国カルタゴから遠く離れ、兵站《へいたん》のおぼつかないハンニバル軍にも勝機が見えてくるはずでした。

しかし、大敗を喫したときほど、強さを発揮するのがローマです。

ローマの強さの秘密は、「負け」を負けで終わらせないところにあると言えます。彼らは失敗から学ぶことの価値を知っていました。

そのことを最も表しているのが、ローマは敗戦将軍を受け入れていたという事実です。

ギリシアでは、敗戦将軍は母国に帰ることができませんでした。帰れば敗戦の責任を取らされ、よくても追放、最悪の場合は処刑されてしまうからです。残酷なようですが、それが古代では当たり前でした。

しかし、ローマは違いました。もちろん、卑怯な戦い方をした者や、自分だけ助かろうと敵前逃亡をしたような者はダメですが、勇敢に戦って敗れた者は、ペナルティなしで受け入れているのです。

事実、カンナエの戦いで七万もの死者を出してしまった敗戦将軍ウァッロも、ローマに帰還し受け入れられています。

ローマが敗戦将軍に特別な処罰を与えなかったのは、誇り高きローマ人にとって、敗北を喫したことで感じているであろう屈辱感が、すでに充分な社会的制裁だと考えたからでした。

さらに、ローマは敗戦将軍をただ受け入れるだけでなく、機会があれば再び将軍として軍を率い、雪辱を果たすチャンスを与えているのです。これは、失敗した人は絶対にそこから学んだものがあるはずだと信じていなければできないことです。

ローマが何度も手痛い敗北を経験しながら、常に最後には勝利を手にしているのは、彼らが失敗から学ぶことの大切さを知るとともに、他人の再起を信じることができる人々だったからなのだと思います。

ローマの周辺諸国は、こうしたローマの真の強さをよく知っていたのでしょう。カンナエでのカルタゴの奇跡的な勝利に浮き足立ち、ローマを裏切る国はほとんどありませんでした。

唯一、このとき動いたのがマケドニアでした。

当時、ギリシアを勢力下に置くマケドニアは、ローマの勢力拡大がギリシアに及ぶことを危惧していました。そこでカンナエの戦いにローマが大敗したのを好機とみて、ローマに対して宣戦布告したのです。

カンナエで多くの兵力を失っていたローマは、ハンニバルとのさらなる戦いを控えた今、マケドニアと戦う気はありませんでした。そこでローマは、交戦を極力避けながら、マケドニアにとってかなり条件のいい平和条約を結ぶことを提案します。

もともとローマのギリシア侵出を恐れていただけのマケドニアは、この条約を二つ返事で受け入れ、第一次マケドニア戦争は決定的な勝敗のないまま終わります。

敗戦から学んで勝利を得る——ザマの戦い

軍を立て直したローマですが、相手がハンニバルとなると、なかなか指揮官のなり手がいません。そんな中、ひとりの若者が「自分に任せて欲しい」と手を挙げました。その若者とは、名門コルネリウス氏族のスキピオ家のスキピオ（前二三六～前一八三）でした。

しかし、年齢はまだ二十五、六歳です。日本にも出る杭は打たれるという言葉がありますが、元老院は素直に指揮権を渡さず、意地悪なやり方を取ります。

「それほど言うのなら、お前に全ローマ軍の指揮権を与えよう。その代わり、兵員の調達は自分でやりなさい」と。

自分でやれということは、要するに軍費の調達を自分でしろ、ということです。それでもスキピオは、めげることなく対ハンニバルの軍を組織します。

スキピオはハンニバルを追わず、彼の本国であるカルタゴを攻めるという作戦に出ます。

カルタゴもスキピオ軍と戦いますが、敗退。焦ったカルタゴはイタリア半島からハンニバルを呼び戻します。

スキピオ

カルタゴ軍を破った英雄。「アフリカヌス」の称号を贈られた。

こうして前二〇二年、ついに両者はカルタゴ本国の西南部に位置する「ザマ」で激突しました。

ハンニバル率いるカルタゴ軍は、歩兵三万六〇〇〇、騎兵四〇〇〇、軍象八〇頭。

スキピオ率いるローマ軍は、歩兵二万九〇〇〇と少ないものの、騎兵は六〇〇〇と、カルタゴ軍を上回っていました。

ハンニバルは先頭に八〇頭の軍象を配し、ローマ兵を威嚇します。スキピオはこれに対し、軍団と軍団の間に切れ目を設け、象部隊をその隙間に誘い込む奇策で応じます。さらに、カンナエの敗戦から学んだのでしょう、スキピオ軍の両翼には数で勝る騎兵が配されていました。

結果は、カルタゴ軍の死傷者約二万人に対し、ローマ軍の死傷者はわずか二〇〇〇人ほど。ローマ軍の圧勝でした。

勝因のひとつは、スキピオが素直にハンニバルの戦法を研究し、学んだことでした。これはまだ確証は取れていないのですが、どうもスキピオは、若き日にカンナエの戦いに参加していたらしいのです。まさに敗戦から学び、学んだことを見事に活かして勝ち取った勝利と言えます。

そして、もう一つの勝因は、スキピオの周到な準備にありました。実は、スキピオ軍の騎兵がカルタゴ軍のそれを上回ることができたのは、ヌミディア王マッシニッサがスキピオの陣営に付いたからでした。ザマの戦いにおける純粋なローマ騎兵は、わずか二〇〇〇騎ほどだったと言われています。

カルタゴの隣国ヌミディアは、もともとカルタゴを支援していました。ところが、スキピオが事前にヌミディア・カルタゴ連合軍を破っていたことで、ヌミディアの王をローマの息のかかったマッシニッサにすげ替えていたのです。これによって、ザマの戦いでは、それまでカルタゴ兵としてローマを苦しめてきた屈強なヌミディア騎兵をローマの援軍として使うことができたのです。

実はスキピオという人は不思議な魅力を持った人物のようで、カルタゴ本国を叩くために侵攻したイベリア半島の各地で、戦った相手であるにもかかわらず、多くの部族民の心を摑んだという伝承が残っているのです。

イベリア半島で、ある戦いにスキピオが勝利を収めたときのことです。見ると、とても美しい娘で敗れた部族長の娘が捕虜としてスキピオに差し出されました。

す。これは「捕虜」という名目になっていますが、実際には戦利品の一つとしてスキピオに差し出されたのです。勝者が敗者から女性を戦利品として奪うというのは、当時としては当たり前のことでした。

つまり、スキピオにはその娘を自分のものにする権利があったのです。ところが、スキピオは彼女に婚約者がいることを知ると、娘を婚約者のもとに返してあげただけでなく、部族長が差し出した身代金まで「結婚の祝儀」として返してやったのです。部族長はスキピオの振る舞いに感動し、以後、ローマ軍に忠誠を誓ったというのです。

このように、ザマでの決戦以前に、スキピオはカルタゴを取り囲む各地の人心を掌握していたのでした。その結果、カルタゴはどこからの援軍も期待できない状態で、ローマの大軍を相手に戦わなければならなかったのです。

ザマの戦いにカルタゴが大敗したことで、第二次ポエニ戦争はローマの勝利で幕を引きます。散々苦しめられたローマがカルタゴに突きつけた和議の条件は、過酷なものでした。

脱走兵および捕虜の返還。

人質一〇〇人。

船は一〇隻を残して、軍象はすべて没収。

ローマの同意を得ない交戦はいかなる場合も認めない。

そして、一万タレントの賠償金を銀で支払うこと。

開戦時にカルタゴ本国が領有していた領土は、引き続き領有が認められましたが、船を失ったことで、カルタゴは地中海の覇権争いから事実上排除されたことになります。

救国の英雄、それぞれの悲しき最期

ローマから課せられた過酷な条件のもと、カルタゴの民衆はローマを苦しめた英雄ハンニバルに国政をゆだねます。しかし、彼の改革案は既得権を失うことを危惧した貴族層に潰され、ハンニバルは祖国を亡命することになります。

祖国を離れたハンニバルですが、それでも彼は幼い頃の「生涯ローマを敵とする」という誓いを忘れることはありませんでした。

第一次マケドニア戦争でローマと平和条約を結んでいたマケドニアが、シリア王国と同盟を結び、前一九二年、再びローマと戦った際には、ハンニバルはシリア軍の参謀のひとりとして参加しています。

しかし、ハンニバルの策が採用されることのないままシリア軍は敗退。その後ハンニバルはローマの追っ手から逃《のが》れる旅を続けますが、最後はローマの手にその身が落ちるのを嫌い、前一八三年、自ら命を絶ったと伝えられています。享年六十四歳でした。

カルタゴの英雄ハンニバルが自ら命を絶ったのとまさに同じ年、カルタゴ軍をザマで破り、救国の英雄と讃えられたスキピオも、人知れず静かな死を迎えました。

ザマで勝利を勝ち取り、ローマに凱旋したとき、人々はスキピオをアフリカヌス（アフリカ征服者）と讃え、救国の英雄として熱狂的に迎えました。

人々はスキピオを讃え、終身執政官や終身独裁官になってくれるよう何度も提案します。しかし、スキピオ自身はその度にこれを辞退していました。

というのも、カミルスのときもそうでしたが、人々が熱狂すればするほど、それを面白く思わない人が現れるのがローマの常だからです。

このときも、後に「大カトー」と称されるカトー・ケンソリウス（前二三四～前一四九）という人物が、ことあるごとに「スキピオは独裁を狙う危険なヤツだ」と非難していました。スキピオがいくら独裁官になるつもりはないと辞退しても、カトーは信用しません。

あまりにも執拗なカトーの攻撃を受けたスキピオは、次第に目立つことを嫌がるようになります。事実、シリアとローマが戦った際にも、スキピオは指揮官にはならず、弟ルキウスを立てて、その参謀として従軍するに止《とど》まっています。

こうしてひたすら目立たぬようにしていたにもかかわらず、スキピオを弾劾する事件が起きてしまいます。

発端は、弟のルキウスにまつわる不適切な金銭問題でした。シリアで戦勝将軍となったルキウスに、敵のシリア王アンティオコスから不正な金を受け取ったという嫌疑がかけられたのです。この不正の疑いは、従軍していたスキピオにも飛び火しました。

しかし、有罪が確実視されるところまで行ったとき、それまで静かにしていたスキピオが、初めて声を荒げて反論しました。

「一万五〇〇〇タレントもの賠償金をどうやって得たかに関心を持たず、三〇〇〇タレントのみをどうやって得たかを追及するというのはどうしたものか！」

この反論で、スキピオ兄弟に対する告発は取り下げられますが、ローマでの権力争いがほとほと嫌になったスキピオは、その後地方に隠棲し、ついにローマに戻ることなく五十三歳の生涯を終えています。

晩年のスキピオに関する記録はほとんどなく、死因すらわかっていません。

ただ一つ伝わっているのは、ローマにある先祖代々の墓に入ることを拒否し、自分の墓碑に

「恩知らずの祖国よ、お前が私の骨を持つことはない」と刻ませたという話だけです。

なぜカルタゴは蘇り、そして滅びたのか

第二次ポエニ戦争直後のカルタゴは、がんじがらめのような状態でした。

もともと地中海貿易で繁栄した商業国家だったにもかかわらず造船を禁止され、その上、いかなる理由であってもローマの同意がなければ交戦できない、とされたからです。いかなる理由であっても交戦が禁じられたということは、敵に一方的に攻められたとしても、防衛のために戦うことすら認められなかった、ということです。

そのためローマ人の多くは、もはやカルタゴの存在をそれほど恐れてはいませんでした。しかしそんな中で、カルタゴに強い脅威を感じていた男が一人だけいました。それは、かつてスキピオを失脚に追い込んだカトーです。

カトーは演説する機会がある度に、内容が何であれ、最後は必ず「カルタゴを滅ぼすべきだ／Delenda est Carthago!」という一言で締めくくったと言われているほど、執拗にカルタゴ殲滅《せんめつ》を訴え続けました。

彼がこれほどまで執拗にカルタゴ殲滅を訴えるようになったきっかけは、ローマ使節団の一員としてカルタゴを訪問したことでした。

もはや復興はないと思っていたカルタゴが、まだ第二次ポエニ戦争終結からそれほど経っていないにもかかわらず、驚くほど豊かに復興していたのです。実際カルタゴは、当初五十年の分割払いという約束だった賠償金一万タレントの残金を、一括して支払いたいと申し出ていました。

ちなみに一万タレントの賠償金というのは、当時のカルタゴの農業生産の一年分近くに当たる額が二〇〇タレントだったので、それを五十年間支払わせるという計算のもとに割り出された金額でした。それを一括返済するということは、国家の農業総生産の五十年分に相当する金額を（すでにいくらか支払ったとは言え）一括で支払えるまで経済力を復興させたということです。

なぜこれほど早くカルタゴの経済が復興したのかというと、再軍備を禁じられたからでした。皮肉な話ですが、カルタゴは軍事費がかからなくなったことで、却って経済活動に専念することができるようになり、結果として、驚くべき早さで経済復興を実現させていたのです。

ローマに戻ったカトーは、元老院でカルタゴから持ち帰ったイチジクをかざしながら、言いました。

「この見事な果実が熟す国へは、ローマからたった三日の船旅で行けるのだ」

そして、演説の最後を「カルタゴを滅ぼすべきだ」と締めくくり、それ以後の演説でも必ず「カルタゴを滅ぼすべきだ」と言い続けたのです。

カルタゴ殲滅を訴え続けたカトーの執念が実り、ローマがカルタゴに宣戦布告したのは前一四九年。カトーが八十五歳の生涯を終えた直後のことでした。

これまで散々ローマを苦しめたカルタゴですが、もはやローマに対抗する力はありません。戦う前から勝敗は明らかだったのです。

それでもカルタゴは決して降伏しようとはしませんでした。

だから、というわけではありませんが、第一次ポエニ戦争、第二次ポエニ戦争と、さまざまな条件や多額の賠償金を課しつつもカルタゴの存続を許したローマですが、三度目は許しませんでした。

多くのカルタゴ人が命を落とし、最後に生き残った人々はすべて奴隷として売り払われました。さらに、国土は焼き払った後、植物が生《は》えないように塩を撒《ま》いたというのですから、まさに「殲滅」でした。

ローマはこれまで多くの周辺諸国と交戦していますが、そのほとんどをローマに取り込むかたちで拡大してきました。そのやり方は、スキピオのエピソードに象徴されるように、正々堂々と戦った後は、寛容さを示してローマへの忠誠を得るというものでした。

そんなローマがカルタゴだけ許さなかったのには、二つの理由が考えられます。

一つは、ローマとの約束を破った国はこうなるという、周辺諸国に対する「見せしめ」として。もう一つは、やはりローマがカルタゴに「恐怖」を感じていたからだと思います。

ハンニバルに痛めつけられた際のトラウマ、そして、倒しても倒しても復興してくるカルタゴの経済力の逞《たくま》しさに対する恐怖です。

第一次ポエニ戦争も第二次ポエニ戦争も、最終的にはローマが勝利しているのですから、そこまでカルタゴを怖がらなくてもよさそうなものですが、第一次、第二次世界大戦におけるドイツのことを考えていただけば、ローマの感じた恐怖が少し理解できるのではないかと思います。ドイツも第一次、第二次世界大戦ともに敗戦していますが、戦争の原因をつくったのは、どちらの場合もドイツでした。第一次世界大戦後、勝った連合国が莫大な賠償金をドイツに課したというのもポエニ戦争の戦後処理に似ています。そして、どちらも経済復興を経て再び戦争に突入したということも同じです。

第二次世界大戦の戦後処理では、さすがにドイツ殲滅を主張する人はいませんでしたが、連合諸国による分割統治がとられました。その背景には、単なる利害関係だけでなく、やはり戦争と復興を繰り返すドイツに対する恐怖があったのだと思います。

改革派と国粋派の争いは「内乱の一世紀」の火種となった

それにしても、カトーはなぜあれほどまでにスキピオを嫌ったのでしょう。

そのことを語る前に、スキピオがカルタゴのハンニバル討伐軍の将軍に指名されたときのことを思い出してください。

若きスキピオが軍の指揮官に立候補したとき、元老院は諸手《もろて》を挙げては賛成せず、しぶしぶスキピオを将軍に任命したものの、国費を出し渋り、やるなら自分で戦費を用意しろという意地悪をしました。

実は、このことからもわかるように、スキピオは民衆からは英雄として人気があったものの、カトー個人に止まらず元老院から嫌われていたのです。

なぜスキピオが元老院に嫌われていたのかというと、彼が無類の「ギリシアかぶれ」だったからです。

ローマにとってギリシアは文化的先進国でした。建国当時のローマは、ギリシアやエトルリアの先進文化からさまざまなものを学び取り入れることで発展してきました。

新規なものに触れたとき、とても興味を抱く人もいれば、頑《かたく》なに古いものに固執し変化を嫌う人もいます。ローマの場合も、ギリシアの先進的な文化に強く興味を持つ人もいれば、それを嫌い、拒否する人もいました。

そうしたローマの中で、スキピオ家は「進取の気持ち」の特に強い家だったのです。ギリシアの歴史家ポリュビオスが人質としてローマに連れてこられたとき、彼の面倒を見たのもスキピオ家でした。

当時のギリシアの人質は、人質とは言っても、鎖に繋がれたり、労役を課せられるというものではありません。ローマから出ることができないというだけで、日々の生活は自由にできました。ではなぜ彼らが連れてこられたのかというと、ローマ人がギリシアの先進文化を学ぶためだったのです。スキピオ家はそうした人々の中心にあった家だったのです。

そういう家で育ったスキピオ・アフリカヌスは、長じるにしたがって、さらにその気風を高めていきました。

しぶしぶながらも元老院に指揮官就任を認められたスキピオは、まずシチリアに渡り、新兵の軍事訓練を行いました。その様子を視察に来た同年代のカトーは、自分の目を疑います。なぜなら、ギリシア文明に心酔しきっていたスキピオが、ギリシア風の衣装を纏《まと》って陣頭指揮に立っていたからです。

スキピオ家がギリシア派の筆頭なら、カトー家は伝統を重んじる旧套墨守《きゅうとうぼくしゅ》の代表のような家でした。そうした家で育ったカトーの目には、スキピオが軽薄な「ギリシアかぶれ」にしか見えませんでした。しかも、スキピオ軍の規律の緩さは、ローマ軍全体を堕落させるものに思えました。

カトーのギリシア嫌いは徹底しており、贅沢とギリシア文化の流入こそがローマの道徳退廃の原因だとして、ギリシア批判を行っています。

　あのギリシア人どもの正体を明らかにしておきたい。……………あの連中は堕落しており始末に負えない民族なのだ。彼らの学芸がわれわれのもとに伝えられれば、何もかもだいなしになってしまうだろう。

（プリニウス『博物誌』より）

カトーが後にスキピオをしつこく弾劾したのには、スキピオがハンニバル率いるカルタゴ軍を破り、救国の英雄となったことに対する激しい嫉妬があったことは事実です。しかし、それ以前からカトーは、ギリシアかぶれで規律に甘いスキピオが大嫌いだったのです。

いくらカトーが実力者だったとしても、たった一人の個人的な好き嫌いだけで国費の使い方を決められたはずがありません。ギリシアにかぶれ、ローマを改革しようとする「改革派」に反感を持っていた元老院議員がたくさんいたのです。

だから元老院は、改革派の中心人物とも言えるスキピオに、カルタゴ遠征を認めながら援助を惜しむという意地悪をしているのです。

こうした改革派と国粋派の争いは根深く、共和政後期の「内乱の一世紀」という時代の火種となっていきました。

詳しくは第II部で述べますが、スキピオ家に繋がる者からローマ社会の改革を目指すグラックス兄弟が現れ、カトー家を始めとする保守国粋派の人々は閥族派として改革派の動きを阻止しようと争い、その動きの中から、やがて国政改革に進むカエサル派と、それを阻《はば》もうとする元老院派という対立構造が生まれていったのです。

第3章　共和政ファシズムと父祖の遺風

「共和政ファシズム」こそのローマ拡大

共和政期のローマを理解する上での重要なポイントは、この時代の政治システムは軍事システムと不可分のものであった、ということです。

当初、国政に参加することのなかった市民が、戦争に参加するようになったのを機に国政にも参加するようになったことからもわかるように、当時の政治というのは、軍事と一体のものだったのです。

そのため軍事力の強化は国政の重要なテーマであり、それを実現するための組織的な軍事訓練や軍規といったものが、ローマの社会生活の中で非常に重んじられていました。

古代の「国家」は、市民共同体であると同時に戦士共同体でもあるのです。「農耕市民＝戦士」であるということは、古代のポリスを定義する際の大事なポイントです。

そういう意味において、ローマの共和政は、わたしたちが現在知りうる共和政（共和制）とは異なった共和政だと言えます。

古代の国家では、市民は、平時は農耕に従事する農民ですが、戦時になると同じ人が戦士となります。普段は温厚で実直な農耕民が、戦争になると、戦利品を奪ってきたり、土地を占領したりと暴力的な行為をするということです。現代人はこうした二面性に違和感を感じるかも知れませんが、彼らにとっては、これは当たり前のことであり、戦利品や新しい土地が得られるからこそ、命がけで戦ったのです。

民衆が戦争に実利を求めた一方で、貴族層には、戦利品よりも大事なものがありました。それは、戦いで武勲を挙げることです。彼らにとっては、武勲こそが勲章であり、モチベーションだったのです。

このことは、特にローマ史において、非常に大きなファクターを占めています。

ローマでは戦争に勝利すると、凱旋門を造ったり凱旋式を行ったりしますが、これは武勲がローマ貴族にとって最大の名誉であったことを意味しています。武勲を挙げることが、その人の権威を上げることに直結していたのです。

ここで間違って欲しくないのは、武勲が直結しているのはあくまでも「権威」であって、権力ではないということです。

このように国政と軍事が密接に結びついているローマの共和政を理解するためには、単に「共和政ローマ」と考えるのではなく、「共和政ファシズム」として理解すべきだとわたしは考えます。

わたしたちは二十世紀に「独裁政ファシズム」を経験しているので、ファシズムと聞くと、すぐにムッソリーニやヒトラーといった独裁者を思い出します。そのため共和政とファシズムを結びつけることに違和感のある人が多いかも知れませんが、もともとの「ファシズム」という言葉には独裁の意味はありません。実はファシズムの語源は、ローマで権威の象徴とされた飾り斧《おの》「ファスケス」なのです。

ローマでは上級公職者の従者が斧の周りに棒状の木を結びつけた「ファスケス」を掲げ持っていました。それがやがて権威の象徴とされるようになったのです。

もともと権威を強調する言葉に過ぎなかったファシズムあるいはファッショという言葉が、二十世紀にムッソリーニのファシスト党やヒトラーのナチ党が現れたことで、「ファシズム＝独裁政軍国主義」というイメージに変化し、わたしたちに刷り込まれてしまったのです。

わたしが古代ローマの共和政に対し、敢えて「ファシズム」という言葉を用いるのは、独裁と共和政という異なる政体でありながら、両者に共通するものを見出しているからです。

それは、一言で言うなら「先手防衛」、もう少しわかりやすく言うと「攻撃こそ最大の防御である」という価値観です。ですので「共和政ファシズム」は「共和政軍国主義」とでも言っておけばいいのではないでしょうか。つまり軍事力にものをいわせる覇権主義であり、そのような一面がローマにはあるということを、しっかり念頭に置いておくべきでしょう。

現代ファシズムが独裁や軍国主義と結びついたのには、それなりの背景があります。

ドイツの場合が典型的ですが、ドイツ社会は第一次世界大戦に敗れたことで莫大な賠償金という負債を抱え、大きな社会改革を余儀なくされます。その社会改革の動きの中でヒトラーが出てくるわけですから、結果的に見ると、莫大な賠償金をドイツに課したことがヒトラーの登場の、もっと言えば第二次世界大戦の引き金になったとも言えます。

実は、イギリスの経済学者であるケインズは、このことを予期し、「そんなことをするとあとで大変なことになるから止めた方がいい」と言って、ドイツに莫大な賠償金を課すことに反対していました。

今われわれは、ヒトラーというと極悪非道な独裁者だと思っていますが、ヒトラーは最初から独裁者だったわけではありません。彼はドイツの復興を掲げ、国民の支持を受けて政権に就いているのです。実際、ヒトラー政権の最初の数年間は、経済政策に重点を置いた改革がいくつもなされています。そして、それらが非常に成功したからこそ、ヒトラーはドイツの救世主として国民から絶大な支持を得るようになったのです。

ヒトラーが独善的になっていくのは、ドイツの景気が回復したあとのことです。

急速に経済を復興させたドイツは、やがて「ドイツの生存権を守る」という名目のもと、ポーランドなど近隣諸国に侵出していきました。このとき国内の共同体意識を高めるために行われたのが、アーリア系ゲルマン民族とユダヤ民族とを明確に区別し、自分たちゲルマン民族の優位性を説くことでした。そうすることでドイツは、自らの侵略行為ならびにユダヤ民族の粛清を正当化していったのです。

ここで注目していただきたいのは、ヒトラーは攻撃されたから他国に侵出したわけではないということです。このままでは自分たちの生命が危《あや》うくなる、われわれにはわれわれの生命を守る権利がある、として自分たちの「生存権」を主張して侵略行為を行っているのです。

これは大日本帝国時代の日本にも当てはまります。当時の日本は、日本は神国であると自国の優位性を説いた上で大陸に侵出しました。そして「満州は日本の生命線だ」として権益の死守を掲げて戦っています。つまり、ドイツも日本も一方的な侵略行為を自分たちの生存権として主張したのです。

わたしが共和政ローマは「共和政ファシズム」として理解すべきだと言ったのは、そこに至る背景は異なりますが、やはり他国への侵出を自国の生存権として行っているという点が共通しているからです。

古代のファシズムも現代のファシズムも、ファシズムは「先手防衛」のための侵出を是としているということです。

ただし、誤解しないでいただきたいのは、古代社会においては、こうした軍国主義やファシズムと言われるものが、ローマに限ったものではなく、国としてごく当たり前の在り方だったということです。実際、当時はどこの国でも国家予算の七割くらいが軍事費だったと思います。

古代は力が正義とされていた時代です。侵略が自国の利益に繋がるのであればするべきであるし、相手が自分たちに危険をもたらす可能性があるなら、何か事が起きる前に相手を潰しておく、つまりあらかじめ危険の芽を摘《つ》んでおくことが正当な行為だとされたのです。

危険を感じたら、相手が手を出したか出していないかにかかわらず、自衛のために攻撃することが「先手防衛」として正当化されていたということです。

こうしたことをきちんと知っておくことが、ローマ史はもちろん、古代史を理解する上ではとても大切なことだとわたしは思います。

ローマ成長の一因は「公」と「祖国」の意識

どこの国も先手防衛を是としていた古代世界において、なぜローマが覇権を手にし、帝国になり得たのか。これは、古くはポリュビオスから始まり、これまでにもいろいろな人が考察を重ねてきた問いです。そのどれもがローマ成長の一因を解き明かしていると思いますが、わたしは当時としては卓越したローマ人の「国家に対する強い自負心」に注目しています。

国家に対する自負心というと、「そんなものギリシア人だって持っていた」と言われることがあるのですが、「祖国」という意識、すなわち国という「公」のものに対する強い帰属意識を歴史の中で最初に見せたのは、ローマ人なのだと思っています。

前三世紀、イタリア半島の北部にはローマ人が、南端部にはギリシア人が住んでいました。ギリシア人の住む南部は「マグナ・グラキア／大いなるギリシア」と呼ばれていました。

ローマの覇権が広がり、マグナ・グラキアとローマとの戦いが避けられなくなったとき、マグナ・グラキアは、対岸に位置するギリシア西北部を治めるエペイロス王国のピュロス王に援軍を求めました。

ピュロス王はこれに応じ、ローマと戦います。

結果はローマの敗退。この敗戦にローマの国内にはギリシアとの講和を求める気運が高まります。

その機を逃さず、ピュロス王はローマに使節団を送り、講和を結ぼうとします。

しかし、その頃ローマでは、ひとりの男の演説が講和の気運を覆していました。

元老院の議場で演説していたのは、すでに引退して盲目の老人となっていたアッピウス・クラウディウスでした。アッピウス・クラウディウスとは、かの有名な「アッピア街道」の創設者で、常日頃「ローマ人は平穏なときよりも、困難なときの方が信頼できる」と語っていた人物でした。

元老院議事堂

フォロ・ロマーノに建つ元老院議事堂。現存する建物は、カエサルによる再開発の一環で建てられ、ディオクレティアヌスが改築したものとされる。内部に入って右側に、トラヤヌスが使用した演台の手摺りが置かれている。賛成派と反対派が左右に分かれて議論した。

もはや目も見えず、ひとりでは歩くこともできなくなっていたアッピウスですが、元老院がギリシアのピュロス王と講和を結ぶつもりらしいと聞き、居ても立ってもいられずに、息子たちに付き添われながら議場で発言したのでした。

「わたしはもはや目は見えないが、耳も聞こえなければと思うほどだ。あんなピュロス風情の和平に応ずるとは何事なのか。ローマの名声をだいなしにすることははなはだしい。常日頃、諸君が全人類に言いふらしていた文句はどこに行ってしまったのか。〝もしかのアレクサンドロス大王がイタリアにやって来て、われわれの父祖と戦っていたら、今ごろ彼は無敵と讃えられるどころか、敗走して、ひょっとしたら命を落としていたかもしれないのだ〟と。あの気概はどうしたのだ」

（プルタルコス『英雄伝』「ピュロス伝」）

アッピウスの言葉は元老院議員たちの心を動かし、ローマは再び戦うことを決意して、使節はピュロス王のもとに帰されます。

そして、元老院の様子を王に尋ねられると、使節は「わたしには元老院は数多くの王者の集まりの如く見えました」と報告したのでした。

このとき強い交戦意識を掻き立てられたのは元老院（貴族）だけでなく、民衆も同じでした。これは注目すべきことです。なぜなら、民衆レベルが「国の名誉のために戦争に勝たなければ」という強い意識を持つ国は、当時ローマの他にはなかったからです。

たとえばペルシア戦争のときのペルシア軍には、国家のために戦争に勝たなければならないという意識を持っていた民衆は、おそらくほとんどいなかったと思います。

これがいいことか悪いことかは別にして、祖国とか国家といった「公」に対して献身的な意識を、貴族はもちろんのこと民衆レベルまで非常に強烈に持っていたということが、ローマの特筆すべき特徴なのです。

ローマ人の精神に染み込んだ「父祖の遺風」

なぜローマ人は、これほどまでに強い「公」意識を持っていたのでしょう。

その意識の根源に繋がっていたのは、「父祖の遺風」だとわたしは考えます。

「父祖の遺風」は、ラテン語では「モス・マヨールム／mos maiorum」と言います。

先ほどローマ人にとって武勲が非常に重要だったと言いましたが、それはローマでは「勇気と名誉はどうあるべきか」ということを、幼いときから叩き込まれていたからなのです。そして、叩き込むために行われたのが、父祖の名誉ある物語をくり返しくり返し刻み込む、ということだったのです。

これは、かつての日本人の精神的な土壌を支えた「武士道」と、相通じるところがあると思います。

「ローマ人は敗北を決して忘れない」(同前)

これはギリシアとの講和をひっくり返したアッピウスの言葉です。

前章にも述べたとおり、ローマの軍隊というのは決して無敗無敵の常勝軍ではありません。サムニウム戦争でも、ポエニ戦争でも、敗退し、その屈辱を糧として勝利を勝ち取ってきたのです。この「雪辱を果たすまで決して諦めない」というローマ人の気質を培《つちか》ったのも、やはりその精神に染み込んだ「父祖の遺風」でした。

ローマ貴族の家庭には、必ずと言っても過言ではないほど先祖の彫像がありました。そして、何か事がある度にその彫像を出してきては、「お祖父《じい》さんは……」とか、「曾祖父は……」と先祖の武勇伝が語られたのです。

今はさまざまな娯楽があるので先祖の話などしても子供たちは喜びませんが、当時は娯楽も少ない時代です。父親が息子に語って聞かせる先祖の物語は、子供にとって最高にわくわくするエンターテイメントでした。

こうしてくり返しくり返し先祖の物語を聞かされることで、何が名誉で何が不名誉なのかという価値基準とともに、問題が起きたときにはどのように行動すべきなのか、といった行動規範を学ぶのです。

そして、自分は素晴らしい父祖にふさわしい、あるいは父祖をもしのぐような行動をし業績を上げ、子孫たちに自分のことを語り継いでもらおう、という思いが培われていったのです。

日本では二世議員が出てくると、よく「二世だからダメだ」と言われます。しかし、ローマの元老院議員というのはみな二世、三世どころではありません。二世だからダメなのではなく、二世としての誇りをきちんと教えていないからダメなのです。

先ほど「父祖の遺風」は「武士道」に似ていると言いましたが、実際、日本もかつては「ご先祖さまに恥じないように」「家名を汚《けが》さないように」立派な生き方をしなければならないという意識を、武士に限らず多くの人が持っていました。

もちろん日本やローマに限らず、ほかの国でも、多かれ少なかれ「先祖の誇り」を意識するということはあったとは思うのですが、そのことを特に強烈に意識していたのが、ローマ人だったということです。

先祖代々伝わってきた「父祖の遺風」を行動規範としながら、名誉を重んじ誇り高く生きたローマ人ですが、彼らは選民意識を持っていたわけで

父祖を抱くローマ人の像

ローマ貴族の彫像と、彼の祖先の胸像。「父祖の遺風」はローマ人の行動基準となった。

はありません。

わたしは、この選民意識なき自尊心が、ローマ人の誠実さや、謀略に走らない堂々とした戦い方に表れていると考えています。少なくとも謀略を自慢したりはしませんでした。

自分たちはユダヤ人のように神に選ばれた民族というわけではないが、自分たちが打ち立てる名誉というものは、それ以上に尊いものである。だからこそ、常に最善を尽くし、物事に当たらなければならない、というのがローマ人の考え方なのです。

言い換えれば、ローマ人は人の為《な》す気高い行為に価値を見出していたということです。

正々堂々と戦ったのであれば、敗戦将軍を受け入れたということも、こうした価値観によるものなのだと思います。

同時代人を感嘆させた敬虔なるローマ人

ローマ人は貴族、平民はもちろんのこと、下層民に至るまで「祖国」のために尽くすという強い意識を持っていました。

貴族の場合は、その意識の根底にあるのは「父祖の遺風」が大きいのですが、平民や下層民の意識の根本にあったのは、「敬虔なる信仰心」でした。

「思えば、ローマは宗教によって他の国にまさるのではないだろうか。他国なら迷信とされることでも、ローマでは国家統合の要《かなめ》をなすものである。いずれの宗教行事も壮麗に執り行われ、公人としても私人としても市民の生活をはっきり規制している。こうした役割において宗教を凌《しの》ぐものはない。……民衆がすべて物わかりのいい人間ばかりならいいが、民衆は激情にかられて暴発しやすいのだから、それを抑えるには恐怖が必要なのだ」

これは、ポリュビオスの『歴史』の中の一節です。

おそらくポリュビオスはギリシア人なので、自分たちギリシア人と比べて、ローマの人々の信仰心の強さ、神々を敬《うやま》う気持ちの強さが非常に強いことに驚いたのだと思います。

でも、ローマ人の中にも、自分たちの信仰心が他国の人より秀でていたことに気づいていた人もいました。それを教えてくれるのが、哲学者キケロ（前一〇六～前四三）の次の言葉です。

「ローマは住民の数ではヒスパニア人（今のスペイン、ポルトガルの人々）に劣り、活力ではガリア人に、多才さではカルタゴ人に、それから学芸ではギリシア人に及ばない。しかしながら、神々への敬虔さ（pietas）と慎み（religio）においては、ローマ人はいかなる人々にも引けを取らない」

ギリシア人であるポリュビオスも、ローマ人であるキケロも、ローマ人の神々に対する敬虔さ、神々を敬う気持ちの強さを強調しているのですから、これは事実だったと考えていいでしよう。

ただし、わたしがここで知っていただきたいのは、ギリシア人よりもローマ人の方が宗教的に敬虔だったというような優劣の問題ではありません。信仰心というのは、それぞれの宗教観によっても表れ方が異なるので、こうだったからローマ人の方が敬虔だった、と一概に言えるようなものではないからです。重要なのは実際の優劣ではなく、同時代の人たちには、「ローマ人が宗教的に敬虔な人々に見えた」ということです。

もともとローマ人にとって神というのは、人格神ではなく、天災をもたらす「精霊」のような畏怖《いふ》すべき存在でした。

現在ローマの神話が「ギリシア・ローマ神話」という形で、二つの国の名を冠した一つの物語として扱われているのは、もともと神々の物語を持たなかったローマが、ギリシア文化の影響を受けながら発展していく過程で、文化とともに神話も自分たちのものにしてしまったからなのです。

したがって、ローマの場合、神話の中にローマ人の宗教的敬虔さのルーツを探ることはできません。

では何を見ればいいのかというと、「ローマ人が神々に何を祈っていたのか」です。

実は、ローマ人は宗教儀礼において、神々の加護を願ってはいません。

現代人にとっては、神に祈るということは「祈願」つまり「お願い事」となっているので、神の加護や恩寵《おんちょう》を願わずに何を祈るのかと思うかも知れませんが、彼らは「良いことがありますように」ではなく、「災《わざわ》いがないように」と祈っていたのです。

具体的に言うと、「豊作」を祈るのではなく、「天災がないこと」を祈ったということです。現代人からするとかなり謙虚な祈りですが、農耕民族であるローマ人にとってこれは非常に切実な祈りでした。

事実、ローマにおける最大の禍《わざわ》いは「天災」でした。飢饉、疫病、地震、火山の噴火、これらはどれも人間の力ではどうすることもできないものです。なぜ天災が起きるのかわからない古代の人々にとって、天災は神の怒り以外の何ものでもありませんでした。だからこそ、敬虔に祭祀《さいし》を行い、天災が起きないように、神々の心が安らかに静まってくれることを祈ったのです。

この謙虚な祈りの背景にあるのは、天災さえ起きなければ、普通でありさえすれば、他のことは自分たちが力を尽くし何とかします、という人々の誠実な思いです。

古代においてはローマ人に限らず、ほとんどの人々が恩恵や加護よりも平穏を祈っていました。そういう宗教観を持った時代に、ローマ人が特に宗教的敬虔さを持っているように見えたということは、ローマ人が、誠実さや自分たちの力を信じ努力する能力において、秀でていると見られていたということであり、実際そうであったということなのです。

そしてこのことが、戦争で決して卑怯な行いをせず、できるだけ正々堂々と戦う姿や、負けたとしても諦めずに、二度、三度と勝利を収めるまで戦う姿に繋がっているのだと思います。

神々に対し敬虔だったからこそ、私《わたくし》という個を抑えて、国のため公《おおやけ》のために尽くすという気質がローマ人には培われた、ということです。

ローマ軍は個人の武功より軍規に重きを置いた

父祖の遺風と敬虔な信仰心、それが共和政ファシズムのもと結実したのがローマ軍でした。

古代世界は、やはり軍事力がものをいう世界です。その中で軍事力をいかにうまく機能させるかということは、国家の最優先事項のひとつです。

そこでローマ人は、軍人精神的なファクターとして「厳格な規律と協調」を守ることをくり返し人々に植え付けていきました。

たとえば、これは前四三一年にアエクィ人と戦ったときの凱旋将軍トゥベルトゥスの事例です。

あるとき、トゥベルトゥスの息子が、血気に逸《はや》って戦列から飛び出すという規律違反を犯してしまいます。

ローマ軍において軍規違反は重罪です。しかし、重罪を犯したとは言え、相手は自分の息子です。多くの人が、何らかのペナルティを科すことで許されるとみていましたが、トゥベルトウスは、息子は軍規に違反したのだからと言って、その首を刎《は》ねています。

もう一つ、前四世紀の軍人マンリウス＝トルクァトゥスとその息子にも似たような話が伝わっています。

ある戦いで、騎兵隊長を務めていた息子が、敵軍の隊長に挑発され、一騎打ちをすべく隊を飛び出していきました。息子は勇敢に戦い、見事に敵隊長の首を討ち取ります。

意気揚々と隊に戻ってきた息子をトルクァトゥスが出迎えます。しかし、トルクァトゥスは息子の勇気を讃えつつも、「お前の行いは重大な軍規違反である」として、やはり息子を打ち首に処しているのです。

ところが、同じような話なのですが、結末が異なるものもあります。

これはローマがガリア人と戦っていたときの話です。

ガリア人というのはアングロ・サクソン系の民族なので、ラテン系のローマ人と比べると背も高く、体格もよく、ローマ人にとっては力負けする怖い相手でした。

ただでさえ体格差があるのに、あるとき、ひときわ体の大きなガリア兵がローマ軍を挑発しました。それに対し、ひとりのローマ兵が進み出て一騎打ちとなります。

結果はローマ兵の勝利。

大喝采を浴びたそのローマ兵は、隊に戻っても、何の咎《とが》めも受けることなく隊長からも名誉を讃えられました。

この男の何がトルクァトゥスの息子と違っていたのでしょう。

実はこのローマ兵は、隊から抜けて一騎打ちに及ぶ前に、きちんと隊長のもとへ行き、許可を得ていたのです。

これらの逸話が語っているのは、いずれもローマ軍の規律の厳格さです。

許可を得ずに隊を離れた者は、たとえ隊長の息子であっても、武功を挙げたとしても、軍規違反として処刑されてしまう一方で、軍規を守り、隊長の許可を得た上での行動であれば、その武功は賞賛されるのです。

ローマ軍では個人の武功よりも軍規が優先されていたということです。

ローマ軍の勇気を奮い立たせた「デキマティオ」

前章で述べたように、ローマでは勇気を持って戦ったことが証明されれば、敗戦将軍であっても受け入れられ、再び戦列に復帰し、リベンジする機会も与えられました。「勇気」はローマにおいて、結果の勝敗とは別の次元で、賞賛されるべきものだったからです。

しかし、そんなローマだからこそ、卑怯な行いや勇気を欠く行いは厳しく戒《いまし》められていました。

その象徴とも言えるのが、ローマ軍の「一〇分の一刑」です。「一〇分の一刑」は、ラテン語で「デキマティオ／decimatio」と言います。

これは、今風に言えば連帯責任に基づく刑です。

たとえば、一隊一〇〇人で戦っていたとしましょう。

一人ひとりは勇敢に一生懸命戦っていたとしても、全体として足並みが乱れていたり、統率が乱れてしまうこともあります。または、隊の中の何人かがだらしなく戦ってしまったために、隊全体の動きがだらしなくなってしまったとき、その一〇〇人の隊員の中から、無作為で一〇人を選び処刑するのです。

だらしなく戦った者や、隊の統制を乱した者を処刑するというのであればわかるのですが、これは無作為に選んだ一〇人、つまり隊の一〇分の一を処刑するという、ある意味理不尽な刑でした。

そのため、勇敢に戦った者が処刑されることもあれば、だらしなく戦った者が生き残るということも起きてしまいます。

それでも不満が出なかったのは、無作為に選ぶのに「籤《くじ》」が用いられたことに関係していると思われます。

なぜ籤だと不満が出ないのかというと、誰が当たり籤を引くことになるかは、神のみぞ知ることだからです。つまり、無作為に選ばれた一〇人は、別の言い方をすれば神が選んだ一〇人なのです。

敬虔なるローマ人は、この神の裁きを甘んじて受けました。

それにしても、ローマ軍はなぜこんな理不尽な刑を採用したのでしょう。

それは単純に「だらしなく戦ったら殺すぞ」と言われるよりも、この方がずっと怖いからです。何しろ、自分がだらしなく戦ったら、そのせいで勇敢に戦った仲間が殺されてしまうかも知れないのです。

実際、この刑の威力は大きく、共和政期だけでなく帝政期に入ってもデキマティオが行われた記録を見ることができます。

このようにさまざまな形で、軍人としての意識を組織的に常に培っていくシステムがあったということも、ローマの共和政を単なる共和政としてではなく、共和政ファシズムとして読み解く必要性を感じさせてくれます。

あまたある都市国家の中で、なぜローマだけが拡大し、世界帝国になり得たのか。

この問いを持ってローマ史を読むとき、共和政ファシズムという視点を持って見ることは、とても意味のあることだと思います。

II

勝者の混迷、カエサルという経験

――グラックス兄弟の改革、ユリウス・クラウディウス朝の終わり

第4章　持てる者と持たざる者の争い

勝者ゆえの悲劇

紀元前一四六年。

これはローマにとって大きな分岐点となった年です。一世紀の長きに及んだカルタゴとの戦いがローマの大勝利で終わり、西地中海は完全にローマのものとなりました。

さらにこの年は、ギリシアの諸ポリスを統合していたマケドニアの勢力下にあり、最後までローマに抵抗していたコリントを破壊し、ローマが東地中海のマケドニア領だった地域をすべて属州化した年でもありました。

つまりローマは、前一四六年を以《もっ》て、地中海全域の覇者となったのです。

この時点では、まだ皇帝がいるわけではないので、正式な意味での「帝国」ではありませんが、ローマはこの年に事実上の帝国になったと言っていいと、わたしは考えています。

地中海の覇者となったローマですが、この勝利は必ずしもいいことばかりをもたらしたわけではありませんでした。むしろ、「勝者ゆえの悲劇」をローマにもたらしたとさえ言えます。

悲劇はさまざまな要因からなります。

まず一つは、「征服地の増大」です。

征服地が拡大する過程で得た膨大な戦利品、土地としての征服地自体、さらに、その征服地から新たに得られるようになった利益、そうした「富」が均等に分配されれば問題はないのですが、今も昔も均等分配など現実に行われることはありません。その結果、ローマでは持てる者（富裕層）と持たざる者（貧困層）の格差が急速に広がっていきます。

この格差を助長したのが、長く続いた戦乱の影響による「農地の荒廃」でした。

男性が兵役に就いていた間、農地は女性や老人、子供に任されることになります。当時の農業は今のように機械や農薬があるわけではないので重労働です。働き手の男性のいない農地はどうしても荒れていきます。農地が荒れたことで収穫が減り、経済的に困窮した農民は農地を手放すことになります。

手放した農地は、持てる者である上流貴族のもとに集まります。上流貴族が安く買い占めた土地は、彼らが戦争によって手に入れた「奴隷」という名の労働力と結びつき「奴隷制ラティフンディア」が生まれ、さらなる富を上流貴族にもたらしました。

「ラティフンディア／latifundia」というのは、ラテン語で「大土地」を意味する言葉ですが、土地を意味する「フンディウム／fundium」の複数形「フンディア」が使われていることから、広大な一つの土地ではなく、あちらこちらに点在する土地を持つ大土地所有であることがわかります。これは、今でたとえるなら、いろいろな場所にマンションを何棟も所有しているマンション経営者のようなものです。

一方、生活苦から土地を失った農民はローマなどの大都市に流入し、これによって都市に急速に無産市民が増えていきました。彼らは持たざる者ですが、ローマ市民権は持っていたので、都市に集中することで政治的に無視できない勢力となっていきます。

こうして持てる者と持たざる者という階級格差が生まれたことで、ポリュビオスが言っていたように混合政体（元老院と執政官と民会）でそれまで保たれていたローマの政体バランスが崩れ、階級対立からやがて内乱へと発展していくことになります。

もう一つ、ここで見過ごすことができないのが、人々の意識の変化です。

確かに対立・内乱の背景にあるのは、持てる者と持たざる者の格差なのですが、それはローマ人の国家に対する観念の変化を誘発し、それが対立構造に大きく影響していたからです。

どういうことかというと、これまでローマの発展を根底で支えてきたのは、ローマ人の祖国への強い思いでした。その、個よりも公を優先するというローマ人の愛国心が階級闘争によって失われ、代わって自己愛とか身内愛といった個を尊重する意識が強くなっていったのです。

この変化が、祖国全体のためではなく、自分たちの階級、あるいは自分自身の権益を守る気持ちに繋がり、対立が内乱へと激化していくことに繋がったと考えられるのです。

グラックス兄弟が改革に目覚めた理由

人々の意識が祖国愛から自己愛へと向かう流れの中で、敢然と祖国愛を掲げ、ローマの改革に立ち上がったのがグラックス兄弟でした。

貧しい平民を救い、国家の安定を取り戻すための改革に専心したグラックス兄弟は、ローマでも名門の貴族の生まれでした。兄弟の母コルネリアは、第二次ポエニ戦争でローマの宿敵ハンニバルを倒した大スキピオ（スキピオ・アフリカヌス）の娘であり、父のセンプロニウス・グラックスは、執政官（コンスル）に二度就任した経験を持つ名士でした。

センプロニウスとコルネリアは、年が離れていましたがとても仲のいい夫婦で、一二人の子供に恵まれています。しかし、乳幼児死亡率の高い古代のこと、一〇人の子供に先立たれ、無事に成長したのはティベリウスとガイウスの二人だけでした。その二人の息子が成人していないときにコルネリアは夫にも先立たれます。

コルネリアの実家であるスキピオ家は、ローマ貴族の中でも先進的な改革思想を抱く人々の集まる場所でした。グラックス兄弟が改革の思想に目覚めたのも、そういう意味では母の実家の影響だったと言えるでしょう。彼らが目指したのは、ローマの秩序を回復することでした。そのためには離農し無産市民として都市に集まった人々を再び農地に戻すことが急務です。

最初に行動したのは、グラックス兄弟の兄、ティベリウス・グラックス（前一六二〜前一三二）です。ティベリウスは第三次ポエニ戦争に従軍し、灰燼《かいじん》に帰したカルタゴの姿を目に焼き付けて帰国しました。ところが、帰国してみると祖国の農地は荒れ果て、街には離農した無産市民が溢れかえっています。

「このままではローマもカルタゴのように滅亡の危機に陥るだろう」という危機感を覚えたティベリウスは、前一三三年、二十代の若さで護民官に就任し、土地改革に着手します。

彼が提案した土地改革は、「大土地所有に制限を設ける」というものでした。

実は、古いローマ法にすでに大土地所有を制限する「リキニウス・セクスティウス法」があったのです。それには、「何人《なんぴと》も五〇〇ユゲラ（約一二五ヘクタール）を超える土地を所有してはならない」と定められています。しかし、現実にこの法は守られていません。

ですからティベリウスの改革は、「すでに決まっている法律を守りなさい」というものに過ぎませんでした。しかもティベリウスは、旧法を少し緩和し、一人当たりが所有できる農地面積の上限を、複数の子供がいればという条件付きながら、一〇〇〇ユゲラ（約二五〇ヘクタール）とすることを提案し、元老院の承認を求めます。

法が無視されている現状を、法に則《のっと》って是正しようと訴え、しかも譲歩までしているのですから、この主張の正当性は明らかにティベリウスにありました。

彼はこの改革によって上流貴族が法定面積以上に所有している土地を国家に返納させ、その返納された農地を無産市民となった人々に平等に分配し、帰農させようと考えたのです。

しかし、すでに奴隷制ラティフンディアによって大きな利益を得ていた上流貴族はこれに猛反発します。

こうして持てる者と持たざる者の対立は、閥族派（元老院派）と平民派という党派の争いという形で顕在化していくことになります。

グラックス兄弟と母コルネリア

スキピオの娘コルネリアは、女手ひとつで２人の息子を育て上げた。カウェリエール作。オルセー美術館蔵。

ティベリウスは、こうした反発が起きることは当然予測していました。彼が改革を始めるに当たり護民官に就任していたのもそのためでした。

護民官というのは、共和政初期の身分闘争の中で設けられた官職です。

当時の身分闘争では、力

を持たない平民たちは、貴族との直接対決を避け、ローマの街から離れ、山に籠もることで抵抗していました。山に籠もるというのは、わかりやすく言えば、ストライキです。平時は労働力であり、戦時には重要な戦力となる彼らが山に籠もってしまうと、周辺諸国が好機と攻め込んでくる危険が高まります。そして、もし実際に攻め込まれたら、貴族たちだけでは到底国を守り切ることはできません。

そこで貴族たちは平民を手懐《てなず》けるために、いろいろな要求に応じました。第1章で触れたように、十二表法も護民官もその一つです。

護民官の任期は一年、選挙で選ばれ、定員は一〇名ほど。護民官は貴族たちが平民に対して無理を強要したとき、それを覆《くつがえ》す「拒否権」を発動することができました。たとえば、平民のある人が不当に貴族に引き立てられたときに、「それは不当だ」と言って護民官が出ていけば、連行を止《や》めさせることができました。しかも護民官の体は神聖不可侵なものと定められていて、誰も触れてはいけないことになっていたのです。

ティベリウスが改革に手をつける前に護民官に就任したのは、元老院が反発してきても拒否権を行使できると考えたからでした。それに、反対勢力が襲ってきても、神聖不可侵の護民官であれば身を守ることができます。実際、ティベリウスは反対する元老院に対し、改革を断行するために拒否権を行使しています。

しかし、今度は反対勢力がティベリウスの罷免《ひめん》を求め、争いはさらに激化していきました。

そして、ティベリウスの護民官の任期が切れたとき、彼は一〇〇人以上の同志とともに惨殺され、その遺体は無残にもテヴェレ川に投げ捨てられてしまったのでした。

理想に燃えた弟ガイウスの誤算

ティベリウスの無残な死は民衆の怒りに火をつけ、内乱状態になってしまったために、さすがの元老院も仕方無くティベリウスの案を承認し、農地の分配に踏み切ります。実際、このときの農地の再分配を記したラテン語の碑文や、境界石がたくさん残っています。

しかし、当然ながら閥族派は不満を抱いており、その後も生き残りのティベリウス派の人々に嫌がらせを続けました。その状況を見かねて立ち上がったのが、ティベリウスの八歳年下の弟、ガイウス・グラックス（前一五四～前一二一）でした。

前一二三年、彼もまた護民官に就任したのを機に、国家の再編に取り組みます。ガイウスの改革は、兄の志を継ぎながらも、さらに深く元老院支配に切り込んでいく大胆なものでした。

ガイウスの改革の最中、興味深いエピソードが残っています。

当時、主要な食糧である穀物を輸入に頼っていたローマでは、天候不良などさまざまな要因で穀物の価格が大きく変動していました。貧しい人々は価格が上昇するとすぐに飢えてしまいます。そこでガイウスは貧しい者が穀物配給を受けられるよう穀物法を成立させました。

あるとき、穀物の配給を受ける民衆の列に、穀物法の成立に反対した有力元老院議員が並んでいたのです。「なぜあなたがこの列に並んでいるのか」と問いただすと、その有力元老院議員は、悪びれるところもなく「自分の財産がかすめ取られたのだから、この列に並び、幾ばくかでも取り戻すのは当然のことだろう」と言い放ったのでした。

そこにはかつてギリシア人に「王者の集まりのようだった」と言わしめた、元老院の気高さも誇り高さもありません。このエピソードからも、ローマ人の愛国心が自己愛へと大きく変容していたことが見て取れます。

ガイウスは愛国心を持った青年でした。しかし、少し理想に逸《はや》っていたのかも知れません。

国土が拡大し、属州が増えたローマでは、元老院議員の高位公職経験者に属州総督になることを認めていました。属州総督の多くは、現地の民衆に過剰な貢納を強い、不正な利益を得ていました。そうした現状を審理するための法廷も設けられていましたが、陪審員には元老院議員も多く、実際には大した是正効果はありませんでした。そこでガイウスは、陪審員から元老院議員を排除し、騎士身分の者だけとすることを提案します。

もちろん元老院はこれに猛反発しますが、この陪審改革案は僅差で可決され、ガイウスは元老院を完全に敵に回すことになります。それでもガイウスの勢いは止まらず、彼はさらにイタリアの住人にローマ市民権を付与することを提案します。

ローマ市民権を持つということは、公職者選挙の投票権や免税権など多くの特権を与えられるということと同義語でした。当時はイタリアに住んでいてもローマ市民権を持たない者も多く、市民権を持たざる者の不満もくすぶっていたのでした。

この提案は、地方都市の持たざる者たちにとっては嬉しいものでしたが、これまでグラックス兄弟の改革を支持してきたローマの民衆にとっては、自分たちの持つ特権が地方都市の民衆にまで広がることは決して面白いことではなく、反対の意を示したのでした。

こうしてローマ市民権の拡大は、元老院議員はもちろんのこと、それまでグラックス兄弟の改革を支えてきた民衆にも反対され、法案は否決されます。

そしてこれを機に、改革への反発が広まり、ガイウスは追い詰められていきます。

ガイウスの身が危ぶまれる中、母のコルネリアがガイウスに宛てた手紙とされるものが残っています。


「ティベリウス殺害者を別にすれば、いかなる敵といえども、おまえの企《くわだ》てのせいで母が被《こうむ》る辛《つら》さや苦しみほどに悲痛な思いを与えるものはありはしません。おまえは私の子供たちすべてがもたらすはずのものを担《にな》って、老女の心をできるだけ乱さないように配慮しなければなりません。余命幾ばくもない私のためなのです。国家の転覆をはかったりせぬように努力している私を助けることはできないのですか。……もしできないのなら、私が感じなくなったとき、どうぞなんなりと好きなことをおやりなさい」

（ネポス「断片」）

「なぜおまえは国家を変えようなんて大それたことを考えるの。どうしてもそんなことを考えるなら、せめて余命幾ばくもないこの母が死んでからにしておくれ」

そう訴えるこの手紙が本当にコルネリアの手によるものである確証はありません。それでも、残された最後の我が子の身を思う悲痛な母親の心情が伝わってきます。

しかし、母の願いも虚《むな》しく、ガイウスは反対派に追い詰められ、自ら命を絶つことになります。元老院はよほどガイウスを苦々しく思っていたのでしょう、我が子をすべて失ったコルネリアに喪服を着ることさえ許さなかったと言われています。

平民派マリウスと閥族派スッラの対立

グラックス兄弟の死後、ローマでは平民派と閥族派（元老院派）の対立が激化、内乱が頻発するようになると、周辺諸国が次々とローマに侵攻してきました。北アフリカでは同盟国だったヌミディアが宣戦布告し（ユグルタ戦争）、北方のガリアではゲルマン系の民族がローマの国境を侵犯してきました。

ところがローマ軍の士気は低く、多くの犠牲者が出るばかりです。

この危機からローマを救ったのがガイウス・マリウス（前一五七〜前八六）でした。マリウスは貧しい平民の出身でしたが武功により昇進し、執政官に上り詰めます。武功はマリウスに名誉だけでなく莫大な戦利品と領土をもたらし、彼は一躍富豪の仲間入りを果たします。

執政官になったマリウスは、それまで従軍資格を持たなかった無産市民の入隊を認め、失業問題と軍事力の低下を一気に解決するとともに、新たに退役軍人には土地を与えるとして彼らの暮らしが立つようにしたことで、軍の士気を高めることに成功します。

平民出身のマリウスの台頭に、危機感を感じた元老院議員らは、ユグルタ戦争で活躍したスッラ（前一三八〜前七八）の人気を利用して「閥族派」を結成、マリウスを中心とする「平民派」と対立を深めていきます。

スッラは貴族出身ではありましたが、財産はなく年上の女性に養ってもらうような生活をしていました。それがユグルタ戦争と、ミトリダテス戦争（小アジアにあったポントス王国との戦争）の勝利で莫大な戦利品を得て貧乏貴族から脱します。金を手にしたスッラは、妻と離婚し有力元老院議員の娘と再婚し、閥族派の後ろ盾を得てマリウスと対決します。

二人の争いは、高齢だったマリウスの死という形で決着がつき、スッラは独裁官（ディ

スッラ

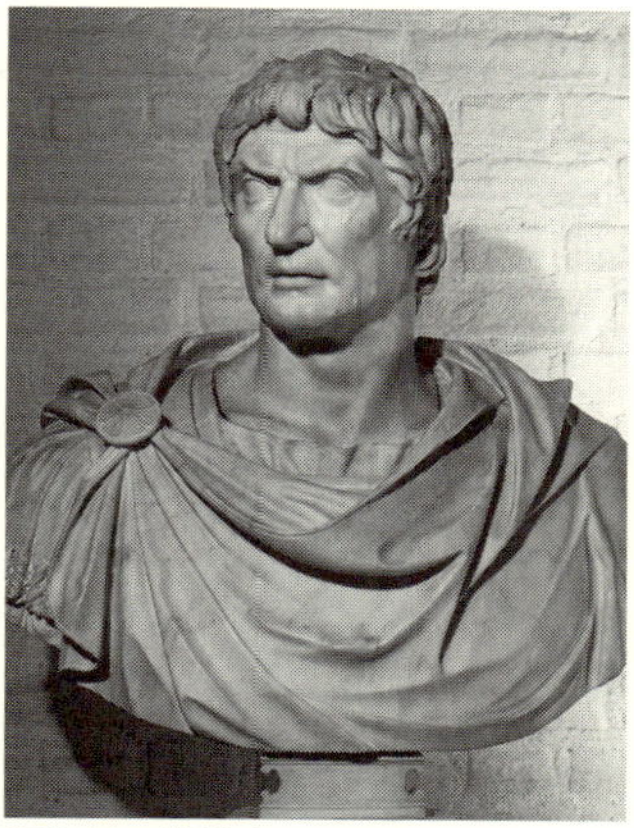

閥族派の指導者。平民派を抑え、強固な政権をつくり上げた。

クタトル）に就任します。

閥族派のスッラは、かつてのような元老院中心の共和政に戻すべく国内改革に取り組みます。元老院の力を強化するため、議員の定数をそれまでの三〇〇から六〇〇に倍増し、さまざまな役職を新たに設けました。こうして元老院の強化を図るとともに、平民派の拠り所となっていた護民官の権限の及ぶ範囲を狭めました。本当は護民官という役職そのものを廃止したかったのだと思いますが、さすがにそこまではできませんでした。

そうして約三年、精力的に改革を成し遂げると、スッラはあっさりと政権の座を退《しりぞ》きます。

スッラは皇帝ではありませんが、実質的には独裁者と言ってもいい立場にありました。政権の座に就きながら自ら退いたという例は、長いローマの歴史の中でもスッラの他には、紀元後三世紀の末に軍人皇帝時代の危機を収拾したディオクレティアヌス帝ただ一人しかいません。

引退したスッラは、若い妻を娶《めと》り（元老院議員の娘はすでに他界）、狩猟を楽しんだり、回想録を書いたりしながら静かな生活を二年ほど過ごした後、亡くなります。

帝政期の歴史家プルタルコスの『スッラ伝』に、スッラの墓碑銘が記されています。

「恩恵を施《ほどこ》すことでいかなる友も彼を抜く者はなく、害することでもいかなる敵も彼を抜く者はいなかった」

自分の味方に対しては非常に温情を示し、敵に対しては徹底的に打ち負かした、ということです。スッラは、独裁者という公人の時間と、引退後の私人の時間をキッパリと区別しましたが、自分の敵と味方も、やはりはっきりと区別した人物だったということです。

反乱鎮圧で名をあげたクラッススとポンペイウス

スッラが引退した後も、潜在的には、閥族派と平民派の対立は続きます。

その中で奴隷制ラティフンディアで過酷な扱いに耐えていた奴隷たちが、故郷への帰還を求めて反乱を起こしました。この反乱は、反乱軍の指導者スパルタクス（?～前七一）の名を冠して「スパルタクスの乱」と呼ばれます。

反乱軍は多くの奴隷を吸収し、最盛期には一〇万人以上にまでふくれあがり、ローマ軍を数度にわたって斥《しりぞ》けます。

この反乱を鎮圧したのが名門貴族出身のマルクス・リキニウス・クラッスス（前一一五～前五三）と、若き武将グナエウス・ポンペイウス・マグヌス（前一〇六～前四八）でした。

クラッススは名門貴族の生まれですが、二十代のとき、マリウスによる粛清によって父と兄を失い、ヒスパニア（イベリア半島）に逃《のが》れながらも私兵軍を組織し、マリウス打倒に決起したスッラの配下に加わったという、なかなか芯の強い人物です。クラッススはスッラのもとで頭角を現しますが、それは武勇によるものではなく、強欲な営利活動の賜《たまもの》でした。

クラッススは、スッラの政敵を粛清するための名簿に、資産家の名前を勝手につけ加え、その財産を没収という形で奪ったり、ローマでしばしば起こる火災に乗じて土地の買い占めを行ったりと、かなり強引な手口で貪欲に資産を増やしています。しかし、普段の生活は質素で、平民に対しても挨拶を欠かさないという気さくなところがあり、金持ちでありながら民衆に嫌われることはありませんでした。

またクラッススは商才もありました。当時は高貴な家柄の人物が表立って商業活動をすることは禁じられていたので、自分の解放奴隷を使って商売をしたり、代理人を立てて銀行業を営み、金貸しでも多くの資産を築いています。

「大富豪」とあだ名され、ローマ市街の大半の土地を手に入れるまでになったクラッススですが、一つだけ手に入っていないものがありました。それは「武勲」です。何としても武勲が欲しいクラッススは、スパルタクスの乱の鎮圧に向かい、見事にスパルタクスの首を挙げます。

ところが、スパルタクスの乱の鎮圧に向かっていたのはクラッススだけではありませんでした。当時、華々しい武勲をいくつも挙げて台頭してきていたポンペイウスも反乱鎮圧に参加していたのです。スパルタクスの軍は、いち早く現地で戦ったクラッススが倒しましたが、奴隷敗残兵を一掃したのは、遅れて来たポンペイウスの軍でした。

凱旋したクラッススは、当然自分が第一の武勲を手にすると思っていましたが、ポンペイウスが「奴隷反乱軍を破ったのは確かにクラッススだが、反乱を鎮圧したのは自分だ」と元老院に報告したため、武勲をポンペイウスと分け合わねばならなくなってしまいます。

このことがしこりとなり、クラッススとポンペイウスはお互いに敵意を持つようになりますが、表立って衝突することはなく、前七〇年、二人はともに執政官に就任します。

カエサルが表舞台に登場——第一次三頭政治

執政官に就任したポンペイウスは、前六七年、元老院から当時地中海東部を荒らし回っていた海賊の討伐を命じられますが、これは元老院の本意ではありませんでした。海賊の討伐は急務でしたが、元老院はポンペイウスに大きな指揮権を与えることで、独裁化することを危惧していたのです。しかし、民衆のポンペイウスに期待する声が大きく、元老院としては、指揮権を与えざるを得なくなったのです。

ポンペイウスは民衆の期待に応え、見事に海賊を掃討し、その後二年をかけて、ローマを脅《おびや》かしていたミトリダテスとの戦争にも勝利を収めると、元老院の心配をよそにあっさりと指揮権を返上します。

それでも元老院の心配は消えなかったのか、戦後処理を放置するなどポンペイウスに辛く当たり、ポンペイウスは元老院への不満を大きくしていきます。

ユリウス・カエサル（前一〇〇～前四四）が表舞台に登場してきたのは、ちょうどこの頃です。カエサルは、イベリア半島の制圧という軍功を手に、執政官就任を期してローマに帰ってきました。

カエサルの生まれたユリウス家は、ローマでも最も古くから続く名門貴族の家柄です。しかし彼が生まれた頃のユリウス家は落ちぶれて財産はなく、家はローマ市内の貧民街にありました。そんな資産も人脈も持たないカエサルにとって幸運なことに、彼の叔母があのガイウス・マリウスと結婚したのです。このチャンスを摑んだカエサルは、マリウス派の中心人物のひとりキンナの娘コルネリアと結婚し、その縁を足がかりに若くしてユピテル神殿の祭司になります。

しかし、マリウスが死に、政権がスッラの手に移ると、平民派粛清の動きの中で、カエサルはコルネリアとの離婚を強要されます。

ところがカエサルはスッラの命に背《そむ》き、コルネリアとの離婚を拒否します。激怒したスッラは祭司の職を剝奪《はくだつ》し、カエサルを追い詰めますが、周りの人々の取りなしによって何とか命をつなぎ止めます。このときスッラは「あの若者の中には、マリウスが何人もいるのがわからないのか」と言ったと言われています。

周囲の人々に危ないところを助けられたカエサルですが、彼には生来、人を惹《ひ》きつける特別な魅力があったらしく、この後もうまく人脈をたぐり寄せては、それを自らの政治的な力に変

カエサル

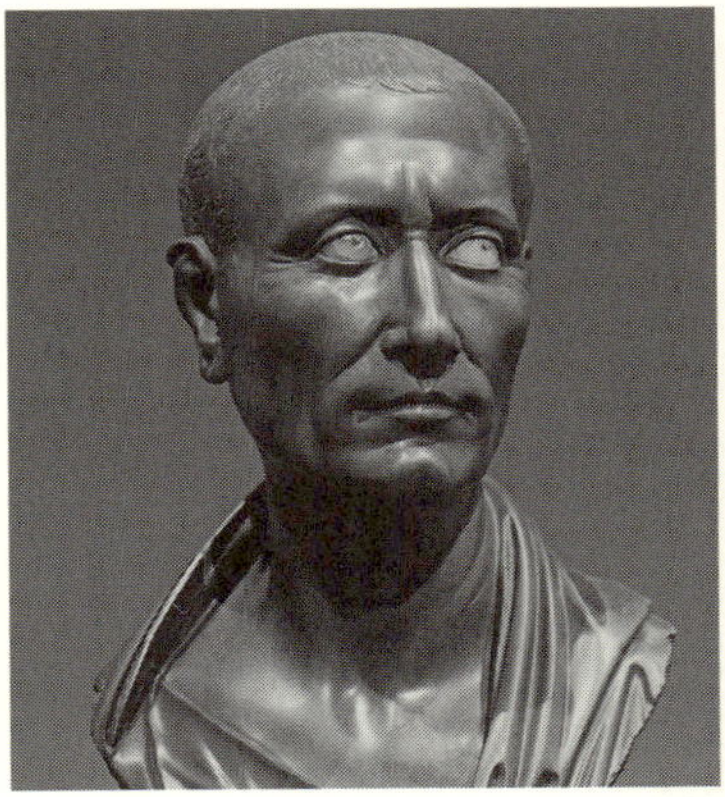

共和政ローマ末期の政治家、軍人、文筆家。第1次三頭政治の後、権力を集中させて終身独裁官となる。強引なやり方に反感を持った元老院派によって暗殺された。左上・ヴァチカン美術館、右上・ナポリ国立考古学博物館、左下・旧博物館（ベルリン）、右下・ルーヴル美術館。

えて政治の表舞台へと駆け上がっていきます。

財産を持たないカエサルですが、常に羽振りはよく、出世のための巨額の賄賂工作もたびたび行っています。では、その資金はどこから出たのかといえば、すべて借金でした。

資産を持たない者の借金は、誰にでもできるというものではありません。返済は出世払いですから、途中で失脚してしまえば、貸し手はすべてを棒に振ることになるからです。そんな危険な投資は、貸し手がカエサルという人間によほど魅力を感じていなければできません。でも、彼はそれをやってのけたのですから、よほど魅力的な人物だったのでしょう。

こうして三十七歳のときに公職経験豊かな高齢者でなければ就けない大神祇官の職に就き、その後は法務官を務め、三十九歳でイベリア半島での戦いで武功を挙げたカエサルは、ローマで凱旋式を挙げるために帰国したのです。

ローマに帰国したカエサルは、立派な凱旋式を挙行し、すぐにでも執政官に立候補するつもりでした。しかし、それまでのカエサルの派手な振る舞いに反感を抱いていた元老院は、凱旋式の挙行を認めず、そのままイタリアの山賊退治に行くよう命じます。

普通の人なら自分の運のなさを嘆いたかも知れませんが、カエサルは諦めませんでした。以前から自分のスポンサーになってくれていたローマ一の大富豪クラッススと、かねてから元老院に不満を抱いていたポンペイウスを引き込み、元老院に対し共闘する密約を結んだのです。

クラッススとポンペイウスというローマ最大の富豪を抱き込むことに成功したカエサルは、

前五九年、見事に願いを叶え、執政官に就任します。

執政官になったカエサルは、ポンペイウスの望んでいた退役軍人に土地を分配するという法案を通し、さらには、離婚して独り身となっていたポンペイウスに自分の娘ユリアを嫁《とつ》がせます。ちなみに、ポンペイウスの離婚した妻というのは、カエサルと不倫していたと言われているので、なかなか複雑な人間関係です。

ポンペイウスはカエサルよりも年長なので、ユリアにとっては実の親以上に年の離れた夫でしたが、二人の夫婦仲はとてもよく、彼女の存在がカエサルとポンペイウスを結びつける絆となっていったのでした。

カエサル、クラッスス、ポンペイウスによる第一次三頭政治は、権力と武力と富という三つの力を兼ね備えた非常に強力なものでしたが、ポンペイウスの妻ユリアが前五四年に産褥熱《さんじよくねつ》で亡くなると、三者の関係にも微妙な亀裂が生じていきます。

そして前五三年、クラッススがパルティア遠征中に戦死すると、カエサルとポンペイウスの対立は決定的なものになっていきます。

カエサルとポンペイウスの勝敗を分けたものとは?

クラッススとポンペイウスはもともと対立関係にありましたが、ポンペイウスとカエサルの関係は、それほど悪いものではありませんでした。むしろこの二人は互いに好感を持っていたと言っても過言ではなかったのです。

特にカエサルはポンペイウスに好意を持っていたと考えられます、実際、自分の娘を嫁がせていますし、「あいつはいいヤツだ」というようなことも書き残しています。

ポンペイウスもユリアが生きていたときは、カエサルと非常にいい関係を構築していたので、カエサルを嫌っていたわけではなかったと考えられます。

では、なぜ二人は対決することになってしまったのでしょう。

おそらく、ポンペイウスはカエサルの独裁化を恐れた元老院に担《かつ》ぎ出され、仕方無く対決することになったのだと思われます。ですから、もしこのときユリアが生きていたら、歴史は大きく変わっていたかも知れません。

ポンペイウスという人は、軍人としては非常に優れていましたが、政治家としての気質は持ち合わせていませんでした。おそらく、カエサルがガリア平定のためローマを離れている間に、ポンペイウスは共和政擁護を強く主張する元老院に説得されてしまったのでしょう。こうしてポンペイウスは心ならずも、反カエサル派の中心人物に祭り上げられてしまいます。

ローマで反カエサルの動きが高まっていることを知ったカエサルは、前四九年、遠征軍がローマに帰国する際、武装解除しなければならないと定められていたルビコン川を、武装したまま渡ります。

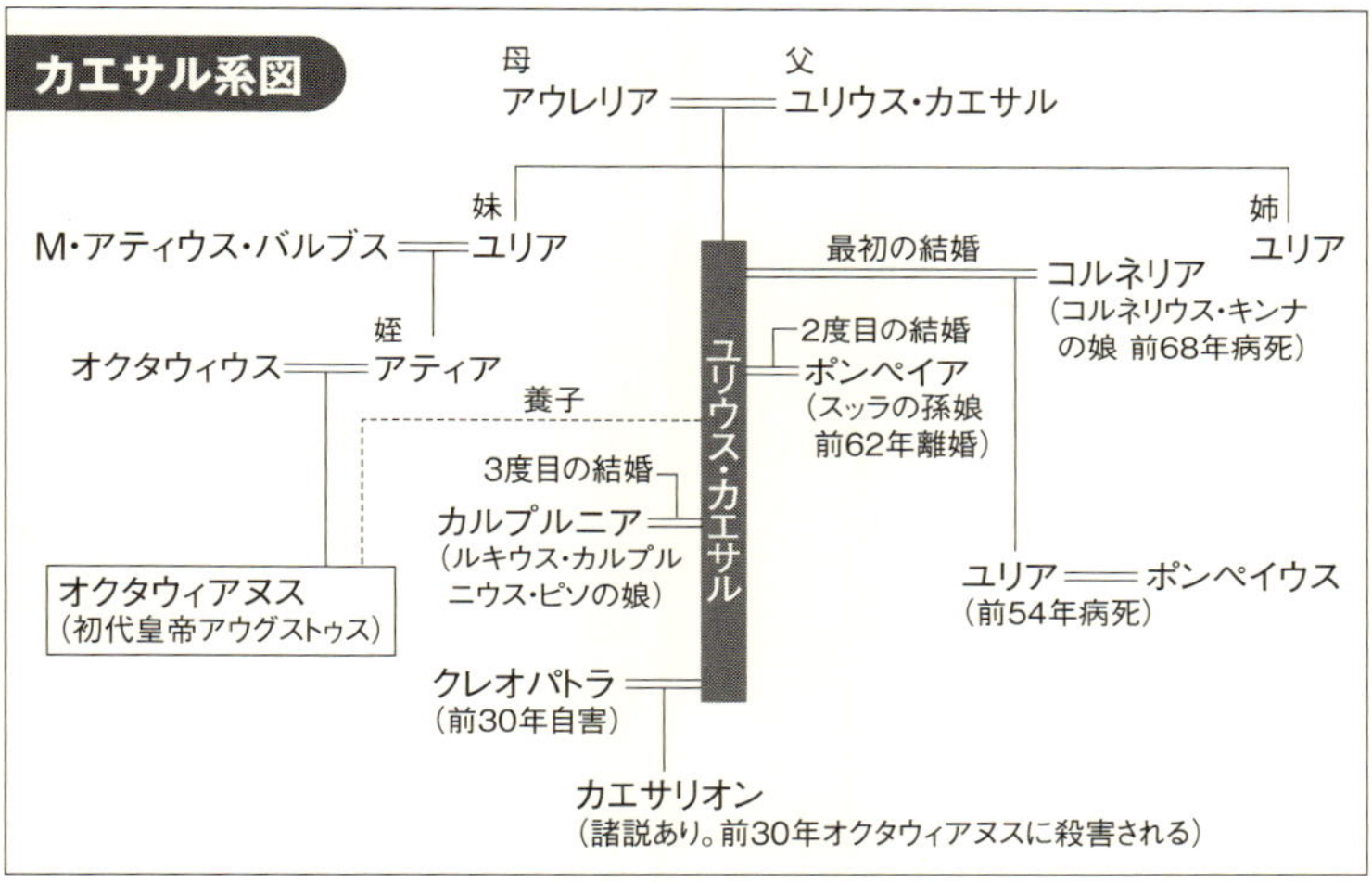

それがローマに対し、反旗を翻《ひるがえ》す意味になることは、もちろんカエサルも知っていました。しかし、最後にものをいうのは軍事力であることもカエサルは知っていました。ちなみに、このルビコン川を渡るときにカエサルが発したのが、有名な「賽《さい》は投げられた」という言葉です。

　カエサル軍が武装したままローマに進軍してくる以上、ポンペイウスもそれを迎え撃たなければなりません。しかし、ローマで思うように兵が集まらなかったポンペイウス軍は、ひとまずイタリア半島を離れ、かつての東方遠征以来、彼の権威に服する者の多いギリシアで軍を再編成します。カエサル軍は、素早くイタリア半島を制圧すると、ポンペイウスの後を追ってアドリア海を渡ります。

　こうして両者は、ギリシア北方に位置するフアルサロスの平原で対決することになります。

ポンペイウス軍は、歩兵五万、騎兵七〇〇〇。

対するカエサル軍は、歩兵二万二〇〇〇、騎兵一〇〇〇。

明らかにカエサル軍の方が劣勢でした。しかし、戦術はカエサルが勝《まさ》り、敗走したポンペイウスは商船でエジプトに逃れます。

しかし、ローマの内紛に巻き込まれることを恐れたエジプトによって、ポンペイウスはエジプトの土を踏む前に、接岸用の小舟に乗り移ろうとしたところを殺されてしまいます。

カエサルがポンペイウスを追ってエジプトに着いたのは、ポンペイウスが殺された四日後のことでした。エジプトの宮廷でポンペイウスの首を差し出されたカエサルは、涙を流してその死を悲しんだと伝えられています。

ポンペイウスを破り、ローマに戻ったカエサルは、ポンペイウスに与《くみ》した者を誰一人罰することなく、すべて許しています。

両者の対決が余儀なくされたとき、ポンペイウスは「自分についてこない者は敵と見なす」と脅《おど》し、イタリアに攻め込んだカエサルは、「誰にも与しない者なら味方と見なす」と言ったと言われています。両者の勝敗を分けたのは、カエサルが戦術に長《た》けていたことももちろんですが、こうしたカエサルの寛容さも影響していたのかも知れません。

第5章　英雄カエサルとローマ皇帝の誕生

「親分・子分関係」がローマを支えた

「内乱の一世紀」と呼ばれる共和政末期の歴史を理解する上で欠くことができないのが、パトロヌスとクリエンテスという私的な関係が、国家にどのような影響をもたらしたか、を考察することです。

パトロヌスとクリエンテスというのは、ごく簡単に言うなら、「親分と子分の関係」です。ラテン語で「パトロヌス／patronus」は保護者を、「クリエンテス／clientes」は被保護者を意味し、基本的にパトロヌスは裕福な貴族であり、クリエンテスは平民でした。

裕福な貴族であるパトロヌスに、貧しい平民であるクリエンテスが面倒を見てもらうことで成立する従属的な人間関係なのですが、この関係は必ずしも保護・被保護という一義的なものではありませんでした。なぜなら、クリエンテスには自由にパトロヌスを選ぶことができたからです。

クリエンテスは被保護者の立場ではありますが、力や金銭だけが理由で服従したわけではありません。彼らは信頼できる人物、尊敬できる人物を選びました。

クリエンテスは困ったことが起きると、パトロヌスに相談します。すると、パトロヌスが助けてくれる。基本的には、こうしたことが繰り返されることで、パトロヌスに対する信頼が培《つちか》われるわけですが、クリエンテスがいつも困っているわけではありません。そんなときはクリエンテスはただ挨拶に行き、パトロヌスは「よく来たね」とお土産を持たせてやったといいます。

そんなパトロヌスだからこそ、クリエンテスは、パトロヌスが選挙に出たり公職に就いたりしたときに、公私にわたって尽くしたのです。こうして培われた絆は非常に強く、親子何代にもわたってパトロヌスとクリエンテスの関係が続いた例も珍しくありませんでした。

ローマには「権威をもって統治せよ」という言葉があるのですが、パトロヌスとクリエンテスの関係もまた「権力」ではなく、「権威」に基づく信頼関係が柱となっていたのです。

現在のローマ史学では、共和政から帝政への過渡期、皇帝権力が出来上がっていく過程において、パトロヌスとクリエンテスの関係が社会の変化にどのように影響したのかについて、大きく二つの捉《とら》え方がなされています。

一つは、一九〇二年にその著書『ローマ史』によってノーベル文学賞を受けたドイツの歴史学者、テオドール・モムゼンの手法に基づくもので、ローマで皇帝権力が出来上がっていく過程を、公職制度、中でも属州の総督任命権がいかにして皇帝に集まってきたのかを、パトロヌスとクリエンテスの関係から解き明かしていくというものです。

共和政ローマにおけるヒエラルキーは、「公職」という形で出来上がっていましたが、ローマがイタリア半島へ、さらには地中海全域へと拡大していったことで、属州総督任命権というものが生まれ、その重要性は国土の拡大に伴って増していきました。

ですから、皇帝がどのようにしてその任命権を持つようになったのかということは、この時代のローマを知るための重要なファクターなのです。

実際、属州総督の任命権は、アウグストゥス（在位前二七～後一四）が初代皇帝に就任し、ローマが名実共に「帝国」になった前二七年以降も、しばらくの間、元老院と皇帝が権限を分け合っています。どのように分け合っていたのかというと、辺境に位置し、軍隊を多く配備する必要のあるところは皇帝が、帝国内側の比較的平和な場所は元老院がそれぞれ任命権を持つという形でした。

つまり、皇帝に属州総督の任命権が集まっていく過程を、「パトロヌスとクリエンテスの公的な関係」から読み解くという手法です。

もう一つの捉え方は、「パトロヌスとクリエンテスの私的な関係」、つまり親分・子分関係そのものが、ローマからイタリア半島全域へ、そして帝国全体へと広がっていくことで、ローマ帝国が、皇帝という一人の人間を頂点とするピラミッド型の新たなヒエラルキーに統合されていく流れを読み解いていくというものです。

共和政末期、ローマでは、持てる者と持たざる者の格差が広がります。その結果、持てる者と持たざる者という関係が、いくつもの階層に存在することになりました。

これは、ある階層においてはパトロヌスの立場にある者が、すぐ上の階層ではクリエンテスの立場になっているということです。親分が、もっと強い大親分の子分であり、その大親分の上にもまた超親分がいる。そうした親分・子分のヒエラルキーが、だんだんと整えられていき、最終的に「皇帝」を頂点とするヒエラルキーが出来上がっていく流れを読み解いていくというものです。

この二つの手法は、視点は違いますが、どちらもパトロヌスとクリエンテスの関係が、この時代を読み解く重要なファクターだと考えていることに変わりはありません。

面白いことに、実は中国史の研究現場でも、漢帝国成立の過程について、制度的なものに注目した考察方法と、親分・子分関係を重視した考察方法の両方が見られます。

大帝国が出来上がっていくプロセスには、制度的な面と私的な人と人との繋がりという面が必ずあるということなのでしょう。

将軍と兵を強く結びつけたローマの軍制改革

パトロヌスとクリエンテスの関係に多重性、つまり親分の上に大親分がいて、その上にまた超親分がいるという様相が鮮明に現れてくるのが、カエサルからアウグストゥスの時代にかけてでした。その背景にあるのが、マリウスに始まる軍制改革です。

マリウスは、それまで入隊資格を持たなかった無産市民の入隊を認めることで徴兵制だった軍を志願制に変えました。土地を失い、無産市民になっていた人々にとって、これは大いなる救済となりました。何しろ入隊すれば衣食住の心配がなくなる上、給料がもらえるのです。さらに、戦いに勝てば戦利品まで手に入ります。

軍隊が徴兵制から志願制に変わったことで、兵が忠誠を誓う対象も変わっていきました。それまでは国に忠誠を誓い、祖国のために戦っていたのが、入隊を認めてくれた直属の将軍に忠誠を誓い、将軍と自分の利益のために戦うようになっていったのです。

こうして将軍と兵隊の関係が、パトロヌスとクリエンテスの関係になっていったのです。

このことが、マリウスとスッラの対立構造が明確になったとき、非常に大きな意味を持つことになります。なぜなら、それまでのローマは、敵対関係が生まれても、それはあくまでも個人対個人のものだったのですが、武力を持った組織同士の抗争になってしまったからです。

しかも、こうした組織的抗争はマリウスとスッラだけでは終わらず、それ以降も、クラッススやポンペイウス、そしてカエサルといった親分に、それぞれ軍という名の子分たちが従い、その間で抗争が繰り広げられることになったのです。

ですから、この時期に頭角を現していった人はみな、軍人の心をうまく摑むことができた人ばかりです。

たとえば、今は哲学者として知られるキケロは、この時代の有力者のひとりで、それなりに政治の世界に関わり、小アジアのキリキアの総督を務めていたときには、同地で起きた内乱の鎮圧などもしています。それでも彼がカエサルたちの覇権争いに関わっていないのは、軍人たちをクリエンテスとしてうまく摑むことができなかったからだと思われます。

先に、ローマでは市民が戦争に参加したことで農地が荒れ、経済的に困窮した市民が土地を売り払い、無産市民が増加したという話をしました。しかし、こうした悲劇は、実はローマに限らず、イタリア全土で起こっていました。

なぜなら、イタリア各地の農民たちもローマの同盟軍として従軍を余儀なくされていたからです。ガイウス・グラックスがイタリア全土にローマ市民権の付与を提案したのには、このような背景がありました。同じようにローマの拡大を支えながら、市民としての特権を与えられていないことへの不満が、イタリアの同盟市民たちの間にくすぶっていたのです。

ローマではマリウスの軍制改革によって無産市民が救済されましたが、同盟市ではこうした改革が適用されなかったため、生活苦が改善されないまま兵役義務だけが残るという悲惨な状態になっていました。

ガイウスの提案が元老院によって潰されたことで同盟市の不満はさらに高まり、ついに前九一年、ローマ市民権の付与を巡る同盟市戦争が勃発します。ローマはここまで来てやっと同盟市の訴えを受け入れ、前八八年、同盟市をローマに組み入れることで市民権の付与を認めます。

同盟市がローマに組み込まれたことで、同盟市の無産市民たちもローマ軍に入隊するようになります。しかし、同盟市出身の兵士たちには、もともとローマへの祖国愛はなかったので、国家より将軍個人に忠誠を誓うという「パトロヌスとクリエンテスの関係」は、さらに強化される結果に繋がりました。

歴史を辿れば、共和政が生まれる以前からローマにあった非常に古い人間関係「パトロヌスとクリエンテス」。その古い人間関係が、前一世紀頃の共和政末期に、軍制改革を経ることで将軍と兵を強い絆で結びつけ、個人的なものから公的なものになった、そしてそのことがやがて皇帝を支える大きなヒエラルキーを構成することに繋がっていった、ということです。

カエサルはなぜ暗殺されたのか

ポンペイウスを下したカエサルですが、すぐにみなが彼に帰順したわけではありません。

ポンペイウスの息子たちや残党が、かなりの勢力を持ってエジプト、小アジア、アフリカといった地中海東部やヒスパニアに残っていたからです。カエサルは、それらを一つひとつ下していかねばならず、完全に制圧するまでに数年の歳月を要しました。有名なエジプトの女王クレオパトラとのエピソードは、この間の出来事です。

日本ではカエサルは知名度が高いので、意外に思うかも知れませんが、カエサルが実権を握った期間は、実はとても短いのです。カエサルがルビコン川を武装したまま渡り、ローマを制圧したのが前四九年。その後ポンペイウスを下し、さらにポンペイウスの残党を一掃し、ローマに凱旋したのは前四六年。そして暗殺されたのが前四四年ですから、彼の治世は最も長く見積もっても五年、ローマでの活動期間ということになると、わずか二年間しかないのです。

ローマに凱旋したカエサルを、民衆は熱狂的に歓迎しました。カエサルは名実ともに並ぶもの無き絶大な権力者となっていました。

ローマに戻ってからの彼は、数々の改革を行っています。ローマ全軍の指揮権を掌握し、戦乱続きで乱れていた風紀を取り締まり、ユリウス暦（太陽暦）を導入し、貧民に手をさしのべました。また、属州の有力市民にローマ市民権を与えるとともに、イベリア半島を始めとする属州各地に植民者を送り込み、植民市を建設しました。

カエサルがこれほど急ピッチで改革を進めることができたのは、元老院を自分の支配下に置くことに成功したからです。

では、彼はどのようにして元老院を牛耳ったのでしょう。それは、元老院の議員定数を増やすという、一見したところ元老院の力が増してしまうのではないか、と思われる実に巧《たく》みな方法でした。

独裁を極端に嫌う元老院は、当然のことながらカエサルの独裁者であるが如き強引なやり方に反感を持っていました。そうした人々の力を抑えるために、カエサルは、当時イタリア半島の諸都市に生まれていた新興貴族たちを、元老院に送り込んだのです。こうして、元老院の中にカエサルを支持する者が増え、結果としてカエサルの意向が元老院で承認されやすい状況をつくり上げたのです。

そして前四四年、カエサルはついに終身独裁官に就任します。

第Ⅰ部で触れましたが、独裁を嫌い、共和政を守ることに執念にも近いこだわりを見せたローマにあっても、非常事態には指揮系統を明確にさせる必要があるため、任期半年の独裁官が認められていました。

カエサルはこの制度を利用し、最初は一年、その後十年と伸ばしていき、最終的には終身独裁官になることに成功したのです。

事実上の独裁とは言え、カエサルは王（レックス）を名乗ったわけではありません。あくまでも共和政のシステムとして認められていた独裁官の期間を延長するということで、共和政のシステムそのものは遵守していました。

しかし、かねてからカエサルの強引なやり方を苦々しく思っていた旧来の元老院議員たちの反感は、これによって煮えたぎりました。

独裁者暗殺の企てが動き始め、巷《ちまた》で流れていた「カエサルは外国から連れてきたはしたない女を女王にし、その子を皇太子にしようとしている（エジプト女王クレオパトラと、彼女の生んだカエサリオンのこと）」という噂が、独裁者の出現を危惧する人々の心に火をつけ、暗殺の動きは加速していきました。

こうして前四四年三月十五日を迎えます。

実は、かねてから占い師はカエサルに「三月十五日までは気をつけて下さい」と言っていました。そのためカエサルは、十五日の朝を迎えたとき、占い師に「へぼ占い師め、何事もなかったではないか」と言うと、占い師は「三月十五日はまだ終わっていません」と、忠告したと言います。

占い師の言葉を信じなかったのか、護衛嫌いのカエサルは一人で元老院に入って行きました。そして、暗殺を目論む一味に取り囲まれ、殺されてしまったのです。

その一味の中には、カエサルが目をかけていたブルトゥス（前八五～前四二）の姿もありました。

カエサルが殺されたとき、「ブルトゥス、おまえもか／Et tu, Brute」と言ったというのは有名な話ですが、その理由を知る人はあまり多くないのではないでしょうか。

カエサルの暗殺

ユリウス・カエサルは回廊にあったポンペイウス像の前で息絶えたと言われる。ジャン=レオン・ジェローム作。ウォルターズ美術館蔵。

実はブルトゥスの母はカエサルの愛人でした。そのため、研究者の中にはブルトゥスはカエサルの子供だったのではないか、と言う人もいるのですが、二人は十五歳ほどしか離れていないので、その可能性は低いと思います。

問題は、ブルトゥスがポンペイウス派だったことです。そのためカエサルは、何度もブルトゥスと対立することになったのですが、その度にブルトゥスを許してきていたのです。

ところが、ブルトゥスはカエサルの立場を支持せず、彼を「独裁者になる危険を持つ人物」と見る側に立ちます。これはポンペイウス派の考えで、共和政の伝統を守ろうとしたということです。ただ、カエサル側から見ると、共和政は五百年間続いてきたけれども、「もはや大帝国になった国家を治めきれない」システムだったのです。つまり、新しいシステムをつくらないと、帝国的な規模になっている今の時代には対処できないというのが、カエサル派の考え方でした。

両者は対立し、戦います。カエサルはブルトゥスを幼い頃から知っており、来れば可愛がり大事にしていました。何度も何度も許してきた相手だっただけに、暗殺者の群れの中にブルトゥスの姿を見つけたとき、思わず「おまえもか」と言ったのでしょう。この言葉は「何度も許してきたのになぜ」というカエサルの残念な思いの発露だったのでしょう。

カエサルに絶大な人気があった理由

元老院派には嫌われたカエサルですが、彼は非常に人間的魅力に溢れた男でした。わたし個人は、カエサルは歴史上五本の指に入るほど高いカリスマ性を持った人だと思っています。カエサルの魅力の一つは、卓越した弁舌でした。

彼は「賽は投げられた」「来た、見た、勝った」「私はカエサルで王ではない」など、多くの名言でも有名ですが、同時代の哲学者キケロをして「一生かかって修辞学を学んでも近づくことすらできない」と言わしめたほどの才能の持ち主でした。

そのことを伝える有名なエピソードがあります。

それは、長く続いたガリア戦争に、兵士たちが不平不満を募《つの》らせていたときのことです。不平不満を募らせた兵士たちの間で、小競《こぜ》り合いから騒動が巻き起こりました。最初はカエサルの部下がそれを鎮《しず》めようとしましたが、うまくいきません。そこでカエサルが出て行くことになるのですが、彼はたった一言でその騒動を鎮め、しかも兵たちの不平不満までも抑え込んでしまったのです。

カエサルは何と言ったのでしょう。

カエサルは、いつも兵に呼びかけるときは「戦士諸君」と言っていました。これは、通常将軍たちが兵に呼びかけるときに使う「兵士諸君」よりも、親しみのある言葉でした。パトロヌスとクリエンテスという密接な関係を実感させるこの呼びかけは、兵士たちの心を惹きつけるのに絶大な効力を発揮していました。

そのカエサルが、このときはいつもの「戦士諸君」ではなく、「ローマ市民諸君」と呼びかけたのです。

これは正式な言葉ではあるのですが、「兵士諸君」よりさらに距離を感じさせるよそよそしい表現でした。

この一言で、兵士たちは静まりかえりました。カエサルの心の中に生じた距離に畏《おそ》れを感じ、自分たちの不満など消し飛んでしまったのです。

また、元老院派の人々から独裁者と呼ばれたカエサルですが、彼は当時としてはずば抜けた

「寛容」さの持ち主でもありました。ローマはその国土を拡大していくとき、ローマのやり方を征服地に押しつけるのではなく、ある程度の自由と自治を認めています。こうした古代としては珍しい寛容さは「ローマの寛容」と呼ばれました。

広くは寛容を意味するラテン語「クレメンティア／clementia」は、「Clementia Caesaris／カエサルの慈愛」というように、カエサルを象徴する言葉としても用いられました。

事実、前章のポンペイウスのところでも触れましたが、カエサルは敵対する閥族派（元老院派）の人々をほとんど処罰せず許しています。それどころか、自分と対立した相手を敢えて高官職に就かせることさえありました。

こうしたカエサルの寛容さは、民衆や軍隊に対しては絶大な人気に繋がりましたが、彼が人気を得れば得るほど、元老院派の人々はカエサルを畏れ憎み、暗殺へと突き進んで行くことになったのですから、皮肉と言えるでしょう。

カエサルは刃向かう異民族には情け容赦なく対しましたが、恭順の意を示し許しを請う者や同朋に対しては惜しみない寛容さを見せました。

また彼は執念深く誰かを恨《うら》んだことがなく、たとえ一時誰かを恨むようなことがあっても、すぐに忘れてしまったと言われていました。

わたしは、こうしたカエサルの姿を思い浮かべるとき、ジョン・F・ケネディの次の言葉を思い出します。

Forgive your enemies, but never forget their names.
（敵であっても、それは許せ。ただその名前は覚えておけ）

同じように敵を許し、同じように民衆に愛されたカエサルとケネディ。二人は暗殺によって命を奪われるという死に方まで同じでした。

ローマ初の「皇帝」誕生

カエサルを討った元老院派の貴族たちは、周囲の人々もカエサルによる独裁を危惧しているはずだと思っていました。

そのため、彼らはカエサルを暗殺した直後、「われわれはローマの民衆に対し、大変な手柄を立てた」と吹聴していました。民衆は自分たちがカエサルを殺したと知れば、喜んで支持してくれるはずだ、と思っていたからです。

しかし、彼らの思惑ははずれました。

カエサルの葬儀には多くの市民が集まり、夜通し、カエサルの死を悼《いた》みました。

当時カエサル派の第一人者だったマルクス・アントニウス（前八三～前三〇）は、カエサルが殺されたときに身につけていた血染めの衣《ころも》を手に演説しました。

アントニウスは、カエサルとともに執政官の座にあった人物ですが、それだけではなく、ガリア戦争やポンペイウスとの戦いでもカエサルとともに戦ってきた、まさに盟友でした。

悲しみに満ちた一夜が明けると、アントニウスは神殿からカエサルの遺言状を取り出し、市民の前で読み上げました。暗殺される危険性を感じていたカエサルは、そのときのために遺言状を残していたのです。

その遺言状には、自分の邸宅を市民に開放すること、さらに、私財の大半をローマ在住の市民に分け与えることが書かれていました。アントニウスは、人々に問いかけました。

「カエサルはなぜあんな目に遭わなければいけなかったのか。彼はこれほどまでに民衆のことを思っていたではないか。彼は、民衆のためにこれだけのものを残し、これだけのことを奉仕したではないか」

アントニウスの言葉に感動した民衆は、元老院派の糾弾に転じ、最終的には暗殺者たちをローマから追放しています。これは元老院派にとって大きな誤算でした。

しかし、「誤算」はアントニウスにも起こりました。

アントニウスがカエサルの葬儀を取り仕切ったのは、自分がカエサルの後継者だと遺言状に記されていると思っていたからでした。

ところが、カエサルが遺言状で後継者に指名していたのは、ガイウス・オクタウィアヌス

（前六三〜後一四）でした。オクタウィアヌスは、カエサルの姪《めい》の息子です。嫡子《ちやくし》に恵まれなかったカエサルは、病弱でたくましいとは言いがたい若者でしたが、オクタウィアヌスの才能を高く評価し、自分の養子にしていました。

このとき、オクタウィアヌスは十九歳、一方のアントニウスは三十九歳。将軍としても、政治家としても脂ののりきった時期であるアントニウスにとって、この指名は当然面白いものではありませんでした。しかし、カエサルの遺言状に「後継者はオクタウィアヌス」と明記してある以上、従わざるを得ません。

こうしてカエサルの莫大な遺産を受け継いだオクタウィアヌスは、兵士やローマ市民に気前よく富を分け与え、一躍人気者になります。

そんなオクタウィアヌスとアントニウスの間に、対立の気配を察し、二人に協調を働きかけたのが、このとき執政官に就いていたマルクス・アエミリウス・レピドゥス（前七〇頃〜前一三頃）でした。レピドゥスは、アントニウスとオクタウィアヌスに、自分と三人でローマの統治を行うことを提案します。

二人はこの提案を受け入れ、前四三年、第二次三頭政治がスタートします。

彼らは国土を大きく三つに分け、オクタウィアヌスはイタリア半島とヨーロッパを、アントニウスはエジプトとギリシアを、レピドゥスはアフリカをそれぞれ担当することを決めます。

しかし、この第二次三頭政治は長くは続きませんでした。

最初にレピドゥスが脱落し、次にオクタウィアヌスがアクティウムの海戦（前三一年）でアントニウスを破り、最終的に、西を基盤としたオクタウィアヌスが、イタリア地方貴族の支持を背景に勝利を収めます。

内戦を勝ち抜いたオクタウィアヌスは、事実上単独の支配者になったにもかかわらず、「非常大権」を元老院と民会（コミティア）に返すことを申し出ます。カエサル暗殺の背景を理解していたオクタウィアヌスは、少なくとも表向きは元老院を立て、共和政を続ける方が賢明だと考えたのでしょう。

元老院は、独裁官になることを勧めても就任しようとはせず、共和政を守る姿勢を見せ続けるオクタウィアヌスを高く評価し、前二七年、オクタウィアヌスに「尊厳なる者」を意味する「アウグストゥス」という尊称を贈り、国政を元老院とアウグストゥスで分担して行っていくことを決めます。

これによって、アウグストゥスは事実上の「皇帝」となったと言えます。

ひとりの人物の背後には様々な人間関係があります。とりわけ政治活動になると、理念や政策だけで政治家が動くわけではなく、背後にはさまざまな利害関係の網の目がはりめぐらされています。それらがなんらかの理念や政策を実現しようとするとき、政治家とその周辺の人々は敵と味方に分かれて争うことになります。このとき親兄弟、家族、親族、友人、知人という繋がりは大きな意味をもっています。とりわけ激動期にはそのような繋がりがことさら重大な結果をもたらすことになります。

グラックス兄弟の改革運動に端を発する共和政末期の百年は、このような人間関係の網の目が複雑に絡み合って進展していきました。そのような人間関係の網の目はプロソポグラフィ（人物調査学）という手続きで解きほぐす必要があります。ある人物の周りにあって誰が味方であり誰が敵であったのか、その問題を親兄弟から友人・知人にいたる人間関係を土台にして調べあげるのです。古代史は史料が少ないので、このようなプロソポグラフィ研究はかなり難しいところがあります。それでも共和政末期はキケロなどの文人政治家の弁論や書簡が残されており、いささかでも恵まれたものがあります。

そのような手続きを踏んでいけば、最終的にカエサル派をまとめあげていったオクタウィアヌス（後のアウグストゥス帝）はどのようにして権力を築いたのかが浮かび上がってくるのです。前一世紀にあっては、それ以前に勢力をもったローマ周辺の旧来の元老院貴族が衰退し、それに代わってイタリアの地方都市の有力者がのしあがってくるのが見えてきます。これらの地方豪族がカエサル派のもとに「友人」という味方として迎えられていくのです。そのような姿が皇帝権力の背後にひそんでいるのです。

このようなプロソポグラフィ研究はR・サイム『ローマ革命』（岩波書店）という名著に代表されるものですが、世界史のどのような時代にあっても、なにかと必要な探求の姿勢となるものです。

皇帝の肩書きからわかる大神祇官の重要性

アウグストゥスの最終的な肩書きは非常に長いものです。

Imp., Caesar, Divi F., Augustus, Pontif.Maxim., Cons.XIII, Imp.XX, Tribunic.potest.XXXVI, P.P.

これは彼が亡くなった年の正式な肩書きで、訳すと「最高司令官・カエサル・神の子・アウグストゥス・大神祇官・執政官一三回・最高司令官の歓呼二〇回・護民官職権行使三十七年目・国父」となります。

最初にある「インペラトール」はこの時点では最高司令官であり、まだ皇帝ではありません。続く「カエサル」は、固有名が称号化したもので、その次に出てくる「アウグストゥス」も、彼の場合は自分の名ですが、後には、「正帝＝アウグストゥス」、「副帝＝カエサル」という使い方がなされていきます。他にも彼の業績とも言える執政官の就任回数や、護民官としての働きが含まれていますが、注目していただきたいのは、「ポンティフェクス・マクシムス／Pontif.Maxim.」（「大神祇官」）です。これが、共和政における最高権力者である「執政官／Cons」よりも上位に位置していることです。

第二次三頭政治のとき、大神祇官の職には三人の中でも最も高齢なレピドゥスが就いていました。レピドゥスがオクタウィアヌスに反旗を翻し敗れたとき、オクタウィアヌスはレピドゥスを国外追放処分にしていますが、大神祇官の地位を取り上げてはいません。このことは、大神祇官という地位に何の権力も備わっていなかったことを意味します。

それでも、レピドゥスが前一三年頃に亡くなると、「アウグストゥス」となっていたオクタウィアヌスは大神祇官の職に就いています。

なぜアウグストゥスは、権力とは関係のない大神祇官という地位にこだわったのでしょう。最初に大神祇官にこだわったのは、カエサルでした。

ここで思い出していただきたいのですが、若きカエサルが最初に就いたのがユピテル神殿の祭司でした。その祭司になったのは前八四年ですから、まだ十五、六歳の時です。

その後、権力がマリウスからスッラに移ったことで、マリウス配下だったカエサルは、スッラから妻コルネリアとの離婚を強要されますが、カエサルはこれを拒否。決してコルネリアと別れようとはしませんでした。

このように言うとカエサルがコルネリアを愛し、強く執着していたように思われるかも知れませんが、実はカエサルが執着していたのは、コルネリア自身ではなく、祭司という宗教官職だったのです。

カエサルがユピテル神殿の祭司になれたのは、そもそもコルネリアのおかげだったからです。実は、ユピテル祭司は由緒正しい貴族の娘と結婚するという習わしでした。そのため、カエサルは婚約者と別れて、四回も執政官を務めた政界の重鎮であるキンナの娘であるコルネリアと結婚したのです。もしコルネリアと離婚したら、カエサルはユピテル祭司の資格を失います。だから、彼はコルネリアと絶対に別れようとしなかったのです。

しかし、権力者スッラの命に背いた結果、カエサルは、ユピテル祭司の職も妻の持参金も、先祖代々の世襲財産も奪われ、逃亡生活を送ることになります。

それでもカエサルは、その後も宗教官職にこだわり続けました。

そして前七三年、彼はとうとう神祇官になり、かつてスッラに奪われた栄誉を回復し、さらに、前六三年に前任者が亡くなり大神祇官のポストが空位になると、三十七歳という若さで大神祇官に立候補しています。

神祇官は定員が一〇人ほどなので、ある程度の支持層を持つ人なら、立候補すれば就くことができました。しかし、大神祇官はその一〇人の神祇官の中から選挙で一人選ばれるのです。慣例として、執政官などいわゆる国家行政の要職を経験した人が選ばれる名誉職とされていました。

まだ一度も執政官に就いたことのない、三十七歳の若者が立候補するなど、前代未聞のことでした。

選挙の日の朝、カエサルは母親に「母上、今日、あなたの息子は大神祇官職に就くか、亡命者になるか、どちらかです」と、悲痛な覚悟を打ち明けて出かけていったと言われています。

もし大神祇官になれなかったら亡命せざるを得ないという言葉からは、若くして大神祇官に立候補することが無謀とも言える行為であり、落選した場合、人々から大きな反感を買うことが予想されていたことがわかります。

それでもカエサルのことです。たくさんのカネを使い、買収もぬかりなくやっていたことが功を奏し、見事に大神祇官の職に就いています。その後もカエサルは大神祇官の職にこだわり、最後は終身大神祇官職になっています。

アウグストゥスは、こうしたカエサルに倣《なら》って、大神祇官の職に就いたのです。それが代々の皇帝にも受け継がれていき、皇帝であれば必ず大神祇官にも就くということがローマの伝統になっていきました。

現在、ローマ帝国はなくなりましたが、実は「ポンティフェクス・マクシムス」の称号は今もあるところで受け継がれ続けています。

その場所とはヴァチカンです。

日本人は知らない人が多いのですが、ローマ法王の正式名称は「Pontif.Maxim.」、つまりローマの最高の大神祇官職と同じ名称なのです。ですからわたしは時々、「カエサルはローマ法王だったんだよ」と学生に言ったりするのですが、これは半分冗談で、半分は真実なのです。

「プリマポルタのアウグストゥス像」が語るものとは？

では、カエサルはなぜこれほどまでに「神祇官」の立場にこだわったのでしょう。

これはあくまでもわたしの推察ですが、カエサルは、やはり「権威」にこだわったのだと思います。

神を敬《うやま》うことに秀でていたローマ人にとって、神祇官は特別な権威を持った存在でした。

カエサルは、敬虔なローマ人の頂点に立つ人間は、やはり宗教的な権威を携えた神々に近い人間、あるいは神々に対する敬虔な意を伝えることができる人間でなければならない、という強い思いを持っていたのだと思います。

実際カエサルは、伯母のユリアが亡くなったとき、その葬儀の席で、伯母ユリアは神々の子孫であると語り、自らの出自であるユリウス家が女神ウェヌス（愛と美の女神ヴィーナス）に繋がる聖なる一族であることをほのめかしています。

カエサルの後継者となったアウグストゥスも、大神祇官になると、その名のもとに平和の祭壇や多くの神殿を造っています。

さらに、先に掲げた彼の肩書きの中に見られる「Divi F.」、これは「神の子」という意味ですが、ここで言う神とは何を指すのかというと、その前に書かれている「カエサル」のことなのです。これは、アントニウスの動きを警戒した元老院がカエサルを神格化したことに関係しているのですが、カエサルの子（養子）であるアウグストゥスは、自分を「神の息子」として権威付けしているのです。

このことは、アウグストゥスの像からも読み取れます。

アウグストゥスというと、「プリマポルタのアウグストゥス像」（ヴァチカン美術館所蔵）が有名ですが、その像の足下に、小さなアモール（キューピッド）がいるのをご存じでしょうか。あれは何を意味しているのかというと、アモールが女神ウェヌスの子であることから、アウグストゥスがカエサルの子であり、女神に連なるユリウス家の聖なる血統の持ち主であることを暗示しているのです。

プリマポルタのアウグストゥス

アウグストゥス像の中でも特に有名な大理石像。妻リウィアが隠居していたプリマポルタから発見された。ヴァチカン美術館蔵。

また、プリマポルタのアウグストゥス像があまりにも有名なので、アウグストゥスというと、甲冑姿をイメージする人が多いのですが、実はローマの遺跡から発見されたアウグストゥスの像のほとんどは、トーガで頭を覆った姿のものなのです。

トーガというのは、ローマ市民であることを示す衣服で半円形の大きな布からなるものです。通常は、片方の端を左肩に掛けて体の前面に垂らし、残りを背中から前に回し、複雑なドレープをいくつも作り、最後はその複雑なドレープを曲げた左腕に掛けるような形でまとめるという着方をします。ローマ市民の正装とも言うべきトーガで頭を覆うのは、宗教的な場に臨む際の着方なのです。

このことから、トーガで頭を覆ったアウグストゥスの像は、神官としての姿を写したものだと考えられています。つまり、アウグストゥスは、軍人としてよりも、神官としての自分の「祈る」姿の像を好んでつくらせた、ということです。

カエサルもアウグストゥスも、神々を敬う気持ちの強いローマ社会の中で、自分が神を敬うのに最もふさわしい存在であることを示すために大神祇官になったのです。

現代人は、権力者がなぜここまで神々の権威というものにこだわったのか疑問に思うかも知れませんが、それは、古代においては神々の存在を疑う人は誰一人としていなかった、という重大な事実に気がついていないからです。

たとえば、雷ひとつを見ても、今は原理がわかっているので不思議に思いませんが、当時はなぜ空に稲光が走り、轟音が轟《とどろ》くのかわからないのです。自分たちの知恵を駆使してもわからないことは、神々の怒りとして説明するしかありません。他にも説明のつかないものはたくさんありました。地震、火山の噴火、水害や干ばつ、疫病等々。しかも、こうした神々の怒りが、いつどのような形で自分たちの身に降りかかるのかわからないのです。自然災害のメカニズムを理解できない古代の人々にとっては、自然災害が起きること自体が、すでに神々の存在証明だったのです。

歴史を、特に古代のような古い時代を検証する場合は、当時の人たちの目線というものを意識することがとても重要です。そうしなければ、なぜカエサルやアウグストゥスが、ここまで神祇官の地位にこだわったのか、特に大神祇官の持つ権威というものがどれほど重要なものだったのか理解することは難しいでしょう。

トーガ姿のアウグストゥス

ローマ市民の象徴「トーガ（外衣）」をまとった彫像。アウグストゥスは神に仕える大神祇官という敬虔な姿としての彫像をつくらせ、人心を掌握した。ローマ国立博物館蔵。

第6章 跡継ぎ問題で揺れた帝政の幕開け

カエサルが見抜いたアウグストゥスの資質

カエサルは、なぜ年若いオクタウィアヌスを自分の後継者に指名したのでしょう。

後継者となり得る実の子供がいなかったので、血縁であるオクタウィアヌスを選んだということもありますが、それだけではなかったはずです。

おそらくカエサルは、オクタウィアヌスが持っていた「為政者の資質」とでも言うべきものを、的確に見抜いていたのだと思われます。

というのも、カエサルはオクタウィアヌスが十代の半ばぐらいのときから、戦場に連れて行ったり、自分の凱旋式に参加させたりと、かなり目をかけているからです。おそらくその頃からすでに、カエサルは自分の跡継ぎとしてオクタウィアヌスに期待していたのだと思います。

凱旋式というのは、勝利に貢献した人たちが民衆の賞賛を浴びる儀式なので、そこに参加できるのはとても名誉なことでした。

これを今あるものでわかりやすくたとえるなら、GIなど競馬の重賞レースの最後に、勝った馬の手綱《たづな》を多くの関係者が持ち、観衆にその姿をお披露目するのを思い出していただけばいいと思います。あそこに参加できるのは、本来はオーナーや騎手、調教師など、その馬の勝利に貢献した人たちということになっているのですが、実際には関係者の家族や友人など、直接勝利に貢献したとは言えない人たちも交ざっています。

ローマの凱旋式も同じで、直接戦闘に関係していなくても、凱旋将軍であるカエサルが伴っていれば、誰にも咎《とが》められることはありません。

カエサルがオクタウィアヌスに問題を感じていたとすれば、ただ一つ。幼いときから体が弱かったことでしょう。この時代の為政者には、政治家としての能力だけでなく、大軍を率いる将としての能力も必要不可欠なものだったからです。軍事的な才能という面で多少問題を感じていたからこそ、カエサルは、オクタウィアヌスを敢えていろいろな戦闘に連れて行っていたのかも知れません。

幸いだったのは、体力的には問題があるものの、オクタウィアヌスは非常に勇敢な若者だったということです。カエサルのヒスパニア遠征に従軍したときは、ポンペイウスの息子たちと重傷を負っても勇敢に戦い、また、船が難破したときでも、決して進軍を諦めなかったなど、オクタウィアヌスの勇敢さを物語る逸話はたくさん伝えられています。

オクタウィアヌスの将来に期待していたカエサルは、彼を神官に任命し、その後「勉強を続けさせるため」として、ダルマティア（バルカン半島西部）のアポロニアに留学させているのですが、オクタウィアヌスはそこで、その後の彼の人生を支えてくれることになる、とても重要な人物と出会い、友情を育《はぐく》みます。

もしかしたら、カエサルはアグリッパ（前六三〜前一二）の才能にも気がついており、アグリッパの存在込みでオクタウィアヌスを後継者に指名したのかも知れません。だとすれば、カエサルの読みは当たりました。なぜなら、体の弱いオクタウィアヌスが皇帝にまで上り詰めることができたのは、アグリッパが数々の戦いに勝利し、その栄光をすべてオクタウィアヌスに捧げたからに他ならないからです。

実際、政敵アントニウスは、アグリッパの軍功に頼るオクタウィアヌスを「あの男は寝床に伏したまま、ただ空だけを凝視していた。アグリッパが敵を完全にたたきのめすまで、まるで生きていないかのような姿でじっとしていた」と揶揄《やゆ》しているほどです。

またオクタウィアヌスは、軍事面で大きな助けとなったアグリッパに出会ったのと同じ頃、文政面で大きな助けとなってくれるガイウス・マエケナス（前七〇〜前八）という人物とも出会っています。マエケナスは、元老院身分も高位の公職も望まず、オクタウィアヌスの私設秘書のような立場で彼を支えました。

このような有能な側近がひたすらに尽くしたのは、彼が公私を明確に使い分けることができる人間だったからだと考えられます。

プライベートのオクタウィアヌスは、情に厚い温厚な人物でした。

ある日、側近の会計係と散歩をしていたとき、飛び出してきた猪に驚いた会計係がアウグストゥスを突き飛ばして逃げるという、側近としては許されざる失態を犯したことがあったのですが、そのときアウグストゥスは、臆病な会計係を笑って許したのです。

ところが、自分の側近の従者が、元老院議員の家の女性と姦通事件を起こしたときには、従者の足を切断するという、厳しい罰を下しています。

これは、どちらがオクタウィアヌスの素顔なのかということではありません。自分の感情に流されることなく、公私それぞれの場でふさわしい判断を下す冷静さを彼が持っていたということです。

カエサルも公私をきちんと分けることができる人でしたが、オクタウィアヌスは、よりはっきりと公私で自分を使い分けています。これは、とても大切な「皇帝の資質」だと言えます。

アウグストゥスがカエサルから学んだこと

カエサルが暗殺者の凶刃に倒れたとき、ガイウス・オクタウィアヌスは、まだ十九歳の青年でした。その後、アクティウムの海戦でライバルのアントニウスを倒し、見事に養父カエサルの期待に応え、ローマの実質的な権力者となります。

しかし、前章で触れましたが、ここでオクタウィアヌスはカエサルとは異なる選択をします。

カエサルは、権力を手にした前四九年から前四四年までの五年間に、さまざまな特権を獲得しています。もちろんそれらはカエサルから言い出したものではなく、周りから勧められたものです。しかし、カエサルがそうしたものをすべて受け取り、最終的に終身の独裁官になった途端、「カエサルは共和政をないがしろにする独裁者だ」として殺されてしまったのです。

そうしたカエサルの最期を見ていたオクタウィアヌスは、元老院や民会が彼にさまざまな特権を与えようとしても、すべてそれを拒否しました。彼が受け取ったのは、属州総督任命権の一部と護民官職権ぐらいです。

アウグストゥスは、護民官職権にだけはこだわりを持っていて、毎年護民官が改選される度にその資格を得ています。でも、護民官は何人もいる上、任期も一年と決められています。アウグストゥスは、終身護民官となるようなことはせず、あくまでも複数いる任期一年の護民官の中のひとりとしての立場に止《とど》まっているのです。

元老院との対立を避け、手にしていたすべての特権を元老院に返還し、自分に独裁者になる意思がないことを示したオクタウィアヌスは、自分はあくまでも「プリンケプス／市民の第一人者」であるとして、共和政の維持を明言します。

こうして前二七年、オクタウィアヌスは「尊厳なる者」という意味の称号「アウグストゥス」を授与され、これ以降アウグストゥスとして、共和政の形を維持したまま、事実上の帝政を行っていったのです。

アウグストゥスがカエサルと異なる選択をしたのは、現実はともかく、自分一人に権力が集まっているように見えてはいけないということを学んだからだと言えます。

聡明なアウグストゥスは、その四十年の治世の間、共和政期の国制にほとんど変更を加えないまま、新しい仕組みを創出しています。共和政国家の運営機構を変えずに、拡大した帝国で実質的な独裁を行うのですから、これはすごいことです。しかも、アウグストゥスはこれをうまくやってのけた上、民衆の絶大な信用までも手にしているのですから、まさに皇帝の器だったのでしょう。

カエサルを反面教師として別の道を歩んだアウグストゥスですが、カエサルが考えていたもの、すなわち「もはや今までのシステムでは、大帝国になった国家を治めきれない。新しいシステムをつくらないと、帝国的な規模になっている今の時代には対処できない」という考えはしっかりと受け継いでいます。

カエサルが目指したもの、それは自分が王になるという個人的なことではなく、今のローマ社会に何が必要なのかを見極め、よりよいローマを築くことでした。

具体的に言うと、「植民市の建設」はまさにその代表と言えるでしょう。

アウグストゥスは、ポエニ戦争で草も生《は》えないほど徹底的に破壊されたカルタゴに新たな植民市を築いていますが、カルタゴに植民市を建設することはもともとカエサルの計画でした。

またアウグストゥスは、植民市の建設と平行して、市民権政策も行っています。これによって属州にローマ的な価値観を広め、支配をしやすくしていくのですが、ここではアウグストゥスはカエサルに倣い、恭順する者には「クレメンティア」を示し、決してローマのやり方を強制するようなことはしていません。属州の人々がローマに憧れ、自分たちから進んでローマの真似をしたがるようにし向けているのです。

ローマに必要なことという意味では、ローマを世界の首都にふさわしい壮麗な都につくり上げたことも、そのひとつと言えるでしょう。

ローマはもともと洪水にも火災にも弱い街でした。何度も災禍に見舞われた結果、街並みは雑然とし、大帝国の都としてはお粗末なものだったのです。

アウグストゥスは、自ら書き残した『Res gestae divi Augusti／神皇アウグストゥス業績録』の中で、「ローマを煉瓦《れんが》の街として引きつぎ、大理石の街として引きわたす」と述べていますが、まさにその言葉通り、ローマはアウグストゥスの治世に帝国にふさわしい壮麗な都市に生まれ変わっているのです。

カエサルは、ローマ社会に必要なことを行い、よりよいローマをつくることを目指していた

ローマの支配体制
ローマ
ローマ市民権
表決権
（民会での
投票権）
兵役権
（兵士になる権利）
顕職権
（行政官に
なれる権利）
控訴権
（上訴する権利）
財産権
（所有権）
結婚権
（法的に
結婚する権利）
イタリア半島
植民市
・ローマ市民が入植して建設した都市
・ローマと同等な市民権あり
編入市（自治市）
・自治権が認められた都市
・表決権を除くローマ市民権あり
同盟市
・ローマと従属関係にある自治権のない都市
・兵役義務あり
イタリア半島外
属州（元老院管轄）
・ローマの海外領土
・ローマから派遣された総督が行政を担当
・ローマ市民権なし、重税あり
皇帝直轄属州（帝政期）
・代官を派遣

と言いましたが、それは一言で言うなら、「ローマの安寧、帝国の平和」です。

百年も内乱が続いた中で、カエサル自身が最も切実に願ったのは、ローマの平和だったということです。

実際アウグストゥスは、事実上の皇帝になったとき、戦争がなくなったときにだけ扉を閉めるしきたりの「ヤヌス神殿」の扉を閉める儀式を盛大に行っています。これによって、長く続いた内乱の時代が終わったことを、彼は民衆に知らしめたかったのだと思います。

ローマの街を壮麗につくり替えるとき、アウグストゥスは膨大な数の公共建築物をつくっているのですが、中でも神殿の数が飛び抜けて多いのは、大神祇官である自分が神々に祈願し、ローマに平和をもたらすのだという気持ちの表れだと思います。

このこと自体は、カエサルの意思を受け継いだのか、アウグストゥス自身の思いだったのかわかりませんが、カエサルが願ったローマの平和を、後継者であるアウグストゥスが受け継ぎ実現させたということは、言えると思います。

アウグストゥスを唯一悩ませた跡継ぎ問題

すべてが思い通りに行ったかのように見えるアウグストゥスの治世ですが、最後まで彼を悩ませ続けた問題が一つだけありました。

それは、「跡継ぎ問題」です。

アウグストゥスは三度結婚していますが、直系の男子には恵まれませんでした。実子は、先妻スクリボニアとの間に生まれた娘ユリア一人だけです。

そこで当初アウグストゥスは、三度目の妻リウィアが前の結婚でもうけた二人の息子ティベリウス（前四二～後三七／在位後一四～三七）とドルススに期待をかけます。しかし、この二人はアウグストゥスとは血縁がないので、聖なるユリウス家の血統に属していないと見なされ候補者から外されます。

そこでアウグストゥスは、娘ユリアを姉の息子、つまり甥であるマルケルスと結婚させるのですが、マルケルスは十代後半の若さで早世してしまいます。

跡継ぎ候補を失ったアウグストゥスは、娘ユリアを再婚させ、彼女が生む子供に希望を託すことにします。問題は、ユリアの再婚相手です。これから生まれる子供が成長する前にアウグストゥスにもしもの事があれば、再婚相手が帝位を繋ぐことになります。

考えた末、アウグストゥスは信頼する友であり、腹心でもあるアグリッパを選びます。そして、当時結婚していたアグリッパを、わざわざ離婚させてユリアと再婚させたのでした。

アグリッパはユリアより二十五歳も年長でしたが、二人は三人の息子と二人の娘を授かります。喜んだアウグストゥスは、長男のガイウスと、次男のルキウスを養子に迎え、跡継ぎ候補としました。

ところが、その子供たちがまだ幼い前一二年、アグリッパが亡くなると、アウグストゥスは不安を覚えます。もし、今自分の身に何かあれば、幼い子たちは帝位を継ぐどころか後見のない身でどうなってしまうかわからない。

そこでアウグストゥスは、先述のリウィアの息子ですでに成人していたティベリウスに、妻と別れてユリアと再婚し、幼い孫たちの後見人となるよう強要したのでした。妻を愛していたティベリウスはこの身勝手な命に反発しますが、皇帝の命に背けるものではありません。こうして、ティベリウスとユリアの結婚式は、翌前一一年二月、本人の意思とは関係なく行われます。

この結婚は、ユリアにとってもティベリウスにとっても、不幸なものでした。望まぬ相手との結婚生活を強いられたティベリウスは、どうしてもユリアを愛することができず、二人の結婚生活は早々に破綻。夫に顧《かえり》みられないユリアは他の男性たちと浮き名を流しますが、ティベリウスはそれを咎めることも、離婚を切り出すこともありませんでした。

破綻した結婚生活に嫌気がさしたのか、後継者争いに巻き込まれることを嫌ったのか、おそらくその両方だと思いますが、前六年、ティベリウスは、一人ロードス島に隠棲してしまいます。

アウグストゥスの孫であるガイウスとルキウスは、民衆の人気もあり、特に長男のガイウスは順調にアウグストゥスの後継者としての道を歩んでいるように見えました。

ところが、後二年に弟のルキウスが急病で、その二年後の後四年には、戦闘で負った傷がもとで病気になっていたガイウスが、ともに亡くなってしまうのです。

実はこれには、昔からまことしやかにささやかれている噂があります。それは、リウィアが自分の息子をアウグストゥスの後継者とするために殺したのではないか、という噂です。確証はありませんが、無い話ではありません。

実はもう一人、ユリアとアグリッパの間に生まれた三人目の男子アグリッパ・ポストゥムスがいたので、ガイウスとルキウスの死後、ティベリウスとともに養子にしているのですが、あまりにも粗暴でどうにもならなかったため、わずか三年でプラナシア諸島に終身流刑としています。

リウィア

アウグストゥスの妻で、２代皇帝ティベリウスの母。

こうして、ユリアの男子がみな自分のもとからいなくなったことで、アウグストゥスは最終的に、血縁のないティベリウスを後継者に指名します。

ティベリウスは軍事的才能の持ち主でしたが、アウグストゥスは彼のことが人間的にはあまり好きではなかったようです。最終的にティベリウスを後継者に指名していますが、それは、彼以外の候補がすべて死んでしまったので、仕方なく選んだに過ぎません。

ティベリウスの実父がティベリウス・クラウディウス・ネロという人物だったことから、アウグストゥスからネロ帝まで続く一連の血統を「ユリウス・クラウディウス朝」と呼びます。

ゲルマニクスの陰に霞んだティベリウス帝

後継者問題に苦しんだアウグストゥスの跡を、五十五歳で継いだティベリウスですが、帝位に就くと、彼もまた後継者問題で大きな悩みを抱えることになります。

ユリアとの結婚生活が破綻していたティベリウスには、前妻との間に息子がいましたが、ユリウス家の血を受け継ぐ男子ではありませんでした。そこでティベリウスは、弟ドルススの息子であるゲルマニクス（前一五〜後一九）を養子に迎え、後継者とします。

ティベリウスが帝位に就いたとき、ゲルマニクスは二十八歳。父親は現皇帝の弟ドルススで、母親は先帝アウグストゥスの姉オクタウィアと政敵アントニウスの間に生まれた小アントニア、後継者として申し分のない血統でした。しかもゲルマニクスの妻は、アウグストゥスの孫娘アグリッピナでした。

この若者の存在には、生前のアウグストゥスも目をつけていたらしく、ゲルマニクスはアウグストゥスの命という形でティベリウスの養子になっています。もしかしたら、アウグストゥ

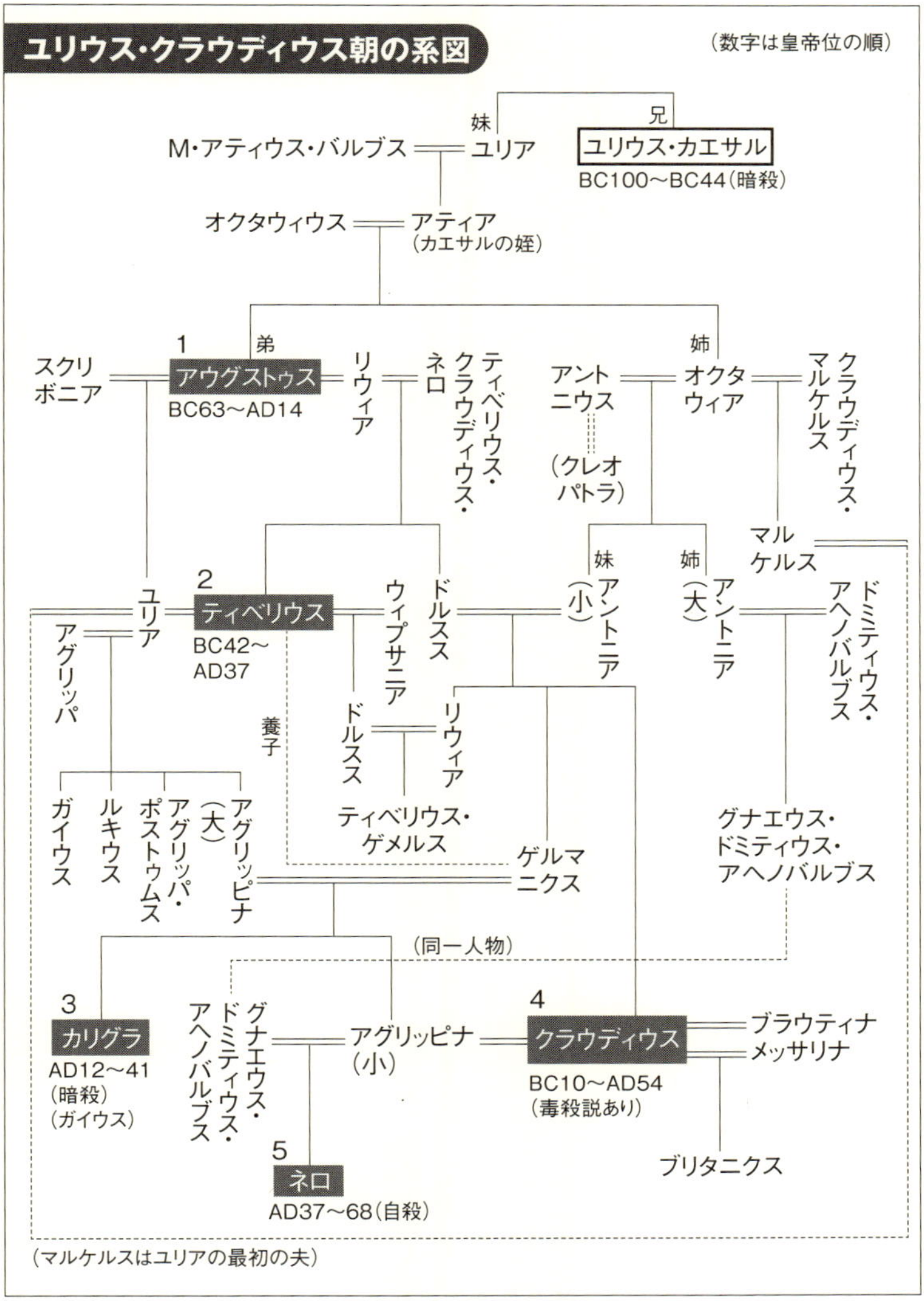
ユリウス・クラウディウス朝の系図
（数字は皇帝位の順）
妹
兄
M・アティウス・バルブス
ユリア
ユリウス・カエサル
BC100〜BC44（暗殺）
オクタウィウス
アティア
（カエサルの姪）
1
弟
姉
スクリボニア
アウグストゥス
BC63〜AD14
リウィア
ネロ
ティベリウス・クラウディウス・
アントニウス
（クレオパトラ）
オクタウィア
マルケルス
クラウディウス・
マルケルス
2
ユリア
ティベリウス
BC42〜AD37
ウィプサニア
ドルスス
妹
姉
アントニア（小）
アントニア（大）
ドミティウス・アヘノバルブス・
アグリッパ
養子
ドルスス
リウィア
ティベリウス・ゲメルス
ガイウス
ルキウス
アグリッパ・ポストゥムス
アグリッピナ（大）
ゲルマニクス
グナエウス・ドミティウス・アヘノバルブス
（同一人物）
3
カリグラ
AD12〜41
（暗殺）
（ガイウス）
グナエウス・ドミティウス・アヘノバルブス
アグリッピナ（小）
4
クラウディウス
BC10〜AD54
（毒殺説あり）
ブラウティナ
メッサリナ
ブリタニクス
5
ネロ
AD37〜68（自殺）
（マルケルスはユリアの最初の夫）

スはゲルマニクスにこそ期待をかけ、ティベリウスはゲルマニクスが帝位に就くまでの中継ぎと考えていたのかも知れません。

ゲルマニクスは血統がいいだけでなく、武勇にも優れていました。その上、長身にして眉目秀麗。学識があり、雄弁であり、数々の武勲に輝きながら、人に自分をひけらかすことなく、常に他人に温かく接したというのですから、もはや出来過ぎです。

この美徳と勇気と才能に溢れた若者をローマの人々は熱狂的に愛し、人気は高まる一方でした。

ところが、ティベリウスが帝位に就いてからまだ五年しか経っていない後一九年、ゲルマニクスが属州問題を解決するために派遣されていたシリアで、病死してしまったのです。まだ三十三歳の若さでした。

彼の訃報に対する人々の反応は凄まじく、ローマ市民は悲嘆に暮れ、ゲルマニクスを身近に見たことのある属州の人々は涙を流し、異国の王も哀惜の意を表し、敵対していた人々までもが休戦して彼の死を悼んだと伝えられています。

あまりにも突然の訃報だったため、人々はゲルマニクスの死に疑問を抱くようになり、どこからともなく、ゲルマニクスは毒殺されたという噂が広がっていきました。

犯人と目《もく》されたのは、シリアの総督で、ゲルマニクスと何かと対立していたピソという人物でした。結局、ゲルマニクス毒殺の嫌疑をかけられたピソは、自殺に追い込まれます。しかし、人々の犯人捜しはピソが死んでも終わりませんでした。

今度は、ピソは実行犯で黒幕がいたはずだということになり、ついには、ティベリウスがゲルマニクスの人気を妬《ねた》んでピソに殺させたのではないか、という話にまで発展してしまいます。

もちろんそんなことを示す証拠はありません。

ティベリウスも、内心はわかりませんが、人目に触れる場所では哀惜の情を示すことを憚《はばか》りませんでした。それでも人々は、その死を願ってやまない者こそ、誰よりも大げさに愁嘆《しゅうたん》にくれるものだとささやきあったといいます。

アウグストゥスとゲルマニクスという二人の輝ける人物の間にあって、ティベリウスは非常に陰鬱な人物に見られることが多いのですが、わたしは、彼は行政官としてはかなり優秀な人物だったと思っています。

なぜなら、彼は最初の十年間はローマで行政手腕を振るっているのですが、残りの十年間は、ローマを離れ、カプリ島に隠棲しているのです。

これは逆の視点で見ると、最初の十年間で、皇帝がローマを離れてもうまく機能する行政システムを完成させたということだからです。

とは言え、現実には、ローマで実権を握らせていたセイヤヌスが、政治を自分のほしいままにするようなことも起きていますが、それでもティベリウスは、カプリ島に居ながらにしてそのことに気づき、セイヤヌスを処刑しています。

ティベリウスは、カエサルやアウグストゥスのような創業者タイプの人物ではないので、民衆の人気やカリスマ性という面ではかなり見劣りしますが、二代目皇帝としての仕事はきちんと果たしていると思います。

さまざまな問題を起こしたゲルマニクスの死は、ティベリウスに新たな後継者選びを強いることになりました。

候補は二人。一人はゲルマニクスの遺児ガイウスと、自分の実子ドルススの息子ティベリウス・ゲメルスでした。つまり、ゲルマニクスの息子か、自分の孫か、ということです。最終的にティベリウスは、ゲルマニクスの息子ガイウスを後継者に指名します。このガイウスが、後のカリグラ帝（後一二～四一／在位後三七～四一）です。

後三七年、ティベリウスはカプリ島対岸のカンパニア地方巡幸中に体調を崩し、海辺の別荘で七十九年の生涯を静かに閉じました。

憐《あわ》れなのは、彼の死がローマに伝えられたとき、ローマ市民が悲しみではなく、歓喜の涙を流したと伝えられたことです。民衆の中には、まるで犯罪者であるかのように、ティベリウスの遺体をテヴェレ川に投げ込めと叫ぶ者までいたと言われています。

先帝アウグストゥスにも、妻ユリアにも、ローマ市民からも、愛されることなく終わったティベリウスの生涯でした。

「パンとサーカス」におぼれるローマ人

ティベリウスがローマ市民に愛されなかった理由のひとつに、彼にまとわりつく「陰鬱な印象」が挙げられます。

カエサルやアウグストゥスが弁舌さわやかに語り、市民に気前よく金銀をばらまいたのに比べ、ティベリウスは、その治世の後半をカプリ島に隠棲してしまったこともありますが、派手な振る舞いをほとんどしていません。

それが少々ケチくさいという印象に繋がったところはあるでしょうが、民衆がティベリウスに対する不満を最も募らせた原因は、剣闘士や戦車競走に代表される競技会や見世物の開催を避けるようになったことでした。当時のローマ市民にとって、これらの「見世物」は、すでに欠くことのできない娯楽となっていたからです。

ローマ史に「パンとサーカス」という言葉があります。この言葉は、ネロからハドリアヌスにいたる時代を生きた風刺詩人ユウェナリスの次の言葉に由来します。

「かつて権勢や国威や軍事などに全力を注いでいたローマ市民たちも、今ではちまちまするばかりで、たった二つのことだけに気を揉《も》んでいる。パンとサーカスだけを」

「パン」は、市民に支給される穀物を、「サーカス」は市民に提供されるさまざまな見世物を意味しています。つまり、ユウェナリスは、ローマ市民が穀物の配給を当てにして働かず、娯楽としての見世物を楽しむばかりで、政治への興味を失っていると嘆いたのです。

ちなみにここで言う「サーカス」は曲芸のことではありません。戦車競走に用いられた楕円形のコースを意味する「キルクス／circus」を英語読みしたものです。

ティベリウス帝の時代にすでに当たり前のものになっていた「パンとサーカス」がいつから行われるようになったのか、はっきりとしたことはわかっていませんが、記録に現れるのは、共和政末期、ティベリウス・グラックスが護民官になり、土地所有制度の改革に乗り出した前一三三年のことです。

当時は、持てる者と持たざる者の格差が急激に大きくなった時代です。都市には土地を失った無産市民が急増していました。

帝政期には、皇帝がローマ市民に与えた「パンとサーカス」ですが、皇帝が存在しなかった共和政末期にこれらを提供したのは、裕福な貴族でした。それも最初は、無料支給ではなく、市場価格より安い値段で提供するということから始まったようです。

つまり、「パンとサーカス」には、持てる者が持たざる者に対し、富の再分配を行うという意味があったのです。

剣闘士を描いたモザイク画

剣闘士は互いに決闘したり、猛獣と闘ったりした。民衆はこのような血なまぐさい見世物に娯楽を求め、熱狂した。

「パン」は、確かに貧しい無産市民が生きていくために必要なものでしたが、それと同時に、剣闘士興行のような「サーカス」が提供されたのはなぜでしょう。

剣闘士競技は、もともとカンパニアのもので、葬儀の際に行われる儀式でした。なぜ葬儀のときに、と思うかも知れませんが、当時は、亡くなった人間の魂は、人間の血を栄養にして安らぎを得るという観念があったのです。そのため、必ずしもどちらかが死ぬまで戦わなければならなかったわけではなく、どちらかが血を流し、勝敗が決まればそれでよかったようです。

実際、ローマの記録に残る最古の剣闘士競技は、前二六四年のユニウス家のペラという人の葬儀で催《もよお》されたものです。

当時は決まった競技場があるわけではなく、広場や個人の邸宅で行われました。

こうした「宗教儀式」が「見世物興行」に変わったのは、共和政末期のことと思われます。奴隷制ラティフンディアで巨大な富を築いた貴族が、自らの富を誇示するために、自分たちの持ち物である奴隷を育成して、剣闘士競技を主催するようになったのです。

前七三年のスパルタクスの反乱の中心人物であるスパルタクスが、剣闘士だったことはよく知られていますが、当時の剣闘士の大半は、奴隷か戦争捕虜でした。

見世物興行としての剣闘士興行が頻繁に行われるようになると、専用の競技場が造られ、市民の娯楽として定着していきました。

すると、権力の座を目指す者たちが、自らの人気取りのためにこれを利用するようになっていきます。実際カエサルは、かなりのお金を使って何度も剣闘士興行を主催しています。そして、カエサルが行ったことをアウグストゥスが引き継ぎ、ティベリウスの時代には、皇帝が市民に提供すべき娯楽として定着していたのです。

当時はテレビも映画もない時代ですから、目の前で人と人、あるいは人と獣が戦うのを見るのは刺激的なことだったと思います。とはいえ、なぜローマ人は剣闘士などという血なまぐさい見世物を喜び、熱狂したのでしょう。

そのことを考える上で興味深いのが、剣闘士興行においては、時代が進みローマが平和な時代を迎えるようになったときの方が、剣闘士の死亡率が高くなっているという事実です。

剣闘士同士の戦いは、当初それほど死亡率の高いものではありませんでした。なぜなら、必ずどちらかが死ぬまで戦わせていたら、興行を行う度に剣闘士の数が半分に減ってしまうからです。ですから通常は、相手が武器を無くしたり、明らかな勝敗がついたときに、勝者は敗者を突き殺す体勢を取りながら観客に「殺していいか」聞くのです。敗者の生死を決める権限は主催者にあるのですが、主催者は観客を喜ばすことが目的なので、そのときの観客の反応を見て決めていました。

勇敢に戦った剣闘士は、たとえ負けても許されることが多く、消極的だったり卑怯な手を使った剣闘士は観客に嫌われ、殺されることが多かったといいます。そのことは剣闘士自身もわかっていることなので、本当に殺されるのは五組戦って一人という程度だったようです。

ところが、これは三世紀の記録ですが、ナポリからローマに至る途上にあるミントゥルナエというところで見つかった碑文には一一組の戦いが行われ、一一人が死んだと刻まれているのです。敗者はすべて殺された、ということです。

なぜ、平和な時代の方が剣闘士の死亡率が高いのか。実はわたしにもまだ明確な答えはないのですが、平和な時代だからこそ、残酷な死を見せることでローマ人の戦う意欲や勇気というものを削《そ》がないようにする、という思惑があったのではないかと考えています。

どれほど平和な時代に見えても、ローマという国の本質は、共和政ファシズムを出発点とした軍国主義国家です。

市民は同時に兵士でもあるのですから、どれほど平穏な時代にあっても、常に兵士としての自覚と心構えを持たせるために、敢えて残酷な試合を見せたという面もあったのかも知れません。

病で性格が激変した悪帝カリグラ

ティベリウスを嫌ったローマ市民たちは、ゲルマニクスの息子だというだけで後継者に選ばれたガイウスを歓喜して迎えました。

ゲルマニクスとアグリッピナには、もともと六人の息子と三人の娘がいました。末弟のガイウスが生まれたとき、すでに三人の兄は亡くなっていましたが、残っていた二人の兄も、ティベリウスの存命中に陰謀と粛清の嵐に巻き込まれて命を落としてしまいます。

つまりガイウスは、ゲルマニクスの息子の中で唯一生き残っていた、というだけで皇帝になったのです。

それでも、ゲルマニクスの血を引く二十四歳の若き皇帝に、人々はティベリウス時代の陰鬱な空気を一掃してくれるのではないかと期待しました。

「カリグラ」という彼の通り名は、正式な名ではなく、父のゲルマニクスがゲルマニア遠征に幼いガイウスを連れていたとき、兵士たちが名づけたあだ名です。「カリグラ」とは、小さな軍靴という意味です。

カリグラ帝は軍営で生まれ、軍団の兵士たちを遊び相手にして育った。小さな兵士のような彼に、兵士たちは「カリグラ」（小さな軍靴）というあだ名をつけた。彼は普段、下士官たちの好みに合わせてそういう名の靴をはいていたからだ。

（タキトゥス『年代記』）

ガイウス本人は、このあだ名を嫌い、皇帝になってからは「カリグラ」の名を口にした者は誰彼かまわず罰したと言われています。しかし、残念なことに、彼の名は「悪名高きカリグラ帝」として歴史に残ることになります。

悪名高きカリグラですが、帝位に就いた最初の半年間は、それなりに勢いがありました。政治犯には大赦を与え、兵士への祝儀を倍増し、民衆には減税に加え、恩賜金《おんしきん》までもが配られました。中でも民衆が喜んだのは、ティベリウスの治世で途絶えていた剣闘士などの見世物興行を大盤振る舞いしたことでした。

彼の治世が大きく変わるのは、皇帝になってまだわずか半年のことでした。

病名ははっきりしないのですが、カリグラは重い病を患《わずら》います。病気は二カ月ほどで回復しますが、カリグラの精神はこれを境に大きく変わります。彼がいわゆるカリグラ伝説と言われるような残虐行為をするのは、このときからなのです。

死の淵から戻ったカリグラは、暗殺や陰謀の被害妄想に取り憑《つ》かれ、周囲の人間を次々と疑い、大逆罪を乱用して処刑してしまいます。

派手な見世物興行も、最初は民衆を喜ばせましたが、お気に入りの競走馬インキタトゥスの尋常ならざる贅沢な暮らしぶりが聞こえてくると、人々は興ざめしていきました。

何しろこの馬の生活は、大理石の宿舎に象牙のかいば桶、紫染めの毛布に宝石をちりばめた首当てなど、呆《あき》れるほど贅沢なものだったのです。

常軌を逸した派手な散財を繰り返したことで、カリグラはティベリウスが残した三〇億セステルティウスという莫大な遺産を使い尽くしてしまいます。

金を使い尽くすと、カリグラは、裕福な貴族にいわれのない罪を着せて処刑し、その財産を没収したり、新しい税制をつくり徴収したりしました。これは本当かどうかわかりませんが、宮殿の一画に売春宿を開いて金を集めたという話まで伝わっています。

こうした愚行の数々は、当然のことながらカリグラと元老院の関係を悪化させ、民衆の人気も失墜させました。そして、その当然の帰結として、後四一年、カリグラは暗殺されてしまいます。わずか四年の治世でした。

カリグラの暗殺は周到に計画されたもので、側近はもちろん、多くの元老院議員が加わっていました。芝居見物の幕間休憩で退席したところを殺されるのですが、その遺体には三〇カ所以上もの刺し傷があったといいますから、周囲の人がいかにカリグラを憎んでいたかがうかがわれます。

帝位に就いて最初の半年の、いい皇帝になろうとそれなりに努力していたカリグラと、病を患った後の猜疑心が強く残虐なカリグラと、あまりにもその変化が大きいので、今は多くの学者が、カリグラは病によって精神疾患を引き起こしたのだろうと考えています。

誰からも愛されなかったクラウディウス

カリグラの暗殺が成功すると、元老院は、跡継ぎの決まっていないことを好機と捉え、共和政の復活を企みました。しかし、元老院が何も具体的なことを決められないでいるうちに、この企みは共和政が復活したら失職することになる親衛隊によって阻止されます。

新皇帝の即位を急ぐ必要があった親衛隊が、たまたま宮殿内にいるのを発見したクラウディウス（前一〇～後五四／在位後四一～五四）を抱き込み、その日のうちに新皇帝の即位を宣言してしまったのです。クラウディウスは、人々がこよなく愛したゲルマニクスの弟ですから、元老院もしぶしぶながらこれを承認します。

クラウディウス本人にとって、この皇帝就任は青天の霹靂《へきれき》でした。なぜなら、彼は自分が人々から望まれるとは夢にも思っていなかったからです。

クラウディウスは容貌に難があり、実の母親からさえ「人間の姿をした怪物」と呼ばれ、愛情を注いでもらえませんでした。祖母からは言葉をかけてもらえないほどひどく軽蔑され、姉は「クラウディウスが皇帝になるものならローマ国民の不幸だ」と公言していました。

確かに、子供の頃から難病に苦しんだ彼は、成長しても動作がぎこちなく、吃音がひどく、よだれや鼻水を垂らすことも多かったといいます。

母親にすら愛されず、周囲の人々から蔑《さげす》まれることの多かったクラウディウスですが、帝位に就くと優れた行政手腕を発揮して、ローマ帝政期の官僚体制をほぼ完成させています。

また、日本人にはあまり馴染みがありませんが、ブリテン島がローマの属州になったのが彼の治世であることから、イギリスでのクラウディウスの知名度は高く、二十世紀を代表するイギリス人作家、ロバート・グレーヴズが書いた『この私、クラウディウス』(みすず書房)はベストセラーになっています。

また、クラウディウスは先駆的な考え方の持ち主であったらしく、当時、ローマ人でなければなれなかった元老院議員にガリア出身者を認めるなど、才能ある人材を慣習にとらわれず広く登用しています。

このように、為政者としては高い能力を発揮したクラウディウスですが、こと女性に関しては多くの問題を起こしています。身近な女性から愛されなかったためか、彼はメッサリナという絶世の美女を好きになり妻にしているのですが、彼女が他の男と二重結婚していることがわかると、相手の男もろともメッサリナも処刑してしまっています。

その後クラウディウスは、ゲルマニクスの娘でカリグラの妹であるアグリッピナと結婚するのですが、二人は叔父と姪の関係で、これは当時においても許されざる結婚でした。それでもクラウディウスは元老院の特免状を得て結婚を強行しました。

アグリッピナは、結婚するとひとつの野心を抱きます。それは、クラウディウスの次の皇帝を、先妻メッサリナとの間にできたブリタニクスではなく、自分の子ルキウスにすることでした。アグリッピナは、クラウディウスを説得し、ルキウスを正式に養子にすることを認めさせます。このときルキウスに与えられたのが「ネロ」という名前でした。

クラウディウスの実子ブリタニクスより三歳年上のネロ（後三七〜六八／在位後五四〜六八）は、こうして後五一年、クラウディウスの正式な相続人となります。

ここまで来ると、アグリッピナの野望を阻《はば》むものはクラウディウスの存在だけでした。このときすでにクラウディウスは病に伏していたのですが、アグリッピナは待てなかったのでしょう。クラウディウスの食事に毒を盛って彼を殺してしまいます。

後五四年、治世十四年目の秋のことでした。

暴君ネロは、なぜ民衆には人気があったのか

母アグリッピナの画策でネロが帝位に就いたのは、十六歳のときでした。

人の精神的成熟が今よりも早い古代とは言え、十六歳の少年に政治的判断力などまだあるはずがありません。

アグリッピナは、ネロを皇帝にしようと計画したとき、当時島流しに遭っていた哲学者のセネカを、ネロの家庭教師にするために呼び戻していました。このセネカの補佐のもと、ネロは静かにその治世をスタートさせています。

現在は、暴君としてあまりにも有名なネロですが、カリグラと同じように、その治世の最初はよい皇帝になろうと努力していたことがうかがわれます。まだ若かったので、側近のセネカら優秀な者たちの献策を素直に受け入れていたのかも知れません。

しかし、ネロの治世も五年を過ぎた頃から、暴君の片鱗が現れてきます。

生来の派手好き、目立ちたがり屋だったネロは、派手な見世物興行を頻繁に行うようになり、剣闘士興行や戦車競走を主催し自らのあでやかな姿を民衆に見せつけるのはもちろん、芸術家を気取って音楽会を開き、自ら人前で歌を披露したりもしています。身近な者たちはこうした皇帝の姿に眉をひそめましたが、民衆にはとても人気がありました。

ネロと実母アグリッピナの関係が悪化していくのはこの頃からです。母が何かと政治に口出しするのを疎《うと》ましく思ったネロは、アグリッピナを水難事故に見せかけて殺す計画を立てます。それは、アグリッピナが宴会後に湖を船で帰るときに船を転覆させ、おぼれさせるという計画でしたが、泳ぎのうまいアグリッピナが岸までたどり着いてしまい失敗。仕方なくネロは、別荘に逃れたアグリッピナに刺客を放って殺しています。

この実母殺しは、数多いネロの悪行の中でも筆頭に挙げられるものですが、その後ネロは自分の二人の妻も死に至らしめています。

ネロの最初の妻は、クラウディウスの娘オクタウィアでした。このオクタウィアは落ち度があったわけではないのに、不義の冤罪を着せられて処刑されています。これは、ネロが夢中になった美貌の人妻ポッパエアにそそのかされてやったことだと言われていますが、そのポッパエアも、ネロと再婚した後、妊娠中に癇癪《かんしゃく》を起こしたネロに腹を蹴られ、それがもとで死ぬという無残な最期を迎えています。

その後もネロは、自分にとって疎ましくなった人間を次々と殺していきます。皇帝になったときからネロを支え、ネロがアグリッピナを殺したときでもアグリッピナの罪業をまとめた文書を発表しネロを擁護し、その後も彼を支え続けたセネカさえ、ネロは自殺を命じるという形で殺しています。

多くの人を死に追いやったネロの最期は、皮肉にも自らを殺す「自殺」でした。

悪行を重ねても、民衆の人気だけは高かったネロですが、市中に「ネロは母親殺しだ」という落書きが溢れたことで人気が急落、最終的にはローマ近郊の軍隊が反旗を翻したという知らせを聞いて、自分の運命を悟り自ら命を絶ったのです。

このときネロは、「この世からなんと偉大な芸術家が消え去るのか」と言ったと伝えられています。

ネロは本当にキリスト教徒を迫害したのか

ネロの悪行と言うとき、ヨーロッパでは真っ先に「キリスト教徒迫害」が挙げられるのですが、わたし自身はこれには少々疑問を感じています。

問題は、後六四年に起きたローマの大火事に発します。

ネロが、普段からローマの街を改造したいと言っていたため、「あの大火災は、ローマの街を自分の好きなようにつくり替えたいネロが、火をつけたに違いない」という噂が広まりました。ネロはこの噂を払拭するために、キリスト教徒に放火の罪をなすりつけて、その迫害に踏み切ったというのが、これまでの欧米における解釈でした。

しかし、史料を細部にわたって読み込むと、この解釈が必ずしも史実なのかと言われると、極めて疑わしいと言わざるを得ないのです。欧米はキリスト教世界なので、そこにバイアスがかかった可能性は否定できないと思います。

そもそも、ネロがキリスト教徒を迫害したという解釈は、イタリアのモンテ・カッシーノという修道院に残るタキトゥスの本（十二世紀の写本）に、キリスト教徒の迫害について書かれた部分があり、そこにネロがキリスト教徒を迫害したと書かれているというのが、もとになっているのです。

しかし、この写本を見ると、キリスト教徒を意味する「Christiani／クリスティアーニ」の綴りが、もともと「e」と書かれていたところを消して、「i」に書き変えた形跡が明らかに見て取れるのです。

つまり、写本のもととなった本には、キリスト教徒を意味する「クリスティアーニ」ではなく、「クレスティアーニ」と書かれていた可能性が高いのです。

では、なぜそのような書き変えが行われたのかというと、書き変えられたとみられる箇所の一行下に、「クリストス」という文字があったために、写本した人が、クリストスはキリスト、つまりイエス様のことだ、と思って遡《さかのぼ》り、「e」を「i」に書き変えたのではないかと推測されるのです。

ところが、非常に困ったことに、同じころクラウディウスの時代に、ユダヤ人の「クレストス」という騒乱者がいたのです。これは他の史料に残っているので明らかな史実です。そして、騒乱者の個人名である「クレストス」と、その仲間を意味する「クレスティアーニ」を、タキトゥスがキリスト教徒と区別することなく記録していた可能性がないわけではないのです。

しかも、タキトゥスはネロが生きていたころはまだ子供でしたから、この記録を書いたのは、事件が起きてから五十年後のことなのです。

こうしたことを考え合わせると、次のようにも考えられるのです。

実際にネロが命じたのは、キリスト教徒の迫害ではなく、騒乱者クレストスの一派の掃討だったのではないでしょうか。ユダヤ人で、当時何度も騒乱を起こしていたクレストスの一味を捕まえて処刑する命令を、ネロが出したことは充分考えられます。

タキトゥスがその事件について書いたのは、五十年も後になってからだったので、タキトゥスが「クレストス」を「クリストス」と書き間違え、その本がキリスト教徒によって写本される際に、書き間違えた「クリストス」に合わせて「クレスティアーニ」が「クリスティアーニ」に書き改められ、ネロがキリスト教徒を迫害したという話になってしまったということも考えられます。

わたしがこのように考えるのは、当時のローマにおけるキリスト教徒の存在が、皇帝がわざわざ迫害を命じるほど大きなものだったとは、到底思えないからです。

イエスが十字架に掛けられたのは、後三〇年頃と言われていますから、ネロの治世はイエスが亡くなってからまだ三十年程しか経っていません。ペテロやパウロはローマに来ているので、キリスト教徒がローマにいた可能性はありますが、人数も少なく、ローマ人から見たとき、キリスト教徒とユダヤ教徒の区別はほとんどつかなかったでしょう。

そんなマイナーな存在であるキリスト教徒を狙って迫害するなど、そもそもユダヤ教徒と区別がつかないのですから、必ずあったと言えるほどではないのです。

後に、ローマがキリスト教徒を迫害したことは事実ですが、ネロの時代においては、キリス

ネロ

ローマ帝国の第５代皇帝。治世初期は、家庭教師でもあった哲学者セネカなどの補佐を受け、政治も安定していた。その後、暴君の片鱗が現れ、自分にとって疎ましくなった人間を次々と殺していった。最期は「この世からなんと偉大な芸術家が消え去るのか」と言って、自ら命を絶ったという。左上・カピトリーノ美術館、右上・カピトリーノ美術館、左下・ヴァチカン美術館、右下・ローマ国立博物館。

ト教徒は存在すらほとんど知られていないマイナーなユダヤ教の一派に過ぎません。騒乱者クレストトス一味の方が遙かに有名だったのです。

それに、ネロがローマの大火をおこした犯人としてキリスト教徒を迫害したという記録は、このタキトゥスの写本以外には一つもないのです。同時代の人はもちろん、後の人も、さらにその後の人も、ネロ時代にあってローマの大火とキリスト教徒迫害を結びつける記録は残していません。十二世紀のタキトゥスの写本が唯一の史料なのです。

曖昧な史料しかないのに、ネロがキリスト教徒を迫害したという話がこれほど根強く残ったのは、ヨーロッパがキリスト教社会であったことに加え、暴君ネロに帰した方がよりドラマティックだからでしょう。

ネロにとっては濡れ衣かも知れませんが、ヨーロッパで「ネロ」という名前が暴君の代名詞として定着したのは、母親殺し以上に、キリスト教徒迫害が大きく関係しているのですから、目立ちたがり屋だったネロは、身に覚えのない悪行が一つ加わったとしても、たいして気にしていないかも知れません。

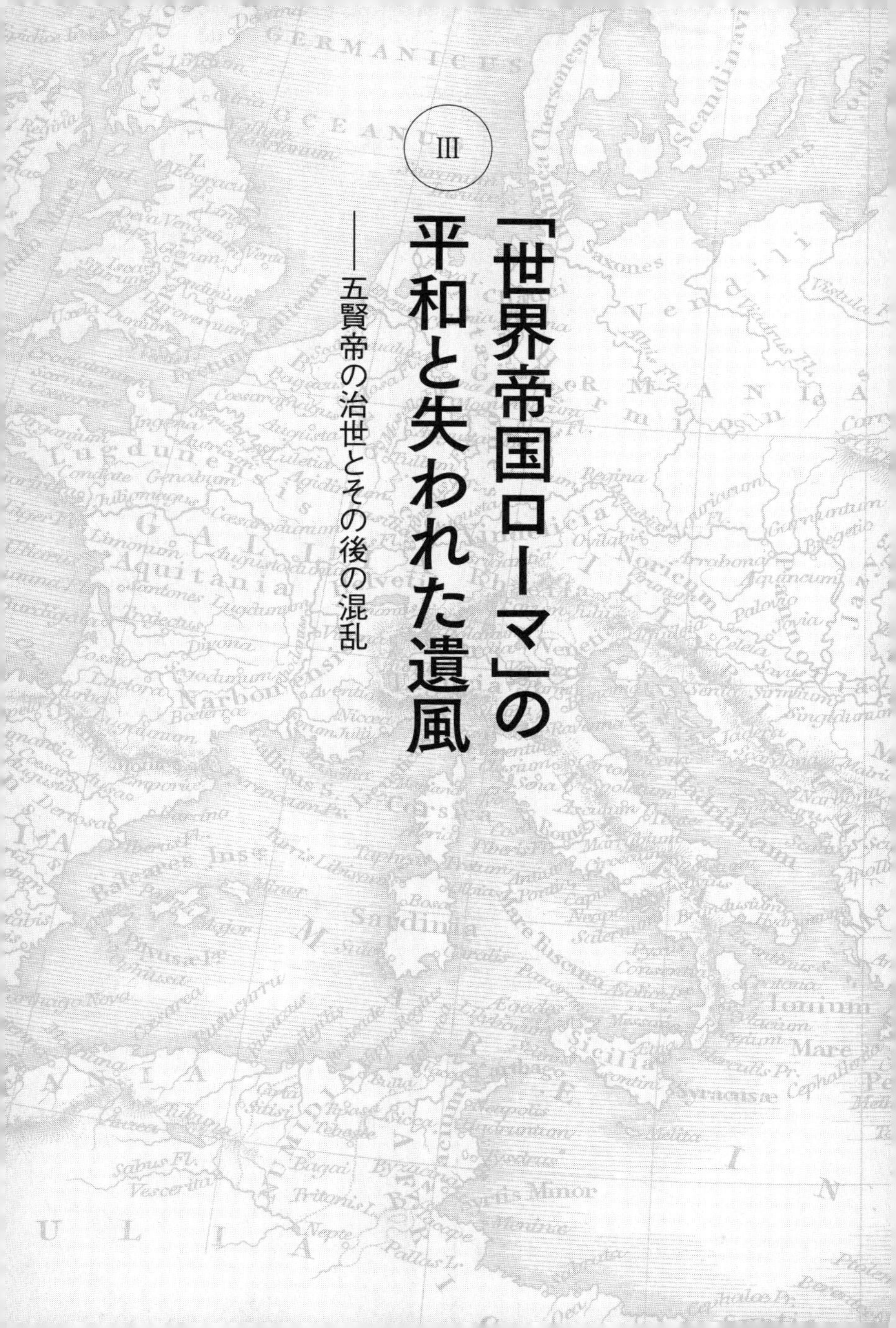

III

「世界帝国ローマ」の平和と失われた遺風

——五賢帝の治世とその後の混乱

第7章　悪帝ドミティアヌスの出現

ウェスパシアヌスは「法」によって混乱を鎮める

ネロの死によって、百年続いたユリウス・クラウディウス朝は終わりを迎えます。ローマ市民が追い求めたゲルマニクスの幻影も、完全に断ち切られ、ローマは誰を皇帝にすべきかわからず、再び混迷します。

さてネロの終焉は、その当座喜びに浸《ひた》っていた人たちに慶事とはいえ、都では元老院議員や国民や首都の守備兵のみでなく、属州の全軍団兵と将軍にも様々の反応を引き起こした。というのも、元首はローマ以外の土地でも作られるという帝政の秘鑰《ひやく》が暴露されたからである。

（『同時代史』タキトゥス著・國原吉之助訳・筑摩書房）

このタキトゥスの言葉通り、ネロの死後、最初に皇帝を名乗ったのは、ローマの属州であるタラコネンシス（現在のスペインの主要部分）の総督をしていたセルウィウス・スルピキウス・ガルバ（前三～後六九／在位六八～六九）という人物でした。しかしガルバは、皇帝即位のときの慣習となっていた周囲にお金を配ることをしなかったため、民衆や軍の支持を得ることができませんでした。

そして、高齢だったガルバが、名家の出身のピソ（ゲルマニクス暗殺の犯人とされたピソとは別人）を養子に迎え、自分の後継者として発表すると、それまでガルバを支え、自分が後継者に選ばれると思っていたマルクス・サルウィウス・オト（三二～六九／在位六九）が反旗を翻《ひるがえ》します。

次いで、ガルバとピソを討ったオトが帝位に就きますが、これもわずか三カ月でゲルマニアの軍団に擁立されたウィテリウスに追い詰められて自刃、そのウィテリウス（一五～六九／在位六九）も東部の属州が擁立したティトゥス・フラウィウス・ウェスパシアヌス（九～七九／在位六九～七九）に討たれてしまいます。

ネロの死からウェスパシアヌスが帝位に就くまでわずか一年。その間に三人の皇帝が次々と擁立されては殺されていったのです。

ウェスパシアヌスは、ローマからそれほど遠くない、とは言え、田舎町のサビニ地方の名家、フラウィウス家の出身です。ユリウス・クラウディウス朝に連なる人物でないことはもちろん、代々元老院議員を務めた家の出でもありません。貴族（パトリキ）と言うよりも、むしろ地方の名士の人だったのです。

この内乱を通してローマの人々が悟ったのは、皇帝になるのに、もはや高貴な家柄は必要ではないということでした。

では、何が必要なのかというと「軍事力」です。

ガルバ、オト、ウィテリウス、そしてウェスパシアヌスは、いずれも在位期間は短いものの、全員元老院に承認された正式な皇帝です。しかし、承認されたと言っても、そのすべてが、軍部による擁立を元老院が後追い承認したものであり、元老院が軍事力の前に抗することができなかったと見ることもできます。

そんな中、ウェスパシアヌスが、自らの帝位の正当性を「法」という形で示したことは注目に値します。

神皇アウグストゥス、ティベリウス・ユリウス・カエサル・アウグストゥスおよびティベリウス・クラウディウス・カエサル・アウグストゥス・ゲルマニクスに対して認められていたのと同様に、望むところの者との同盟関係の締結が認められるべきこと。

また、神皇アウグストゥス、ティベリウス・ユリウス・カエサル・アウグストゥスおよびティベリウス・クラウディウス・カエサル・アウグストゥス・ゲルマニクスに対して認められていたのと同様に、彼には、元老院を招集し、議案を自らあるいは委任を通じて提出し、報告と採決によって元老院決議をなすことが認められるべきこと。

（『西洋古代史料集』東京大学出版会）

この「ウェスパシアヌス帝の最高指揮権に関する法律」は、十四世紀に発見された青銅板に刻まれていたもので、冒頭に少し欠損があるものの、皇帝の最高指揮権の内容が詳しく記されています。これまで暗黙のうちに認められてきた皇帝の権限を明文化したものと言えますが、こうした法律の発布は、それまで誰もしたことがありませんでした。

初代アウグストゥスからネロまで、ローマ皇帝の位は、養子を含むものの、基本的に「親から子へ」という人間関係の中で継承されてきました。でもそれは単なる親から子への継承ということではなく、ローマに古くからあるパトロヌスとクリエンテスという親分・子分関係の頂点に立つ者という意味での皇帝の継承でした。

そういう形での皇帝システムがネロの死によって崩壊し、ウェスパシアヌスによって、「法律」に皇帝の正当性が準拠するようになったということは大きな変化と言えます。

興味深いのは、各条項の冒頭に、何度も「神皇アウグストゥス、ティベリウス・ユリウス・

カエサル・アウグストゥスおよびティベリウス・クラウディウス・カエサル・アウグストゥス・ゲルマニクスに対して認められていたのと同様に」という文が繰り返されていることです。

自分はアウグストゥス、ティベリウス、そしてクラウディウスに対して認められたのと同じ「皇帝としての権力」を受け継ぐ者だということを言っているわけですが、このとき、カリグラとネロの名は挙げていないのです。

つまり、これまでの皇帝すべてを列挙するのではなく、あえて評価の高いアウグストゥス、ティベリウス、クラウディウスの名だけを明示することで、暴君とされたカリグラやネロの時代とは違うローマ帝国を、自分はつくり上げていくという気持ちを示していると言えるでしょう。

尿にも税金をかけて財政再建を果たす

実際、ウェスパシアヌスは、ネロの治世に蔓延した贅沢と放縦《ほうじゅう》な風潮を一掃し、古来の厳格な風紀に戻しました。

厳格な風紀をつくり上げた最大の功労者は、ウェスパシアヌスである。本人からして、その生活態度や服装が古風であった。そのため、この元首に対して恭順の念が生まれ、そして法にもとづく罰則やその恐怖心よりも効果的な、見習うという熱烈な欲望が起こったのである。

（タキトゥス『年代記』）

この記述を読む限り、タキトゥスはウェスパシアヌスの治世を非常に高く評価していると言えます。

確かにウェスパシアヌスという人は、公明正大で気取りがなく、質素で温厚な人だったようです。その前の時代が時代だっただけに、彼の治世に一種の引き締まった空気があったことも事実です。

しかし、ウェスパシアヌスにも問題がなかったわけではありません。彼の問題は、「強欲」と言われるほどの「締まり屋」だったことです。

ネロによる散財と、相次いだ処刑と貴族の財産没収、そして帝位をめぐる内乱の戦禍によって、ウェスパシアヌスが帝位に就いたとき、ローマの財政はボロボロでした。そのため財政再建が急務だったことは事実ですが、そのやり方は人々を驚かせました。

何しろ、各地に税吏を派遣して税金を厳しく取り立てたのはもちろん、官位を法外な高値で売りつけたりしているのです。中でも人々を驚かせたのは、公衆トイレをあちこちに造り、そこで集めた尿に税金をかけたことでした。

当時、尿は毛織物の染色や洗濯に使われていたので、染料業者には必要不可欠なものでした。そこに目をつけたウェスパシアヌスは、公衆トイレで集めた尿を使う染料業者から使用料を取ったのです。現在、イタリア語で公衆トイレを「ヴェスパシアーノ／vespasiano」と言いますが、この名前は、このときの政策に由来したものです。

この政策には、ウェスパシアヌスの二人の息子たち、ティトゥス（三九～八一／在位七九～八一）とドミティアヌス（五一～九六／在位八一～九六）も驚き、ウェスパシアヌスに「この税は皇帝の品位を汚《けが》すものです」と皮肉を言ったのですが、それに対し彼は、最初に集まった税の中から数枚の金貨をすくい、「匂いを嗅いでみろ、どうだ？　臭うか」と切り返したといいますから、とてもユーモラスな人だったのでしょう。

ウェスパシアヌスの徴税は過酷なもので、彼に「強欲」というイメージはつきましたが、集めたお金はネロのように贅沢三昧《ざんまい》のために使われることはなく、内乱やさまざまな戦闘で被害を受けた人々に配られたりもしたので、大きな反発を招くことはなかったようです。

ウェスパシアヌスには、もう一つお金にまつわる面白い話が伝わっています。

皇帝になった彼には愛人がいました。愛人に「お手当」を支払うのは今も昔も同じですが、ウェスパシアヌスはそのお金を国庫から支払ったのです。

後日、会計係が私費で支払うべきだと思って出費の理由を尋ねると、「余《よ》に深情《ふかなさ》けをかけてくれたことへの謝礼だよ」と悪びれもせず応えたといいます。

彫像を見てもわかるのですが、ウェスパシアヌスは、お世辞にも美男子と言える人ではありませんでした。体はごつく、放っておいてもモテるタイプではなかったのです。

つまり、このウェスパシアヌスの言葉には、「俺みたいな醜男な皇帝に尽くしてくれたのだから、これは紛《まぎ》れもなく国家への奉仕に値する。だからその対価は国庫から出して当然だ」という意味が含まれているのです。ユーモアに富んでいるとは思いますが、やはりケチな印象は拭《ぬぐ》えません。

そんなケチなウェスパシアヌスですが、一つだけ大きな贅沢をしています。

それは、古代ローマを代表する建築物であり、今も多くの観光客を集める「コロッセオ」の建設です。

彼がコロッセオの建設を思いついたのは、アウグストゥスがローマ市の中心部に円形競技場を造る計画を持っていたことに気づいたからだと言われています。当時、ローマで剣闘士興行を行っていたのは収容人数一万人ほどの木造の競技場しかなかったので、約五万人を収容できるコロッセオの建設は市民に歓迎されました。

建設場所に選んだのは、ネロの黄金宮殿「ドムス・アウレア」の人工池があった場所

ウェスパシアヌス

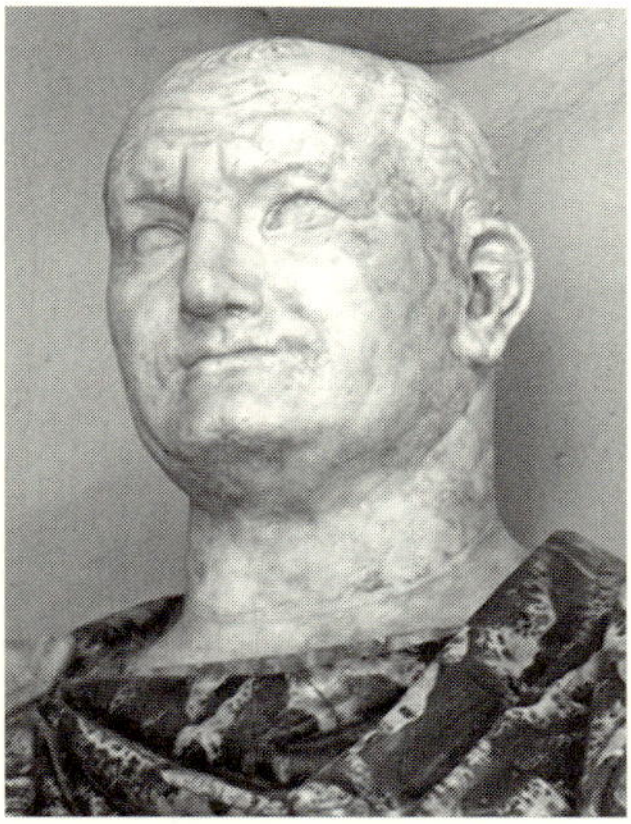

ネロ後の混乱を収め、フラウィウス朝を創始した。

でした。
残念ながらウェスパシアヌスはコロッセオの完成（七九年十二月）を見ることはできませんでしたが、当時の人たちはこのコロッセオをウェスパシアヌスの氏族名を冠して「フラフィウス円形闘技場」と呼びました。
七九年にコロッセオが完成すると、父の跡を継いで皇帝になっていたティトゥスは、コロッセオの落成記念に、百日間に及ぶ大興行「百日競技会」を催《もよお》しています。この興行では、九〇〇〇頭の猛獣が殺され、剣闘士による試合はもちろん、模擬海戦まで行われ大いに盛り上がったと記録されています。

鶴どうしの戦いや四頭の象の戦いもあり、飼育された動物も野生の動物も無残に殺され、九千の数にも上った。身分の高くない女たちは遺骸を片づける作業に駆り出され、男たちは、一対一あるいは集団対集団として陸戦でも海戦でも対戦した。海戦というのはティトゥス帝が突然この闘技場を水であふれさせたのだ。そこに馬や牛やほかの家畜を引きいれ、これらの動物が水上でも陸上と同じように振舞えるように仕込まれていたし、船に乗った人々は海戦を行ったりした。

（カシウス・ディオ『ローマ史』）

コロッセオ

コロッセオは円形闘技場として観光名所となっている。外観は美しいアーチ型が並ぶ4階建てで、それぞれ様式の違うアーチで飾られている。

ちなみに、コロッセオが完成した七九年には、もう一つ大きな出来事がありました。それは、ヴェスヴィオ火山の噴火（七九年八月）により、ナポリ近郊のポンペイが埋没したことです。

この天災はローマ市民にも大きなショックを与えました。ティトゥスが盛大な剣闘士興行を催したのには、未曾有の天災に絶望感を感じていた市民を鼓舞する意味合いもあったと思われます。

ウェスパシアヌスはケチだと言われましたが、自らは質素な生活を貫き、十年間の治世（六九年七月〜七九年六月）で、財政を立て直し、後世に残るコロッセオを建設し、国家の秩序を回復したのですから、先述のタキトゥスの評価はおおむね妥当なものだったと言えると思います。

ティトゥスの善政、ドミティアヌスの悪政

ウェスパシアヌスの死後、帝位に就いたのは、ティトゥスとドミティアヌスという二人の息子のうち、兄のティトゥスの方でした。ティトゥスが父の跡を継いで皇帝になったとき、多くの人は彼が第二のネロになるのではないかと危惧していました。

なぜなら、彼は父ウェスパシアヌスのもとで、親衛隊長という立場を利用して父親の政敵を冤罪に陥《おとしい》れるなど、かなりダーティーな方法で始末していたからです。

しかし、帝位に就いた彼は、いい意味で人々の期待を裏切ります。彼の治世は二年三カ月という短いものでしたが、その短い間に彼は、ポンペイの被災者の救済に奔走し、百日競技会を主催して人々を鼓舞しているのです。

ティトゥスの死は、そうした被災地の復興に尽くしていた八一年の夏のことでした。記録によれば、ティトゥスは高熱に苦しみ、その熱は冷たい泉に身を浸しても下がらなかったといいますから、マラリアだったと考えられています。ティトゥスの死を知った民衆は、まるで身内が亡くなったかのような悲しみようだったといいます。

しかし、後世の歴史家カシウス・ディオ（ディオ・カッシウス）は、ティトゥスの善政を素直には受け取らず「もっと長く統治していたなら、ティトゥスはあれほど立派でいられたのだ

ろうか、仮面はすべり落ちなかっただろうか」と述べています。

この言葉には、カリグラやネロの存在が影響しているのでしょう。実際、カリグラは半年、ネロは五年ですが、どちらも帝位に就いた当初は善政をしいていたからです。

ただ、カリグラが帝位に就いたのは二十四歳、ネロは十代の若さだったのに対し、ティトゥスが皇帝になったのは四十歳近くになってからのことです。しかも、それまでに人々に悪帝になるのではないかと噂されていたというのですから、善良なる皇帝になろうと努力していたと考えてもいいのではないかと思います。

ティトゥスが亡くなると、弟のドミティアヌスが帝位を継ぎます。

後世の歴史家の中には、ティトゥスの突然の死をドミティアヌスによる毒殺を疑う者や、病気だったとしても、熱を下げるという言い訳のもと雪を詰めた箱にティトゥスを入れて、その死期を早めたと言う者がいますが、わたしはこれは後世の人々の創作だと思っています。

しかし、後世の歴史家がそう思っても仕方がないほど、ドミティアヌスは悪帝になりました。

ローマには、五賢帝以前に三人の悪帝がいた、とよく言われます。その三人とは、愚帝カリグラと暴君ネロ、そして残虐なドミティアヌスの三人です。

ドミティアヌスという人はティベリウス帝をとても尊敬していたのですが、行政、あるいは軍事的な手腕においては、非常に高い才能を持っていました。

ティベリウスは、パンとサーカスを充分に施《ほどこ》さなかったり、在位期間の半分をローマを離れてカプリ島で過ごしたことから、同時代の人々の評判はすこぶる良くありません。性格が暗く、いつもしかめっ面をしていて、あまり人前に出てこないことも不評の原因のひとつでした。

ただ人によっては、ティベリウスを評価する人もいました。ティベリウスはアウグストゥスのような、言わば創業者ではなく二代目です。二代目には二代目ならではの苦労があります。二代目はうまくやって当たり前、少しでもへたなことをやると、すぐに初代と比べられて、「あいつはダメだ」と言われてしまいます。それに、二代目に求められるのは、新しいことをやるというよりも、初代アウグストゥスが築いたものを、より盤石にしていくという、どちらかというと目立たない地味な仕事です。

そういう意味ではわたしも、前章で述べたとおり、ティベリウスという人は、ローマ帝国を安定したところに持っていったのですから、能力のある立派な二代目皇帝だったと思っています。

おそらくドミティアヌスは、ティベリウスのそうした実務能力の高さを非常に高く評価し、尊敬し、自らも参考にしたいと思っていたのでしょう。ティベリウスに華々しさはありませんが、そんなティベリウスを尊敬したドミティアヌスも、おそらく性格的には、ティベリウスと同じく地味なところがあり、シンパシーを感じていたのかも知れません。

しかし、両者には決定的な違いがありました。ティベリウスは最後まで残虐な方には走らず、争いごとには目を瞑《つぶ》って、カプリ島に引き籠もります。そういう意味では、ティベリウスという人はいつも逃げ腰なのですが、ドミティアヌスの場合は攻撃的なところがあり、自分の意に染まない人間を、次々と処刑しているのです。

皇帝になったドミティアヌスは、綱紀粛正に着手し、貴族の男女を何人も姦通罪で処分したり、同性愛の疑いのある元老院議員や騎士身分の者たちを処分したりしています。なかでも彼の潔癖さを表しているのが、任期である三十年間は純潔を守らなければならないウェスタの巫女《みこ》が情交したことを、父帝も兄帝も見逃していたにもかかわらず、死刑という厳罰に処したことです。

父のウェスパシアヌスは、強欲と言われましたが、自らも質素な生活を送ったので民衆の反感を買うことはありませんでした。しかしドミティアヌスは、他人を厳しく罰しておきながら、こと自分に関しては甘いところがありました。

自分の妻ドミティアと有名な役者との情事が発覚したとき、皇妃は離婚した上で流罪に処し、相手の役者は公道で処刑したまではよかったのですが、その後、姪《めい》のユリア（ティトゥスの娘）と同棲状態になります。人々からそのことを非難されると、今度はドミティアを呼び戻して再婚してしまったのですから、民衆は反発しました。

また、ドミティアヌスは猜疑心が強く、陰謀や反乱に神経質になるあまり、元老院議員、騎士身分の者、宮廷役人と疑いを抱いた人を次々と処刑するという恐怖政治を展開していくことになりました。

恐怖で人々を縛ったドミティアヌスの治世の十五年目に当たる九六年九月、ドミティアヌスは暗殺されます。

最初にドミティアヌスを襲ったのは、侍従のパルテニウスでした。彼はあらかじめドミティアヌスがいつも枕の下に隠していた剣を抜き取った上で、寝室で二人きりになったところを襲いました。

ドミティアヌスの抵抗は凄まじく、相手の短剣をもぎ取ろうとしてずたずたに切り裂かれた指で、なおも暗殺者の両目をえぐり出そうとしたと伝えられています。そんな抵抗する皇帝にとどめを刺したのは、皇帝殺害の機会を狙っていた他の暗殺者たちでした。何人もの暗殺者に狙われるほど、ドミティアヌスは憎まれ、恐れられていたのです。

共和政か帝政か、ローマは紛糾する

ドミティアヌスという人は、本来は非常に細かいところに目配りが利《き》く、行政手腕にも軍事的手腕にも長《た》けた人物だったのだと思います。ただ、その神経の細かいところが、彼の場合は悪い方に出たと言わざるを得ません。

周囲の人たちからすれば、細かくてうるさいドミティアヌスは煩《わずら》わしい存在です。ですから彼の細かさや潔癖さが過ぎれば、反ドミティアヌス的な動きが出てくるのも当然の帰結でした。

不幸だったのは、ドミティアヌスが生来の神経の細やかさで、そうした自分に対する反感を敏感に感じ取ってしまったことです。暗殺の噂が出る度に彼の猜疑心は強くなり、いつ自分の命が奪われるかという恐怖の中で、「やらなければ自分が殺される」という強迫観念に駆られ、虐殺とも言うべき粛清を繰り返すことになったのです。

危険を感じていたドミティアヌスが、その心境を吐露した言葉が伝えられています。

「為政者とは哀れなものだ。暗殺されないかぎり、陰謀があったとは信じてもらえないのだから」

おそらく何度も身の危険を感じることがあったために、もともと神経質だったのが、ますます神経過敏になり、その結果、少しでも自分に対して反抗的な、あるいは反抗的な態度を見せなくても、何らかの言動が伝わってくると、すぐに処刑してしまうようになっていったのでしょう。明らかな悪循環です。

そもそも処刑されるような人は、そこら辺の一般市民ではありません。富豪の元老院議員などが多いわけですから、ますます反感を買い、最後は元老院そのものを敵に回し、ほとんど孤立無援に近い状態に陥ります。一説によれば、彼らに手を貸したのは復縁した皇妃ドミティアだったとも言われています。

ドミティアヌス暗殺の知らせが届いたとき、元老院は狂喜し、民衆は当然の結果と言わんばかりの冷静な反応だったといいます。ドミティアヌスの死を悲しんだのは、わずかに彼の配下の軍隊だけでした。

皇帝暗殺の犯人を追及する者はなく、そんなことよりも、これからのローマをいかに再建するのかの方が急務として話し合われました。

わずか百年の間に、カリグラ、ネロ、ドミティアヌスという三人の悪帝が出たこともあり、このときローマの人々の間には、やはりローマは共和政に戻した方がいいのではないかという空気が生まれていたのです。実際、元老院を中心に、帝政を廃止して共和政に戻すことが、かなり真剣に話し合われました。

しかし、最終的に「優れた人間を皇帝にすればいい」ということに落ち着き、これまでの皇帝とは全く異なる基準で、新たな皇帝が選ばれます。

血統でもなく、軍部による擁立でもなく、新たな皇帝は「人柄」、具体的に言えば、元老院からも軍隊からも好感を持たれそうな「優れた人」が選ばれました。

選ばれたのは、ネルウァ（三〇～九八／在位九六～九八）という元老院議員の中でも長老格の人物でした。

ネルウァという人は仁徳者でしたが、高齢な上に病弱で、実子もありませんでした。そのため、皇帝となった彼の最大の課題は、自分の後継者に誰を指名するか、ということでした。

第8章　五賢帝の時代――人類史上もっとも幸福な時代

ネルウァ――「誓いと選択」が秩序を回復させた

マルクス・コッケイウス・ネルウァが皇帝になったのは六十六歳のときでした。当時としては「老人」と言われる年齢ですが、家柄も人格も、実績も充分でした。

ネルウァは中部イタリアの都市ナルニアの出身で、家は共和政期から続く元老院議員貴族です。曾祖父は第二次三頭政治の一角を担《にな》ったマルクス・アントニウス配下の将軍で、祖父は二代皇帝ティベリウスの親しい友人でした。父親は法律家で、母親はユリウス・クラウディウス家の遠縁に当たり、母方の祖父は執政官（コンスル）に就いています。

ネルウァ自身も父と同じく法律家として代々の皇帝に仕え、ネロの時代には、ピソの反乱を阻止した功によって叙勲を受け、ウェスパシアヌスの時代には執政官に抜擢され、ドミティアヌスのときにも執政官を務めています。

ネロからドミティアヌスに至る混乱期に、皇帝の近くで役職に就きながら、誰からも糾弾されることなく生き抜いたことからも、ネルウァが賢くしたたかな人物であることがわかります。

カリグラ、ネロ、ドミティアヌスと短い間に三人もの悪帝が出たことで、やはりローマは共和政に戻すべきではないのか、という議論がなされていました。しかし、アウグストゥスやティベリウス、クラウディウスに、ウェスパシアヌス、ティトゥスといった賢帝が悪帝よりも数多くいたことも事実です。

共和政か帝政か、議論の末に元老院は人格者を選んだ上で帝政を選択します。ドミティアヌスの暗殺が成功したときには、すでに元老院の人選は決まっていました。なぜそう言い切れるのかというと、ネルウァはドミティアヌスが暗殺されたその日のうちに皇帝として元老院に承認されているからです。

高齢な人格者ネルウァに人々が求めたのは、もちろんドミティアヌスの恐怖政治からの解放ということもあったのですが、それ以上に、ネルウァの次も、できればまたその次も賢帝が続くような「後継者指名システム」の手本となるような後継者選びでした。

六十六歳で実子を持たないネルウァにとって、後継者の指名は急務でした。実際、ネルウァの治世はわずか一年四カ月という短いものでした。

その短い間に、ネルウァは賢い判断力と素早い行動で、内乱の芽を摘《つ》み、ローマの政情を安定させています。そのとき大きな役割を果たしたのが、彼の「殺さぬ誓い」でした。

ネルウァが皇帝になった直後、ドミティアヌスに反意を持っていた元老院議員らは、かつてドミティアヌスのもとで密告者として元老院議員を陥れた者たちを次々と暴き出し、ネルウァに処刑するよう求めました。

軍部ではなく、元老院によって擁立されたネルウァですが、彼はいたずらに元老院サイドにつくようなことはしませんでした。ネルウァは、自分の治世では、いかなる理由があっても元老院議員を処刑しないという「殺さぬ誓い」を掲げ、それまでの告発・処刑という流れを断ち切ったのです。これは、神皇アウグストゥスがカエサルから引き継いだ「クレメンティア」を意識してのことかも知れません。

しかし、元老院に権威を示しつつ、内乱を未然に防いだネルウァも、軍部の反乱には膝を屈してしまいます。先に、ドミティアヌスの死を悲しんだのはわずかな配下の軍隊だけだったと述べましたが、親衛隊がドミティアヌスを暗殺した首謀者を明らかにした上で処刑するよう求め、ネルウァを軟禁したのです。

元老院に対しては毅然とした態度で対したネルウァも、親衛隊には抗しきれませんでした。彼らの要求を受け入れたことでネルウァの皇帝としての権威は失墜しますが、彼自身にとっての急務でもあった「後継者選び」によって、この危機を脱します。

ネルウァが後継者に指名したのは、属州ゲルマニアの総督トラヤヌス（五三〜一一七／在位九八〜一一七）でした。トラヤヌスは軍部の支持を集めていたので、親衛隊もこの選択に満足し、反乱は鎮静化に向かいます。

これは、ネルウァが親衛隊に殺されないための選択だったと言われることもあるのですが、結果的には大正解でした。トラヤヌスのもとローマは、さらに版図を広げ、ローマ市民が平和と繁栄を謳歌する「パクス・ローマーナ／Pax Romana（ローマの平和）」と言われる時代をつくり上げていくことになるからです。

トラヤヌス――初めての属州出身の皇帝

トラヤヌスを養子に迎え、自らの後継者に指名したネルウァは、九八年に亡くなります。亡くなる前に彼は、「わたしは皇帝として何もしなかった。皇帝の職を辞し、身の安全を図って私人としての生活に戻ろうとしなかったこと以外は」と述べています。

しかし、トラヤヌスと同時代を生きた小プリニウス（ガイウス・プリニウス・カエキリウス・セクンドゥス）の言葉、「支配者の素晴らしさの証明は、彼が選んだ後継者がどのような資質を持っているかによってなされる」に従うなら、トラヤヌスを後継者としたという一点だけでも、彼は充分に賢帝と言われる資格があると言えます。それほどまでにトラヤヌスはローマにとって最善の皇帝となります。

仮にもし世界史にあって、最も人類が幸福であり、また繁栄した時期とはいつか、という選定を求められるならば、おそらくなんの躊躇もなく、ドミティアヌス帝の死からコンモドゥス帝の即位に至るこの一時期を挙げるのではなかろうか。広大なローマ帝国の全領土が、徳と知恵によって導かれた絶対権力の下で統治されていた。

（エドワード・ギボン『ローマ帝国衰亡史』）

「パクス・ロマーナ」という言葉は、十八世紀のイギリスの歴史家エドワード・ギボンが、ネルウァ帝からマルクス・アウレリウス帝までの五人の賢帝の時代を「最も人類が幸福な時代」と称したことから生まれた造語です。ちなみに、「パクス」とはローマ神話に登場する平和と秩序の女神のことです。

ネルウァはトラヤヌスを後継者にしたことでパクス・ロマーナのきっかけをつくり、トラヤヌスがパクス・ロマーナを築き上げ、後の三人の皇帝はパクス・ロマーナの維持に尽力したと言ってもいいでしょう。

パクス・ロマーナの立役者、マルクス・ウルピウス・トラヤヌスが生まれたのは、現在のスペイン南部、属州ヒスパニアのセビリア近郊、イタリカというところでした。つまり、トラヤヌスは、初めての属州出身のローマ皇帝なのです。

ただ、属州出身と言っても、先祖は中部イタリアのウルピウス家に属する貴族だと言われています。父親はティトゥスの時代に武功を挙げ、軍の幹部になった人物でした。

トラヤヌスも、その頃の軍人の息子の常として、青年になるとすぐに父のもとで軍務に就いています。軍人としての才能に恵まれていたのでしょう、トラヤヌスは二十二歳の若さで早くも軍団長補に取り立てられています。その後も順調に昇進し、三十八歳のとき（九一年）には執政官に選出されています。

ネルウァが皇帝になってまもなく、トラヤヌスは属州ゲルマニアの総督として着任していますが、ネルウァとトラヤヌスの間には何の親族関係もありません。

当時のゲルマニアは、ローマにとって国境の最前線でした。それだけにゲルマニアを任せる人物には軍人としての高い能力が求められました。若いときから軍事的功績を上げ、政界で出世していったトラヤヌスは、まさにゲルマニアを任せるのにうってつけの人物だったのです。

初代皇帝アウグストゥスの業績のひとつに、ローマの国境を明確にしたことがあります。ローマの北部はカエサルがガリアを征服したことでライン川が国境と定められていました。北東部はアウグストゥス自身がアルプス地方を征服し、バルカン半島の北部を平定したことでドナウ川を国境としました。アウグストゥスはこの国境線をエルベ川まで広げたいと思い、進軍を試みますが失敗、エルベ川を国境とすることを断念しています。

このときの手痛い失敗に懲りたのか、アウグストゥスは、亡くなるときティベリウスに、国境線を現在の「天然の国境」、つまりライン川にとどめておくように遺言しています。

ローマをこれ以上拡大させる必要はないというアウグストゥスの遺志は、クラウディウスがブリタニア（現在のイギリス）を併合したことで破られますが、北の国境線がライン川を越えることはありませんでした。その後も、もちろん国境線付近での戦争はあるのですが、どれもローマから見れば、バーバリアン（蛮族）がローマに侵入してくるのを防ぐための戦いであって、版図を広げるための戦争ではありませんでした。

ゲルマニアとローマとの国境は、天然の境界であるライン川で固定されてはいたのですが、常に隙があれば侵入してこようとする者が絶えず、国境付近はいつも騒々しかったのです。

最善の元首、プリンケプス・オプティムス・マクシムス

トラヤヌスは属州ゲルマニアの総督に任命された翌年、任地でネルウァから「養子に迎える」、つまり「自分の後継者に任命する」という意味の親書を受け取ります。

トラヤヌスは、ネルウァからの親書を受け取っても、すぐにローマに戻ろうとはしませんでした。ただ、ローマのネルウァが親衛隊の反乱に屈し、皇帝としての権威を失いかけていたのはわかっていました。そこでトラヤヌスは、特別の委任状を手渡すという口実で、反乱軍の指導者たちをゲルマニアに呼びつけ、来たところを処刑しています。

九八年一月にネルウァの訃報が届いても、トラヤヌスはまだローマに戻ろうとしませんでした。彼がローマに入ったのは、即位から一年半以上経った九九年晩夏のことです。

この間、トラヤヌスはライン川やドナウ川周辺に駐留している軍を訪れていました。ローマの最前線であるこれらの地域には、多くの軍隊が配備され、軍隊ではいまだにドミティアヌスに好意を寄せる者が多く残っていたからです。トラヤヌスは、将来この土地で起きるであろう戦いを見越し、軍部を掌握しておく必要を感じていたのだと思います。

トラヤヌスが軍部を掌握し、ローマに皇帝として戻ったとき、ローマ市民は大歓声で彼を迎えました。このときトラヤヌスは、馬を下りて歩いて街に入っています。そして、親しい人たちと次々と抱擁し、そのまま民衆の中にも入っていきました。背が高く、頑健な体格のトラヤヌスは皇帝としての威厳に満ちていました。にもかかわらず、謙虚で親しみやすい態度を示したことで、民衆の心はすっかりトラヤヌスに摑まれてしまいました。

トラヤヌスが「最善の元首／プリンケプス・オプティムス・マクシムス」と言われるのは、こうした民衆に見せた優しさが、決して見せかけのものではなかったからです。

トラヤヌスは民衆に非常に大きな慈愛（クレメンティア）を示しています。

そのひとつが、「アリメンタ」と呼ばれる貧しい子供のための育英基金の設立です。アリメンタは、もともとネルウァが考案したものですが、実施されたのはトラヤヌスの治世です。ローマでは以前から、富裕貴族が図書館を造るなど、個人的な教育援助は行われていましたが、アリメンタの設立以降、育英基金は法で定められた国家施策となり、その後約二百年にわたってローマで実施され続けることになります。

他にもトラヤヌスは、貧民を救済するために生活必需品を支給したり、泥でぬかるんだイタリアの道を舗装したり、川に橋を架けたりと、人々の生活がよりよくなるための施策を数多く行っています。

貧しい者、困っている者に慈愛を示したトラヤヌスは、民衆に楽しみを施すことも忘れませんでした。ローマ市民にとって欠くことのできない娯楽「サーカス」の提供です。特に、治世の中頃にあたる比較的平安な時期には、盛大な剣闘士興行を数多く開催しています。

トラヤヌスは内政面でも非常に優れた手腕を発揮しています。

先帝ネルウァの「殺さぬ誓い」を継承し、密告や匿名の告発を斥《しりぞ》け、元老院議員に対して敬意を持って接したので、軍部で圧倒的な人気を誇りましたが、元老院の支持が揺らぐことはありませんでした。

トラヤヌスに何かあるとしたら、大酒飲みだったことと、同性愛者だったことぐらいでしょう。これらに眉をひそめる人もいましたが、どれほど大酒を飲んでも乱れることはなく、美少年に手を出しても彼らの心を傷つけるようなことはなかったといいます。

「トラヤヌスは民衆には温情をいだき、元老院には威厳をもって臨んだ。それ故、誰もが彼を敬愛し、恐れる者などいなかった。敵以外には」

これは後世の歴史家カシウス・ディオの言葉ですが、まさにトラヤヌスはすべてのローマ人に愛された「最善の元首」なのです。

版図をローマ最大規模にする

軍部出身のトラヤヌスには、やはり大きな武勲を求める気持ちがあったのでしょう。彼はその治世に大きな三つの戦争をしています。

その三つのうちの二つはドナウ川の北岸に位置するダキア王国（現在のルーマニアのあたり）との戦いでした。

ダキアとローマは、ウェスパシアヌスの治世に条約を結び、互いに国境を守っていましたが、ドミティアヌスのとき、ダキアが一方的に条約を破り、侵攻して来ます。ドミティアヌスは親衛隊長コルネリウス・フスクスとともに応戦しますが、ダキアの猛攻に敗退、フスクスも戦死してしまいます。その後ドミティアヌスは、雪辱に燃えて次々と軍をダキアに送ります。雪辱戦に強いのはローマの常ですが、このときもローマは勝利を収め、最終的にダキアをローマの庇護《ひご》国家とするという条件で、講和に至ります。

しかし少し時間が経つと、ダキアはまたも講和を無視し、ローマ領への侵攻を繰り返すようになります。こうしたダキアに対し、一〇一年、トラヤヌスはついに大軍を擁《よう》して遠征に乗り出します。これが第一次ダキア戦争です。

翌年トラヤヌスはタパエの戦いでダキア軍に勝利し、ダキア王デケバルスは降伏します。この勝利によってローマは、ドナウ川下流の北方に広大な領土を得ています。このときローマ軍は、ドナウ川に幅一八メートル、二〇本の橋脚を持つ巨大な橋を架けています。

第一次ダキア戦争に勝利したトラヤヌスは、ローマで盛大な凱旋式を行い、元老院から「ダキウス」という称号を授与されています。

しかし一〇五年、ダキアはまたもやドナウ川を渡ってローマ領に侵入します。

トラヤヌスは再び親征し、今度はデケバルス王を容赦なく追撃し、自決に至らしめています。デケバルス王の首は切断され、ローマで晒《さら》されたといいます。この第二次ダキア戦争の勝利によって、広大なダキア王国全体がローマの属州になりました。

トラヤヌスの記念柱

トラヤヌス帝がダキアを征服したのを記念して建てた、パロス大理石のドーリス式円柱。

ちなみに、現在のルーマニア語は、東欧では珍しいラテン語系の言葉ですが、それは、ダキア戦争によってこの地域がローマの属州になったからなのです。ルーマニアという国名も、ローマ人の国を意味する「ローマニア」からきています。

ダキアを併合したトラヤヌスは、ローマに「トラヤヌスのフォルム／トラヤヌスの広場」を建設し、そこに高さ三八メートルにも及ぶ「トラヤヌスの記念柱」を建てています。

トラヤヌスの記念柱を含むトラヤヌスのフォルムを設計したのは、第一次ダキア戦争後にドナウ川に架けた見事な橋を設計したアポロドロスという設計家でした。

彼はこのほかにも大規模な公共浴場など、多くの素晴らしい建築を残しています。

特にトラヤヌスの記念柱は、二九個の円柱型の大理石を重ねて造られているのですが、柱の外側にはダキア戦争の様子がレリーフで精密に描かれ、内側には柱をくりぬくような形のらせん階段を施したとても珍しい構造をしています。台座部分の入り口から入り、中のらせん階段を上って行くと、塔の上部に設けられた展望台に出ることができるのですが、途中には明かり取りのスリットが施されているという、奇跡のような建造物なのです。

このトラヤヌスの記念柱が完成した翌年の一一四年、トラヤヌスは新たな遠征に旅立っています。次の目的地は、ローマの東の端、敵はパルティアでした。

パルティアとローマの間にはアルメニアという緩衝国があったのですが、パルティア王が、ローマによって王座に就いたアクシダレスを排斥し、自分の息のかかった人間をアルメニアの王座に据《す》えてしまったのです。

これに対しトラヤヌスは、アルメニアをローマに併合し、属州とすることでパルティアに対抗しました。トラヤヌスの進軍はアルメニアを併合しても止まらず、南下してメソポタミア全土をもローマのものにします。

こうしてローマは、トラヤヌスのもとその版図を最大規模に広げます。

しかし、この東方遠征の勝利は長くは続きませんでした。一一六年になるとメソポタミアでローマに対し、反乱が起き、一一七年には、さらに版図を広げようとして砂漠の街ハトラを攻めたトラヤヌスですが、失敗してしまいます。

トラヤヌスの健康に陰りが見え始めたのは、この頃からだと言われています。遠征先で体調を崩したトラヤヌスは、ローマへの帰還を決めますが、一一七年八月、ローマに戻る途中で息を引き取ります。享年六十四歳。二十年に及ぶ「プリンケプス・オプティムス・マクシムス」の治世はハドリアヌスに受け継がれていきます。

ハドリアヌス──疑惑の跡継ぎも属州の安定化に貢献する

トラヤヌスと妻プロティナの夫婦仲はきわめてむつまじいものでしたが、二人の間には子供はいませんでした。

実子のないトラヤヌスは、自らの死に際して、従兄弟の子供であるハドリアヌス（七六～一三八／在位一一七～一三八）を後継者に指名します。

プブリウス・アエリウス・トラヤヌス・ハドリアヌスは、トラヤヌスと同じイタリカの生まれだったらしい（あるいは、少なくとも父はイタリカ生まれです）。十歳のときに父が亡くなったため、ハドリアヌスはトラヤヌスの後見のもと成長しました。子供の頃から好奇心旺盛で利発なハドリアヌスは、当時、学芸の先進国であったギリシアに留学して、数学、医学、哲学などさまざまな学問を学んでいます。学問を好んだハドリアヌスは、音楽や芸術、文学などにも優れた才能を発揮しますが、軍人としてもそれなりの実績を積んでいます。

特にトラヤヌスの治世では、皇帝参謀官、ダキア戦争の軍団司令官、財務官などを歴任し、トラヤヌスが亡くなったときは属州シリアの総督に就いていました。

このようにトラヤヌスから信頼と評価を得ていたハドリアヌスが、後継者に指名されるのは不思議なことではないのですが、この指名には「疑惑」がつきまといました。

なぜなら、トラヤヌスが死の床で後継者を指名したとき、その場にいたのは妻のプロティナとトラヤヌスの筆頭先導吏《せんどうり》だけだったのに、その筆頭先導吏が急死してしまい、証言できるのはプロティナただ一人だったからです。さらに疑惑を深めたのが、トラヤヌスは、戦うことよりも文学や芸術を好むハドリアヌスより、ダキア戦争で活躍したルシウス・クィエトゥスを自分の後継者に考えていたはずだという巷《ちまた》の評判でした。

ハドリアヌス

拡張政策は採らず、「国防」と「属州秩序の安定」につくした。帝国各地を巡回した「旅する皇帝」と呼ばれた。左・カピトリーノ美術館、右・ローマ国立博物館。

しかし、真実がわからない以上、人々はプロティナの言葉を信じるしかありませんでした。

トラヤヌスからハドリアヌスへの皇位継承は、表向きはスムーズに行われますが、陰ではプロティナとハドリアヌスは愛人関係にあり、トラヤヌスが後継者を指名しないまま亡くなったので、プロティナが遺言を偽ってハドリアヌスを後継者にしたのではないかという噂がまことしやかに囁《ささや》かれていました。

当時ハドリアヌスは四十歳、背は高く眉目秀麗、見事なあごひげを蓄えていました。文学や芸術を愛したハドリアヌスですが、軍人の彼は武勇にも優れていました。つまり、プロティナが夢中になったとしても無理のない魅力を持った人物だったのです。

トラヤヌスの遺志だったのか、プロティナ

の企《たくら》みだったのか、真実はわかりませんが、ハドリアヌスは皇帝になり、その治世が必ずしも歓迎ムードの中でスタートを切ったわけではなかったことだけは事実です。

実際、ハドリアヌス即位の疑惑を一層大きなものにする出来事がありました。ハドリアヌスの即位に反発しそうな四人の元老院議員が、「ハドリアヌス打倒を企んだ」という理由で処刑されてしまったのです。このとき処刑された四人の元老院議員が、いずれも執政官経験者だったことから、この事件は「四執政官事件」と言われます。

事件が起きたとき、ハドリアヌスはシリアのアンティオキアに滞在していたため、事件の首謀者はハドリアヌスの後見人であったアッティアヌスだと考えられました。実際、ハドリアヌスは、ローマに戻るとすぐに元老院へ赴《おもむ》き、自分は事件には一切関わっていないと潔白を主張するとともに、ネルウァ、トラヤヌスと引き継がれた「殺さぬ誓い」を立てて元老院との関係修復に努めています。

しかし、誰が真犯人だったにせよ、四執政官事件が、彼の治世の始まりに影を差したことは事実でした。

不評だった皇帝の人気回復法

必ずしも順風満帆と言えない治世のスタートにおいて、ハドリアヌスは大きな決定をしています。それは、トラヤヌスが拡大した領土の一部を放棄する、というものでした。

このとき放棄したのは、アルメニアとメソポタミア、そしてアッシリアでした。

これらの地域は、ローマの属州にしたものの反乱が絶えない上、国境線が大きく広がったことで防衛費がかさみ、ローマの経済を圧迫していました。

ハドリアヌスは、このままでは経済破綻の危険性があると判断し、これらの地域から軍を撤退させたのでした。

この決断のおかげで、ローマの属州は安定し、国内の財政も回復していきます。

ですから、大局的な視点で見れば、このときのハドリアヌスの決断は正しい選択だったのですが、当初はトラヤヌスとともにせっかく苦労してこれらの領土を勝ち取った軍部からは反発され、民衆からも「ローマを没落させる者」と言われるほどの不評を買ってしまいます。

しかしその後のハドリアヌスは、貧しい元老院議員には財政面で援助するなど元老院議員に敬意を払うことで関係の改善を図り、市民にも皇帝就任の祝儀を惜しみなく配ったり、剣闘士興行など「サーカス」を盛大に行うことで、人気を回復させることに成功しています。

『ローマ皇帝群像』(京都大学学術出版会)のハドリアヌス伝には、次のようなエピソードが載っています。

ある日、ハドリアヌスが公共浴場を利用していたときのことです。

ふと見ると、見知った顔の退役軍人が浴場の壁に背中をこすりつけていました。当時、背中をこするのは奴隷の仕事だったので、ハドリアヌスは不思議に思い、「なぜそんなことをしているのか」と声を掛けます。

するとその男は、「自分は体をこすらせる奴隷を持っていないからだ」と答えました。

それを聞いたハドリアヌスは、この退役軍人に数人の奴隷を与えるだけでなく、その後も奴隷を持ち続けられるよう、奴隷を養う費用を贈ったのでした。

ハドリアヌスは、コロッセオや競技場の貴賓席によく姿を見せ、市民たちの反応を直《じか》に観察しましたが、公共浴場にもよく足を運び、民衆と一緒に入浴を楽しんだといいます。

面白いのは、このエピソードの後日談です。

しばらくしてハドリアヌスがまた公共浴場に行くと、今度は何人もの老人たちが壁に背中をこすりつけていたのです。

ハドリアヌスはすぐにその意味を理解しました。みんな前の退役軍人の話を聞きつけて、自分たちも皇帝の贈り物にあずかろうと期待して壁に背中をこすりつけていたのです。

ハドリアヌスは、どうしたと思いますか。

彼は、その老人たちに、お互いに体を磨き合うように命令を出して立ち去ったのです。なんとも機知に富んだハドリアヌスらしいエピソードです。

ハドリアヌスはその他にも、「彼はほとんどすべての街に何らかの建物を築き、公式競技会を開いた」と言われるほど民衆に多くの贈り物をしています。

パンテオン

ローマ市内のマルス広場に建造された神殿。ルネサンスを代表するイタリアの画家で建築家・ラファエロの墓もここにある。

中でも目を引いたのは、今も残る「パンテオン」の建設でしょう。「パンテオン」とは、万神殿《ばんしんでん》という意味で、ローマ人が信仰したさまざまな神を一堂に祭る神殿です。

もともとパンテオンは、アウグストゥスの腹心アグリッパが建てたものがあったのですが、火事で焼失していたため、ハドリアヌスが再建したのです。

しかしハドリアヌスは自らが再建したとは記さず、アグリッパに敬意を払い「M·AGRIPP·A·L·F·COS·TERTIUM·FECIT（ルキウスの息子マルクス・アグリッパが、三度目のコンスルのときに建造）」と刻んだ石板だけを掲げました。

もちろん当時の人は、パンテオンがハドリアヌスによって再建されたものであることを知っていましたが、時代が経つにつれてそのことを知る者がいなくなり、ついにはハドリアヌスが再建したことは忘れられてしまいました。

実は、あの壮麗なパンテオンがハドリアヌスによって造られたものであることが明らかになったのは、二十世紀になって、考古学的調査が行われてからのことなのです。

治世の半分を視察に費やす旅する皇帝

こうして即位後の三、四年間を内政に集中したハドリアヌスは、政情や自身に対する民衆の支持が安定したと判断すると、領内の視察に足繁く出かけるようになります。

ハドリアヌスは後世「旅する皇帝」と呼ばれますが、その治世の半分を属州の視察に費やしているのです。視察の表向きの理由は、「国防」と「属州秩序の安定」ですが、実際にはローマにあまり長くいたくなかったのかも知れません。

なぜなら、細心の注意を払って関係の修復を図ってはいたものの、元老院議員の中にはハドリアヌスに反感を持っている者がまだ数多くいたからです。

ローマを離れることで、彼らとの接触を避け、不要な衝突を回避するという目的もハドリアヌスの視察にはあったのかも知れません。

ハドリアヌスは、生来の旅行好きだったと言われていますが、彼の視察の多さは単なる旅好きでかたづけられるものではありません。彼はその治世の間に、帝国内を文字通りくまなく見て回っています。

一二〇年〜一二一年　ゲルマニア視察
一二一年〜一二二年　ブリタニア視察
一二二年　ヒスパニア視察
一二三年　小アジア視察
一二五年〜一二七年　ギリシア視察　―　シチリア経由でローマへ
一二八年　アフリカ視察／アテネ視察
一二九年　カリア、キリキア、カッパドキア、シリア視察
一三〇年　エジプト視察

皇帝自らが帝国内をくまなく回ったことで、帝国内の軍規は引き締まり、皇帝になってからは軍を率いて戦うことのなかったハドリアヌスですが、軍隊の忠誠を勝ち取ることにも成功しています。

戦争でもないのに、皇帝が属州にやってくるのは珍しいことなので、当然ながらハドリアヌスは属州各地で盛大な歓迎を受けました。皇帝の視察を記念した貨幣も属州各地で造られまし

た。これはたとえるなら、オリンピック記念硬貨が発行されるようなものです。

こうした各地で造られた記念貨幣は、現在「ハドリアヌス・シリーズ（ヘイドリアン・シリーズ）」と呼ばれるほど多くの種類が確認されています。

さらにハドリアヌスは、訪れたいろいろな土地でさまざまな建築物を残しています。

土地の人々が皇帝の訪問を記念して建てることもあれば、ハドリアヌスが資金を出して建てさせたものもあります。

たとえば、現在ギリシアのアテネに行くと、神殿など数多くの古代の建物を見ることができますが、その中にはギリシア古典期に建てられたものではなく、ハドリアヌスによって再建されたものがかなり含まれているのです。こうした一連の建築物は、「ハドリアヌス・ルネッサンス」と呼ばれ、各地で再評価が進んでいます。

ハドリアヌスが建てたものの中には、国防のための建築物もあります。中でも属州ブリタニアに築いた「ハドリアヌスの長城」には、彼の帝国を守ろうとする強い意思を見て取ることができます。

ハドリアヌスの長城は、イングランド北部に位置するローマの国境線上に建てられた長城です。この地域はローマに併合されて以来、常にケルト人の侵入に悩まされていました。ハドリアヌスは、そこに高さ五メートル、厚さ三メートル、総延長一一八キロの長城を築くことを決めます。完成までには十年の歳月を要しましたが、これによってブリタニアの国防負担は大きく軽減されています。

トラヤヌスの跡を継いだハドリアヌスは、トラヤヌスが目指した領土の拡大は受け継ぎませんでした。むしろ帝国の重荷となった領土は、潔《いさぎよ》く切り捨てています。

でも、そうすることで結果的にはローマ帝国の巨大な版図を守ったのです。

パンテオンを始め、数多くの壮麗な建築物を残したのと比べると、彼の軍事的な業績はとても地味に感じられます。

しかし、その治世の半分を費やし、帝国をくまなく巡り、属州の安定に努めたことは、帝国の維持という意味では巨大な業績と言えます。

ハドリアヌスの最期

古代ローマの浴場と日本の風呂文化という斬新な切り口で人気を博した、ヤマザキマリさんの漫画『テルマエ・ロマエ』を読んだことのある方ならわかると思いますが、この作品は、ハドリアヌスの治世を舞台にしています。

漫画の中に登場するハドリアヌスは、風呂と美少年アンティノオスをこよなく愛していますが、ハドリアヌスがアンティノオスを寵愛したのは事実です。

ハドリアヌスは、アンティノオスを一三〇年のエジプト視察にも同行させています。ところが、アンティノオスはそのエジプトで、ナイル川を航行中の船から転落して命を落とすという、不可解な死を遂げてしまいます。

これには当時から、事故だと言う人、奇っ怪な儀式の生け贄《いにえ》になったのだと言う人、自殺だと言う人もいて、さまざまな噂が飛び交いました。

中でもまことしやかに囁かれたのが、今はハドリアヌスに愛されているけれど、年を重ね容色が衰えていけばいずれ自分は捨てられるのではないか、と悩んだ末の自殺ではないのかという噂でした。

アンティノオスの死が事件なのか事故なのか、あるいは自殺なのか、その真実はわかりませんが、彼の死をハドリアヌスが深く悲しみ、彼が亡くなった場所に「アンティノオポリス」という街を造ったのは事実です。このアンティノオスの謎の死を皮切りに、さまざまな不幸がハドリアヌスの晩年を襲います。

最初に起きたのは、一三二年のユダヤの反乱でした。これは約二十年にわたるハドリアヌスの治世で起きた唯一の大戦です。

実はハドリアヌスは、かつての戦争（ユダヤ戦争／六六年〜七四年）で破壊されたままになっていたエルサレムの街を新しく造り替える計画を持っていました。その計画の中には、ユダヤ教徒の聖地であるソロモンの神殿の跡にユピテル神殿を建てるという案も含まれていたため、ユダヤ一神教であるユダヤ教徒が激しく反対したのでした。反乱は長引き、ハドリアヌス自身も現地に入り、ようやく一三五年に鎮圧します。

この戦争によって、ユダヤ人には五〇万人以上の犠牲が出たと言われていますが、おかげで今も「嘆きの壁」と呼ばれるソロモン神殿の西の壁は残っているのです。

次にハドリアヌスを悩ませたのは、体調の悪化でした。

六十歳を迎え、忍び寄る死の影を感じたハドリアヌスは、一三六年、後継者を指名します。自身が疑惑の残る後継者指名で苦しんだせいなのでしょう、ハドリアヌスはルキウス・ケイオニウス・コンモドゥスを養子に迎えると、三〇億セステルティウスという大金をご祝儀として配り、民衆に自分の後継者が決まったことを知らしめました。

ところが、コンモドゥスは一三六年には執政官に就任し、次期皇帝としての準備を順調に進めていたように見えたのですが、残念なことに、患っていた結核が悪化し、一三八年にハドリアヌスより先に亡くなってしまいます。

後継者に先立たれ、病気の悪化に自殺まで考えるほど苦しんだハドリアヌスは、新たに選んだ後継者アントニヌスに政権を譲ると、ローマを離れ、ナポリ近郊に位置するバイアエの別荘に移り、そこで亡くなっています。

最後に彼が詠《よ》んだとされる詩が伝わっています。

Animula, vagula, blandula

Hospes comesque corporis
Quae nunc abibis in loca
Pallidula, rigida, nudula,
Nec, ut soles, dabis iocos...

（訳）
小さな、さまよえる愛《いと》しき魂よ、
わが肉体に仮に宿りし親友よ、
汝《なんじ》は今や青ざめて凍りつく侘《わび》しき、あの場所へ、
戯《たわむ》れに心を躍らせた日々を思い出すこともなき、あの場所へ、
離れ去ろうとするのか。

アントニヌス・ピウス——賢帝の中の賢帝

ハドリアヌスの跡を継いだアントニヌス・ピウス（八六～一六一／在位一三八～一六一）の治世は、しばしば「歴史がない」と評されます。実際ピウスの治世は二十三年と、五賢帝の中で最も長いのですが、平和な時代と言われる五賢帝の時代の中でも、最も「事件」が少ないのです。

特筆すべき出来事がほとんどないため、アントニヌスの知名度は低いのですが、わたしは彼こそが五賢帝の中で最も優れた皇帝だったのではないか、と思っています。

なぜなら、何も事件が起きていないということは、それだけ内政も外交も安定していたということだからです。

アントニヌス・ピウスが生まれたのは、ローマの南方、約三〇キロのところにあるラヌウィウムというところでした。アントニヌスの祖父は執政官を二度務め、父は一度執政官になっています。幼い頃に父を亡くしたアントニヌスは、父方の祖父、次いで母方の祖母に育てられますが、その後、両方の財産を受け継いだことが、彼をローマでも有数の資産家にしました。

アントニヌス・ピウス

温厚篤実の皇帝。元老院から「ピウス」の称号が贈られた。

アントニヌス自身は、元老院議員を経て、財務官などの公職を経験した後、一二〇年に執政官になっています。その後、小アジア西部の属州アシアの総督を務め、帰国後、皇帝顧問団の一員となっています。

ハドリアヌスの養子に指名されたのは、アントニヌスが五十二歳のときでした。

実はこのとき、ハドリアヌスはアントニヌスを後継者にする条件をひとつ出しています。それは、マルクス・アンニウス・ウェルスとルキウス・ウェルスの二人をアントニヌスの養子にする、というものでした。

マルクス・アンニウス・ウェルス（後のマルクス・アウレリウス帝）は、アントニヌスの妻の兄の子供、つまり甥に当たる人物で、当時まだ十六歳でしたが、優秀な若者と評判でした。もう一人のルキウス・ウェルスは、ハドリアヌスが最初に後継者として公表したルキウス・ケイオニウス・コンモドゥスの遺児です。アントニヌスは、この条件を了承し、ハドリアヌスの後継者となったのでした。

皇帝になったアントニヌスは、ハドリアヌスの神格化を元老院に申し出ます。

当時、皇帝が代替わりすると、先帝を神格化するのが慣習となっていました。ところが、ハドリアヌスを嫌っていた元老院が、これを拒否してしまいます。

普通なら、これで元老院と皇帝が対立してしまうところですが、アントニヌスは次のような言葉で元老院に彼の希望を受け入れさせたと言われています。

「そうか、よろしい。ハドリアヌス帝が諸君の目から見て、心卑しく、敵意に満ち、公衆の敵となったのなら、わたしも諸君に指図は一切与えない。もしそうなら、諸君はすぐに彼の行為すべてを無効にするのだろうから。わたしの養子縁組もそのひとつだ」

彼の名が「ピウス（敬虔なる者）」という言葉とともに呼ばれるようになったのは、このことがきっかけだったと伝えられています。

この一件からもわかるように、アントニヌスは物腰は優しいのですが、必要なときには毅然とした態度で周囲の人々を従わせる強さも持っていました。

先帝ハドリアヌスが「旅する皇帝」であったのに対し、アントニヌスはその治世をずっとローマで過ごしています。国境付近の小競《こぜ》り合いもありましたが、彼はそうしたトラブルをすべてローマにいながら、属州総督に指示を出したり、将軍を派遣したりすることで治め、少なくとも大きな戦争に発展させることは一度もありませんでした。

アントニヌス・ピウスとは、どのような人物だったのでしょう。

アントニヌスの後継者となった、マルクス・アウレリウスは『自省録』の中で次のように語っています。

父からは、温和であることと、熟慮の結果いったん決断したことはゆるぎなく守り通すこと。いわゆる名誉に関して空しい虚栄心をいだかぬこと。労働を愛する心と根気強さ。公益のために忠言を呈する人びとに耳をかすこと。各人にあくまでも公平にその価値相応のものを分け与えること。いつ緊張し、いつ緊張を弛めるべきかを経験によって知ること。少年への恋愛を止めさせること。

彼は粗暴なところも、厚顔なところも、烈しいところもなく、いわゆる「汗みどろ」の状態になることもなかった。彼の行動はすべて一つ一つ別々に、いわば暇にまかせてというように、静かに、秩序正しく、力強く、終始一貫して考慮された。ソークラテースについて伝えられていることは彼にもあてはまるであろう。それは、大部分の人間が節するには弱すぎ、享楽するには耽溺しすぎるようなことを、彼は節することも享楽することもできた、という点である。いずれの場合においても強く忍耐深く節制を守ることは、完全な、不屈の魂を持った人間の特徴で、〔最後の病における彼は〕その例である。

（『自省録』マルクス・アウレーリウス著・神谷美恵子訳・岩波文庫）

マルクス・アウレリウスの言葉は、追従ではありません。実際にアントニヌスは慈愛に満ちた政策をいくつも行っています。

たとえば奴隷への虐待を禁じる法律を制定したり、即位三年目に妻を亡くすと、妻のファウスティナの遺産に自分の資産を加え、貧しい家庭の子供たちを支援する「ファウスティナ財団」を設立したりしています。

一六一年、アントニヌスは亡くなりますが、その死は彼の治世同様静かなものでした。

ある日、夕食でチーズを食べ過ぎ、翌日になって嘔吐と発熱。その翌日になって、病状が悪化したので、政権を養子であり、娘婿でもあるマルクス・アウレリウスに引き継ぎ、その後、眠るように静かに息を引き取ったと伝えられています。

皇帝付きの伝記作家は、アントニヌスの生涯を次のようにまとめています。

ほとんどすべてのローマの元首の中で、彼がただ一人、自分自身に関するかぎりは、市民や〔政〕敵の血〔を流すこと〕がまったくなく生涯を終えた。アントニヌスは、ヌマ王の幸運と敬虔さ、そして平穏と宗教的儀礼〔に対する尊敬〕を常に堅持したために、まさしくヌマに比されうるのである。

（『ローマ皇帝群像』）

一度の戦争もなく、浪費もしなかったおかげで、アントニヌスがマルクス・アウレリウスに帝位を譲ったとき、ローマの国庫には六億七六〇〇デナリウスという、それまで国庫に残された資産の最高額が遺されていました。

マルクス・アウレリウスが、先帝アントニヌスを神格化しようとしたとき、元老院に反対する議員は一人もいませんでした。

マルクス・アウレリウス——史上初の共同統治帝

アントニヌス・ピウスがハドリアヌスの後継者となったとき、十六歳のマルクス・アウレリウスと七歳のルキウス・ウェルスもアントニヌスの養子となりました。このときアントニヌスは五十二歳、当時としては老境に入っていたと言える年齢です。そのためマルクス・アウレリウスとルキウス・ウェルスの二人は、このときからアントニヌスのもとで、将来の皇帝候補として帝王学が叩き込まれました。

アントニヌスの平和な治世が終わり、マルクス・アウレリウス（一二一〜一八〇／在位一六一〜一八〇）が帝位に就いたとき、彼は四十歳を迎えようとしていました。

マルクスとウェルスの二人を養子にするよう命じたハドリアヌスは、二人の権利は同等としていましたが、二人を養育したアントニヌスは、二人の能力に差を感じていたようです。マルクスは十八歳のときに執政官になっていますが、ウェルスは二十四歳まで執政官になれませんでした。

さらにアントニヌスは、もともとウェルスと婚約していた実の娘ファウスティナをマルクスと結婚させています。そしてアントニヌスは亡くなるとき、後事をマルクスに託します。

しかしマルクスは、ハドリアヌスの遺志を尊重し、自分の娘ルキッラをウェルスと結婚させ、ともにローマを治めることを提案します。

マルクスは義弟のことをどう思っていたのでしょう。『自省録』にウェルスについて語っている部分があります。

弟として、私の弟のような者を持ったこと。彼はその性質により、私をして注意深く身を

省みるように刺戟し、同時に尊敬と愛情によって私をよろこばせてくれた。
（『自省録』マルクス・アウレーリウス著・神谷美恵子訳・岩波文庫）

この文章を読むかぎり、ウェルスは軽はずみな行動を取ることもあったけれど、マルクスとの兄弟仲は悪くなかったようです。ウェルスはマルクスの申し出を受け、ローマ史上初の共同統治がスタートしますが、あまり政治に関心を示しませんでした。

一六一年、マルクスとウェルスの共同統治は、スムーズなスタートを切りますが、拡張した帝国の最前線ではアントニヌスの死を待っていたかのように、問題が噴出します。

最初の問題は、アルメニアの管理権をめぐるパルティアとの戦いでした。マルクスは、討伐軍の指揮をウェルスに任せます。

ウェルスは、生来の明るい性格が兵士の心を摑み、見事にパルティアを制圧し、ローマに凱旋します。これを祝してローマでは、トラヤヌスの治世以来、約五十年ぶりの凱旋式が行われています。

帰還兵は東方からさまざまな戦利品を持ち帰りますが、その中には望まざる禍《わざわ》いの種も含まれていました。その禍いとは疫病です。疫病は瞬く間に帝国全土に広がり、特に人口が密集する都市部では多くの死者を出しました。

疫病は、その後も十年以上ローマの人々を苦しめ続けました。

このときの疫病が何だったのか、はっきりしたことはわかりませんが、ローマの人口の三分の一が失われたと言われています。

疫病に苦しめられている最中、北方の国境ドナウ川周辺では、ゲルマン人の侵略が頻発するようになります。

当初は、地元の司令官がゲルマン人の撃退に当たっていましたが、次第に侵略の勢いが勝《まさ》るようになり、ついに一六八年、マルクスとウェルス二人の皇帝が連れ立って北に向かうことになります。ところが、なんとか国境線の状態を沈静化させた帰り道、ウェルスが脳溢血であっけなく亡くなってしまったのです。

マルクスはウェルスをローマに連れて帰り、実の父コンモドゥスと養父アントニヌスの眠るハドリアヌス廟に安置しました。

ウェルスが亡くなった一六九年以降、マルクスは新たな共治帝を立てず、一人でローマを治めていきます。ローマ初の共同統治はこうして八年で終わりました。

プラトンの理想に合った哲人皇帝

ウェルスを葬った一六九年の年末、マルクスは再び北の国境へ向かいました。

ゲルマン人の侵入はこれまでに何度もありましたが、この時期に動きが激しくなった背景には、寒冷化という気候変動がありました。そこに、ローマで流行っていた疫病が広がったのです。彼らにとってこれは、少しでも環境のいいところへ移動するための戦いだったのです。

これからの五年間、マルクスは帝国の北の果てでゲルマン人との戦いに時間を費やすことになります。マルクスの『自省録』は、この北方戦線の陣中で綴られたものです。

「哲人皇帝」の異名で知られるマルクス・アウレリウスは、幼いときからどこか厳かな印象を与える子供だったといいます。早くから哲学に興味を持っていた彼は、乳母の手を離れると、すぐに哲学者に預けられました。ますます哲学にのめり込んだマルクスは、ギリシアの哲学者を真似て、粗末なマントをまとい地べたに寝るようになりますが、母親に懇願されて、しぶしぶベットで寝るようになったというのですから、かなりの入れ込みようです。

ここで、なぜ哲学が、地べたに寝たり『自省録』を書いたりすることに繋がるのか、という疑問を感じられた方もいると思いますので、当時の哲学について少し解説をします。

日本人がギリシア哲学と聞いて真っ先に思い出すのは、ソクラテス、プラトン、アリストテレスといった人々でしょう。それは、前六世紀頃から始まった知の営みとしてのギリシアの哲学が、前五〜四世紀のソクラテス、プラトン、アリストテレスの登場によって頂点に達したからなのです。

前五〜四世紀に頂点に達したギリシア哲学は、その後、変転の一途を辿ります。そうした時代のギリシア哲学を代表するのがエピクロス派とストア派で、マルクス・アウレリウスはストア哲学の徒でした。

よくエピクロス派は快楽主義、ストア派は禁欲主義と言われますが、実際にはそう簡単な話ではありません。エピクロス派は確かに快適な生活を目指しましたが、快楽を貪《むさぼ》ったわけではなく、暴飲暴食を戒《いまし》めるなど、むしろ禁欲的なのです。

では、なぜ快楽主義と呼ばれたのかというと、エピクロス派は、公職や公務を徹底して嫌ったからなのです。エピクロス派の人々が理想としたのは、自分と自分の周りの親しい友人たち、つまり家族や友人たちと楽しい生活を送ることだったからです。公務を嫌ったのは、公職には責任が伴うので、そんなものを引き受けてしまったら、責任を果たすために個人としての幸せが阻害されてしまうと考えたからです。

一方ストア派は、日々の生活においてはエピクロス派と同じように禁欲的なのですが、公務についてはある程度は就くべきだと考えます。きちんと公務を果たし、その中で「オーティウム（暇）」をつくって、そこで自分のしたいことをするのがいい、というのがストア派の考えです。

実は、ヘレニズム期からローマの帝政期の数世紀間、古代地中海世界の人々の心は、エピクロス派かストア派か、どちらかの考え方に魅了されていたのです。

ローマ人はどちらが多かったのかというと、実はストア派でした。

帝政期のローマ人というと、「パンとサーカス」を享受している姿や、ポンペイの壁画に見られるような宴会の風景などから、エピクロス派のイメージがあるかも知れませんが、エピクロス派はあまり流行りませんでした。

共和政期と比べると、父祖の遺風や名誉に対する思いというのは薄くはなっていましたが、ローマ人にとって公職に就くのは、依然として名誉なことだったからです。

公務をきちんとこなした上で、自分のオーティウムを大事にするべきだというストア派の思想は、ローマ人の価値観に合っていたのだと思います。

マルクス・アウレリウスの治世は、平和を謳歌した五賢帝の時代に分類されますが、実際には、疫病の流行や異民族の侵入に脅《おびや》かされ、気候変動によって洪水や飢饉にも悩まされる厳しい時代でした。

アントニヌスの時代には安定していた帝国の管理体制も、矢継ぎ早に問題が起きたことで破綻しかけ、人々が生きることへの不安を感じるようになった時代でもあるのです。

このような時代には、人心は超自然的なパワーを持つとされる宗教に惹《ひ》かれるようになります。ローマでも、それまでの「禍いが起きないように」という信仰から、イシス、ミトラス、バッカスなど「個人の救済」を説く密儀宗教が民衆の心を捉えるようになっていました。

マルクス・アウレリウスが皇帝として君臨したのは、公務に価値を見出すストア派的思想がベースにあるものの、一方では個人救済への欲求が強まるという、そういう空気に支配されていた時代だったのです。

幼い頃から哲学を学んだストア派の哲人皇帝は、北の国境線で、昼は異民族と戦いながら、夜には兵舎の灯火のもとで一人、皇帝としての責任とは何か、神々と人間の関わりについて、さらに、宇宙の理性と人の生き方など、実にさまざまなことをストア派の伝統に基づいて書き続けました。それをまとめたのが『自省録』なのです。

『自省録』は当時の教養語であるギリシア語で書かれていますが、それは人に見せることを前提として書かれたものではないと考えられています。おそらくマルクスは、自分の治世になった途端に次々と襲いかかってきた困難に、皇帝として立ち向かいながらも、哲学者として「書く」ことで、ともすると不安になる自分の精神に内省と自制を維持したのだと思います。

その姿は、まさに「哲人皇帝」と呼ばれるにふさわしい高潔さに満ちています。

かつてプラトンは、ギリシアの民主主義に絶望し、最も望ましいのは優れた哲学者が皇帝になる「賢者の独裁」だと主張しました。

こうしたプラトンの考え方に基づけば、マルクス・アウレリウスは、まさに理想的な皇帝と言えると思います。

もしも、マルクス・アウレリウスが、もう少し早く、アントニヌス・ピウスの時代に皇帝になっていれば、彼は本当によき皇帝として幸せな一生を送ったことでしょう。そういう意味では、彼は時代に恵まれなかったと言えます。しかし、時代に恵まれなかったからこそ、彼の思索はより深くなり、『自省録』という素晴らしい内省の記録が生まれたのです。

自己を深く内省した哲人皇帝も、過ちを犯します。

一つは、出来の悪い自分の息子を後継者に選んだことでした。ネルウァからマルクス・アウレリウスまで賢帝が五人も続いたのは、血縁の有無にこだわらず、優れた人物かどうかで後継者を選んだからでした。そして、それができたのは、幸か不幸か皇帝に選ばれた人に実の息子がいなかったか、いたとしても早世してしまったからでした。

マルクス・アウレリウス

五賢帝の最後の皇帝。ストア哲学の学識に長け、「哲人皇帝」といわれた。

マルクスは、妻ファウスティナとの間に一四人の子供を授かっています。しかし、当時の常として、幼児期を越せたのは半分以下の六人だけ、その六人の子供の中で唯一の男子がコンモドゥスでした。

哲人皇帝もやはり人の子です。ただ一人生き残った男の子であるコンモドゥスがかわいかったのでしょう。マルクスは幼いコンモドゥスを後継者と見なし、自分がそうであったように帝王学を学ばせますが、残念なことにコンモドゥスは父親に似ず、粗暴な大食漢に育ってしまいます。

それでも親の欲目なのでしょうか、マルクスはコンモドゥスを「旭将軍」と呼び、一七五年に属州シリアの総督カシウスが起こした反乱を平定するときにも、息子を伴っています。

シリアの反乱を平定した後も北部の戦争は終わらず、一七八年、マルクスはコンモドゥスを伴って、再び国境ドナウ川に向かいます。

そして一八〇年、マルクスは重い病に倒れます。おそらく体調はそのだいぶ前から悪かったのでしょう。倒れたときはすでに手の施しようがなく、一週間ほど床についただけで亡くなっています。

皇帝自身が実の息子コンモドゥスを後継者に指名していた以上、コンモドゥスが帝位に就くのは当然の結果でした。そのときコンモドゥス(一六一～一九二/在位一八〇～一九二)は十八歳。若いとは言え、彼は皇帝になると、いともあっさりと敵に代償金を支払い、北方戦線から撤退してしまいます。こうして父マルクスがその生涯をかけて守り抜こうと奮闘してきた国境線の属州は放棄されてしまったのです。

これは、威信を重んじるローマの人々にとって、苦々しいことであると同時に、来たるべき新皇帝の治世に不安を感じさせる最初の出来事でした。

第9章　失われたローマの秩序

ローマ史上最悪の皇帝コンモドゥス

マルクス・アウレリウスとコンモドゥスは、実の親子だけあって、とてもよく似ています。いつだったか、若いときのマルクス・アウレリウスの像を見たとき、コンモドゥスの像だと勘違いしたことがあるほど似ているのです。

しかし、似ていたのは容姿だけで、二人の中身は全く違いました。

困難な時代にあって、自らを律し、帝国のために皇帝としての責務を精一杯尽くした哲人皇帝マルクスの子コンモドゥスは、今では「ローマの史上最悪の皇帝」という不名誉な称号で呼ばれています。

皇帝になったコンモドゥスが、お金を支払って北方戦線を放棄し、人々の不評を買ったのは、すでにお話ししたとおりです。

代償金を支払って戦争を収めること自体は、過去に例がないわけではありませんが、コンモドゥスは文人肌の父を弱腰だと批判していただけに、言っていたこととやることが違うという悪印象を人々に与えてしまったのです。

ローマに帰還したコンモドゥスは、政務を側近に任せ、自分は後宮に籠もりひたすら遊びほうけるようになります。しかも、ふさわしい人を選んで政治を任せたりするのではなく、コンモドゥスの個人的な好き嫌いで、自分のそばに置きたい人間を置くということをしてしまったので、政治が腐敗するのは当然の帰結でした。

彼らは気にくわない元老院議員を次々と処刑し、その財産を没収しては私腹を肥やしました。それでもコンモドゥスが彼らを放っておいたのは、彼らがコンモドゥスに遊ぶのに充分な資金を回していたからでした。しかし、そんな専横が長く続くわけもなく、反乱が勃発、自らの命の危機を感じたコンモドゥスは側近を処刑して切り抜けます。

コンモドゥスが自分のことを神話の英雄ヘラクレスの化身だと言い放ち、奇行が本格化していくのはこの頃からです。

自分はヘラクレスの化身だと自称するようになったコンモドゥスは、公式の場にまでライオンの毛皮をかぶり、棍棒を手に持って現れるようになったばかりか、剣闘士として自ら競技場で戦うようになっていきます。

それまで皇帝が、主催する競技大会を貴賓席で観戦することはよくありましたが、皇帝自らが剣闘士として参加するなど、前代未聞のことでした。

一九二年の十一月に開催された競技会の記録によれば、コンモドゥスは、ライオンの毛皮に棍棒というお気に入りの格好で登場し、トラや象、カバやダチョウなどさまざまな野獣や家畜を殺しまくった後、剣闘士を相手に戦ったといいます。

獣はともかく、剣闘士たちはどれだけまともに戦えたのかというと疑問です。剣闘士は基本的に身分の低い奴隷や捕虜たちなので、皇帝相手に剣を向けることができなかった可能性もあるのです。実際、その信憑性は定かではありませんが、コンモドゥスは無抵抗で立ち尽くす剣闘士たちを次々と剣で突き殺したと伝える史料もあります。

ただ、コンモドゥスが強い剣闘士であった可能性もあります。なぜなら、彼は左利きで、そのことを誇りにしていたからです。剣闘士の多くが右利きであったため、左利きの剣

コンモドゥス

帝国を混乱に陥れた暗愚の皇帝として有名。ヘラクレスの化身だと自称した。

闘士は、それだけで圧倒的に有利でした。このことは、ポンペイの落書きからも明らかになっています。

コンモドゥスが強い剣闘士であったか否《いな》かはともかく、皇帝の権威を失墜させる奇行の数々と身勝手な粛清は、彼を暗殺へと追いやりました。

一九二年十二月三十一日、親衛隊長のクィントゥス・アエリウス・ラエトゥスと皇帝の愛人マルキアが、コンモドゥス殺害の陰謀を決行します。

当初の計画は毒殺でした。計画通りマルキアがコンモドゥスに毒を盛りますが、苦しみはするもののなかなか死にません。焦った二人は、いつもコンモドゥスの訓練の相手をしていたナルキッソスという若者に、コンモドゥスを絞め殺させています。

コンモドゥス暗殺の知らせが元老院に届くと、彼らは遺骸を鉤で引きずり回し、テヴェレ川に投げ込むよう求めます。しかし、彼の遺骸は、次の皇帝となるペルティナクスによって、ハドリアヌスの霊廟に移され、かろうじて罪人の恥辱を免《まぬか》れます。

マルクス・アウレリウスの死から、十二年後のことです。

競売にかけられた皇帝の位

コンモドゥス暗殺の黒幕である元老院は、当時、首都長官の地位にあったペルティナクス

（一二六～一九三／在位一九三年一月～同三月）を皇帝に据え、混乱の回復を目指しました。

ペルティナクスは解放奴隷の子供でしたが、非常に優秀な人物でした。血統ではなく、その才能を買われて皇帝の座に就いたペルティナクスでしたが、財政や秩序の回復を急ぐあまり、親衛隊と元老院の反感を買い、わずか三カ月で親衛隊によって暗殺されてしまいます。

ペルティナクスを暗殺したものの、親衛隊にこれといった後継者候補がいたわけではありませんでした。そこで彼らは、とんでもない行動に出ます。なんと、皇帝の位を「公開競売」にかけたのです。もう少し具体的に言うと、自分たち親衛隊に最も多くの賄賂を贈った者を皇帝として擁立する、としたのです。

この競売によって皇帝の座に就いたのが、金貸し業で儲けていた資産家のディディウス・ユリアヌス（一三三～一九三／在位一九三年三月～同六月）という人物でした。

しかしユリアヌスが皇帝になって間もなく、属州パンノニアの総督セプティミウス・セウェルス（一四六～二一一／在位一九三～二一一）が、ドナウ川流域に駐屯していた軍によって皇帝に擁立されると、ローマに進軍してきました。ユリアヌスは対抗しようとしますが、一九三年六月、元老院はユリアヌスを処刑し、セプティミウス・セウェルスを新たな皇帝として迎え入れることを決めます。お金で皇帝の座を買ったユリアヌスの在位期間は、わずか六十六日でした。

十八世紀の啓蒙思想家モンテスキューは、この一連の出来事を次のような言葉で語っています。

「ネルウァの英知、トラヤヌスの栄光、ハドリアヌスの勇気、両アントニヌスの美徳は、兵士たちに自尊心を与えた。しかし、新しい怪物どもが彼らに代わって登場したとき、軍事政権の弊害は、その極端にまでおよんだ。そして、帝国を売り物にした兵士たちは、皇帝たちを暗殺して、その後の帝権に新しい値段をつけた」

（モンテスキュー『ローマ人盛衰原因論』）

セプティミウス・セウェルスは、北アフリカ沿岸のレプキス・マグナの出身ですが、そこは、かつてフェニキア人が植民したカルタゴの勢力下にあった地です。

ですから彼は、純粋のローマ人ではないことはもちろん、インド・ヨーロピアン系ですらなかったと考えられます。おそらく、彼はセム語系で、母国語はフェニキア語（ポエニ語）だったのでしょう、彼の使うラテン語は、かなりのアフリカ訛りがあったと言われています。

トラヤヌスもハドリアヌスもイベリア半島の出身でしたから、当時はすでに、皇帝はイタリア人でなければならないということはありませんでした。北アフリカの出身でも皇帝になれたのですが、セプティミウス・セウェルスが、これまでの属州出身の皇帝と大きく違っていたのは、彼がインド・ヨーロピアン系ですらなかった、ということです。

そういう意味では、彼の皇帝即位は、ローマにとって大きなターニングポイントだったと言えます。

これは余談ですが、アウグストゥスが初代皇帝になってから、異民族であるセプティミウス・セウェルスが皇帝になるまでの期間が二百二十年。面白いことにこれは、アメリカの初代大統領ワシントンから、アフリカにルーツを持つバラク・オバマ氏が大統領になるまでの期間と同じなのです。民族の壁を乗り越えるには、それぐらいの年月がかかるということなのかも知れません。

「ローマ人の帝国」からまさに「ローマ帝国」へ

やはり出自のせいなのでしょう、セプティミウス・セウェルスは、ローマ的伝統とか、ローマの高貴な家柄などといったものに一切こだわることなく、次々と徹底した改革を断行していきます。

たとえば、それまでイタリア人に限られていた親衛隊の入隊資格を、属州出身者に開放したり、それまで厳然としてあった軍隊内の身分差別を撤廃し、家柄や出身地、身分に関係なく実力さえあれば、高級武官に出世できるようにしています。

彼にとっては、帝国内のすべての地域が平等でした。東も西も、北も南も関係ない。イタリア的なものを特にありがたがるということもない。そういう意味では、ローマは彼の治世において「空前の民主化、均等化」が生じたのです。これは、彼によってローマが、「ローマ人の帝国」から「ローマ帝国」になったということです。

こうした民主化、均等化は、現代の感覚で言うと素晴らしいことのように思いますが、問題がなかったわけではありません。なぜなら、広い帝国全土において均等な価値を認めたことによって、皇帝権力の基盤がどこにあるのかということがあやふやになってしまったからです。その結果、「権力ではなく権威を以《もっ》て治めよ」というローマの伝統は失われ、露骨な権力、つまり「軍事力」が皇帝権力の基盤になってしまいます。

実際、皇帝になったセプティミウス・セウェルスは、露骨に軍隊を重視するようになります。これまでも何人もの皇帝が軍隊によって擁立され、元老院がそれを追認するという形で誕生していますが、セプティミウス・セウェルス以降、皇帝権力は結局のところ軍隊によって支えられているのだ、ということが誰の目にも明白な事実として映ることになりました。これによって元老院の権威は失墜、それを象徴するかのように、セプティミウス・セウェルスの治世には、多くの元老院議員が処刑されています。

とは言え、セプティミウス・セウェルスという人自体は暴君ではなかったので、彼の時代は、単に軍人を重用したり軍人の待遇を改善したりする風潮ができたというだけに止《とど》まり、それほど大きな問題は生じていません。

しかし、これは少し先の話ですが、彼が軍隊を皇帝権力の拠り所とし、軍人を重用したことが、後の「軍人皇帝時代」と言われる混乱の時代を生み出す遠因になったということは言えるでしょう。

先のことはともかく、この時点では、セプティミウス・セウェルスは、皇帝と固い絆で結ばれた軍隊を大いに活用し、ローマの混乱に付け入り領土を広げようとしていたパルティアを平定し、ローマ帝国の威信を回復させることに成功しています。

その後、セプティミウス・セウェルスは、念願だったスコットランド併合を目指してブリタニアに遠征しますが、その目的を果たせないまま、治世十八年目の二一一年二月、エボラクム(現在のヨーク)で亡くなります。

セプティミウス・セウェルスは、死の床についたとき、少し前から共治帝となっていた二人の息子、カラカラとゲタを枕元に呼び、次のように遺言しました。

「心を合わせよ。兵士を富ませ、ほかは気にするな」

享年六十五歳、五賢帝最後の皇帝マルクス・アウレリウス以来三十年振りの皇帝の自然死でした。

ローマ帝国の「完成」という不幸

父セプティミウス・セウェルスは、いまわの際に「兄弟で心を合わせよ」と遺言していますが、長男のカラカラ（一八八～二一七／在位一九八～二一七）はこの言葉に従いませんでした。

ちなみに、カラカラという名は本名ではありません。彼が「カラカラ（フード付き外套）」を好んで着ていたことからつけられたニックネームです。彼の本名はセウェルス・アントニヌス。どちらも同名の先帝がいるので、本書では多くの人に馴染みのあるカラカラという名前で統一します。

さて、カラカラが父の遺言に従わなかったのには、彼なりの理由がありました。もちろん、弟を嫌っていたということもあるのですが、どうもセプティミウス・セウェルスは、もともとカラカラ一人を後継者とすることを考えていたらしいのです。しかし、土壇場になって二人の母親である皇后ユリア・ドムナが、弟のゲタ（一八九～二一一／在位二〇九～二一一）にも兄と同じく後継者の資格があるはずだと主張し、その結果が「兄弟で心を合わせよ」という遺言になったらしいのです。

本来なら自分ひとりのものだったはずの帝位を、もともと仲のよくなかった弟と分け合うことになったカラカラは、二一一年十二月二十六日、ついに母ユリアの目の前で、自ら弟を刺し殺してしまいます。兄弟による共同統治は、こうしてわずか十カ月で終わりを告げます。

皇帝による共治帝殺し、しかもその共治帝は実の弟です。カラカラも自分のしたことが周囲からどのような目で見られるかよくわかっていました。身の危険を感じたカラカラは、親衛隊を賄賂で味方に引き入れ、元老院に対しては、弟が先に自分を殺そうとしたのでやむを得ずと、正当防衛を主張します。

当然のことですが、こうしたカラカラの言い分が素直に認められるはずもなく、カラカラは自分の身の安全を守るため、弟ゲタを支持していた人々を、元老院議員はもちろん、親衛隊長や属州総督、ゲタの友人、そして一般の兵士や宮廷の召使いに至るまで次々と、裁判にすらかけずに処刑していきました。こうした粛清はゲタと直接関係を持っていた人々に止まらず、ゲタの死に涙したというだけで多くの一般市民が殺されました。この徹底した粛清によって処刑された人数は、二万人に及んだと伝えられています。

記憶の断罪

セプティミウス・セウェルスの家族を描いた絵。兄カラカラによる「記憶の断罪」で弟ゲタの顔が削り取られた。ゲタの事蹟や名前は消し去られた。

さらにカラカラは、ゲタの存在をすべての記録から抹消します。

これをローマ史では「ダムナティオ・メモリアエ」、つまり「記憶の断罪」と言います。公式記録や碑文はもちろん、絵画などからもその存在を消してしまうのです。

その事実を如実に見ることができるのが、フォロ・ロマーノに残るセプティミウス・セウェルスの凱旋門です。

この凱旋門には、セプティミウス・セウェルスの業績が書いてあるのですが、その中にはカラカラはもちろんゲタについての記録も刻まれていました。

ところがカラカラは、ゲタがセプティミウス・セウェルスの子供だったという記録すら、消してしまっているのです。消すと言っても、ただそこに刻まれた言葉を空白にするのではありません。うまく別の言葉を持ってくるなどして、文章を上書きしてつじつまを合わせているのですが、専門家が見れば、それが消して書き直したものであることは明白にわかってしまいます。

カラカラは徹底して、ゲタの存在そのものを、人の心からも歴史からも、消そうとしたということです。

カラカラは性格が悪く、厳酷な父親よりもいっそう残酷であった。大食漢で、大酒のみでもあった。身内に憎まれ、近衛兵を除いてあらゆる兵士たちに非常に嫌われていた。兄弟の間で似たところがまったくなかった。

（『ローマ皇帝群像』）

「弟と心を合わせよ」という遺言には従わなかったカラカラも、もう一つの遺言「兵士を富ませよ」は忠実に実行しています。

実際カラカラは、それまで年額五〇〇デナリウス（約一〇〇万円）だった兵士の俸給を、一気に七五〇デナリウス（約一五〇万円）に引き上げています。その資金はどこから出たのかというと、父が残した莫大な資産です。

カラカラは、この父から受け継いだ莫大な資産を、軍事費の他にも、広場や神殿、巨大な浴場などを次々と建てることで、文字通り湯水のように浪費します。

彼の建てた建築物で最も有名なカラカラ浴場は、今もその遺構を見ることができますが、レンガとローマンコンクリートを使ったその建物の規模の大きさには息を呑むしかありません。

ローマ市にカラカラは多くの建物を残したが、なかでも自身の名をつけた浴場は格別であった。建築家たちは、そのサンダル形をした部屋を、模倣して当時のままに復元することはできないと言っている。というのも、青銅と銅でできた格子があり、それがアーチ型の天井全体を支えていたといわれているからである。その空間も相当広く、技術者もそれをそのまま作ることは無理だと言うほどである。

（『ローマ皇帝群像』）

民衆は豪華な公共施設を喜びましたが、カラカラの相次ぐ浪費によって、父が残した莫大な資産は瞬く間に底をつき、ローマはかつてないほどの財政難に陥ります。

この危機を打開するためにカラカラが行ったのが、「アントニヌス勅法」(二一二年)と呼ばれるものです。

これは、ごく簡単に言えば、帝国内のすべての自由人にローマ市民権を与えるという法令です。父セプティミウス・セウェルスが、帝国を「ローマ人の帝国」から「ローマ帝国」につくり替えていたことが、この法令の前提にあることは言うまでもないでしょう。

すべての自由人にローマ市民権を与え、ローマ市民にしたということは、カラカラのアントニヌス勅法によって、ローマ帝国が「世界帝国として完成した」ということです。

しかし、ローマ市民権は、限られた者にしか与えられないものだったからこそ特権としての価値があったのであって、すべての人に与えられれば、それはもはや特権ではありません。

しかも、属州の自由人にとっては素直に喜べない事情もありました。

というのも、ローマ市民には、属州の自由人には課せられていなかった相続税が義務づけられていたからです。カラカラが財政建て直しの秘策としてこの勅法を出したのは、相続税課税者を増やし、税収をアップさせるという目的があってのことだったのです。

ですから、アントニヌス勅法は、一見すると、ローマが平等を実現して理想的な世界帝国になったように見えるのですが、その現実は、理想とはかけ離れており、民衆にさらなる負担を課すものだったのです。

父の遺言に従い、兵士を優遇したカラカラは、軍隊には好かれましたが、元老院議員からも民衆からも憎まれ、最後はやはり暗殺されてしまいます。

二一七年、治世十九年目のことでした。

しかもその最期は、お腹を壊し、用を足そうとしたところを、カラカラに恨《うら》みを持つ親衛隊によって剣でひと突きされるという、皇帝としてはとても惨《みじ》めなものでした。

ネロも霞む皇帝エラガバルスと軍人皇帝時代の予兆

暗殺されたとき二十九歳だったカラカラは、子供もなく、後継者も指名していませんでした。その結果、カラカラ暗殺の首謀者と目《もく》される親衛隊長マクリヌス（一六五～二一八／在位二一七～二一八）が、カラカラの死を嘆く振りをして、皇帝の座に就きます。

しかし、その在位期間はわずか一年、ガリア軍によって擁立された十四歳の少年エラガバルスとの戦いで戦死してしまいます。

こうして皇帝になったエラガバルス（二〇四～二二二／在位二一八～二二二）は、カラカラの落胤を称していましたが、実際にはカラカラの母、ユリア・ドムナの妹の孫に当たる人物であったようです。

セプティミウス・セウェルスの妻ユリア・ドムナは、シリアの司祭長の娘で、賢母の誉れ高い人でした。そのため、カラカラの後継者を模索する人々が、エラガバルスを担《かつ》ぎ上げたのだと思われます。

ところが、これが大失敗でした。

暴君・愚帝・悪帝の知名度比べでは、エラガバルスはネロに負けますが、その内容については、おそらくネロも霞んでしまうほどひどい評価を受けています。

十四歳という年齢で、皇帝の座に就いたエラガバルスは、初めてローマにやってきたときから、その奇怪な身なりで人々を驚かせています。

紫の絹衣は金糸で縫いとられ、真珠の首飾りとエメラルドの腕輪をつけ、頭には宝石をちりばめた黄金の冠をかぶっていたのです。その上、唇には紅が塗られ、眉は墨で描かれていたというのですから、ローマの人々には「女装した皇帝」にしか見えませんでした。

女性の装いを好んだエラガバルスは、女性と正式な結婚を三度も行っているのですが、その間も含め、常に同性愛の噂が絶えませんでした。それも、ハドリアヌスが美少年アンティノオスを寵愛したというような微笑ましいものではありません。極めつけの男あさりをしているのです。何しろ、娼婦になりすまして男の客をとることもあったといいますし、自らの務めであるローマの統治も疎《おろそ》かにしたというのですから、皇帝として尋常ではありません。エラガバルスがいつまでも皇帝として君臨できるわけがありませんでした。

国内に反乱と暴動が相次ぐようになった二二二年、エラガバルスは母とともに親衛隊の手によって首を切られます。遺体は裸にされ、ローマの街を引きずり回されたあげく、最後はテヴェレ川に投げ込まれました。これは、有罪が決まった罪人に対する仕打ちと同じです。

後世の歴史家は、「もしカリグラやネロのような前例すらなければ、エラガバルスがローマ皇帝であったという事実さえも文字に記す気にはならなかっただろう」と書いていますが、まさに、偉大なるローマ皇帝の権威は彼によって見る影もなくなったと言っていいでしょう。

エラガバルスの死によって、その前年にカエサル（副帝）になっていた、エラガバルスの従弟アレクサンデル・セウェルス（二〇八〜二三五／在位二二二〜二三五）が帝位に就くことになります。

しかし、アレクサンデルは当時まだ十三歳、穏やかで物静かな少年皇帝は、何もかも母親の言いなりでした。

幸いだったのは、母親のママエアが、周囲の意見を聞く耳を持っていたことです。結果的に顧問に良識ある元老院議員を迎え、その意見を取り入れました。それによって、エラガバルスによって混乱したローマの秩序は回復に向かうかのように見えました。

アレクサンデルにとって不幸だったのは、再び国境周辺が騒がしくなり、属州シリアにペルシアが侵入してきたり、ゲルマン人の侵攻が相次ぎ、戦いを余儀なくされたことでした。

二三一年、アレクサンデルは出陣し、かろうじてペルシア軍を退却させたものの、その後の北部戦線で、和平交渉に走る傾向が目立ったことから、軍から臆病で軟弱な皇帝だと誹《そし》りを受けることになります。

コンモドゥスの治世から約五十年間、優遇され続けてきた軍部には、かつてのローマ軍に見られた厳しい軍規はもはやありませんでした。少しのことで兵はすぐに反乱を起こし、誰もそれを治める力を持っていなかったのです。

この時代、軍隊の支持を失うことは、政権の基盤を失うことと同義でした。

軍隊の支持を失ったアレクサンデルは、その当然の帰結として、二三五年、暗殺されます。きっかけは、戦費削減のために兵士の給与を削減するらしいという噂が流れたことでした。享年二十六歳、十三年間の統治でした。

アレクサンデルの死によって、セプティミウス・セウェルスから続いたセウェルス朝は終わりを告げ、ローマは、各地の軍隊がそれぞれ勝手に自分たちの大将を皇帝に擁立する混迷の「軍人皇帝時代」に突入していきます。

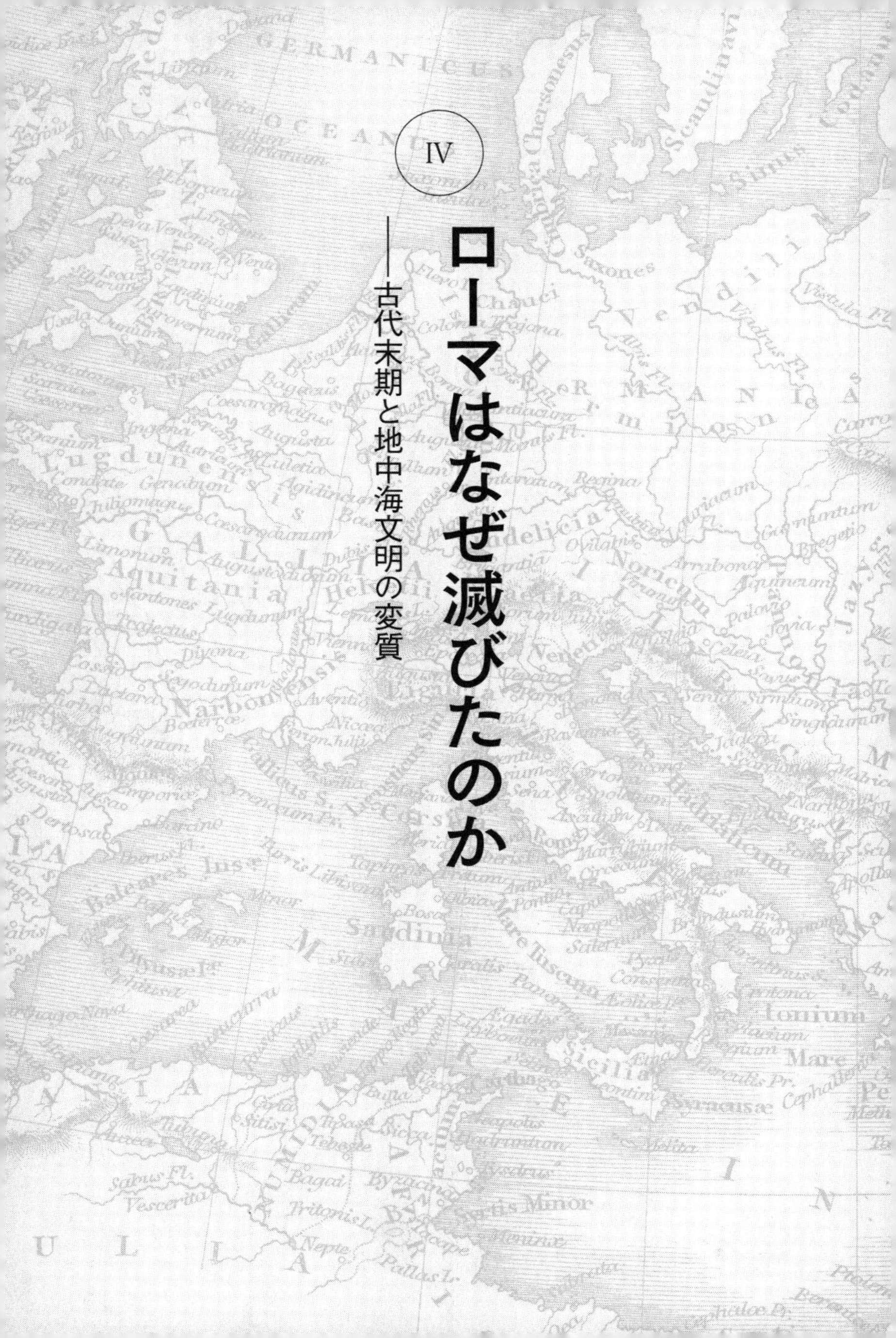

IV ローマはなぜ滅びたのか

――古代末期と地中海文明の変質

第10章　軍人皇帝時代と三世紀の危機

「衰退・滅亡の時代」ではなく、「変革の時代」へ

われわれが学んできた世界史の一般的な時代区分は、「原始→古代→中世→近世→近代→現代」というものです。

誰もが知っている時代区分ですが、何を以《もっ》て時代を区分しているのかと聞かれると、即答できる人は少ないのではないでしょうか。世界史という大きなくくりの中で時代のターニングポイントを見出すのは、実は簡単なことではないのです。

これが日本史なら、古代から中世へのターニングポイントは荘園公領制の成立というように、ある程度明確な出来事をピンポイントで指摘することができますが、世界史は範囲が広いだけにその分岐点はどうしても曖昧なものになります。

そうした世界史研究の現場で最近注目を集めているのが、ローマ帝国の終末期を、これまでのように「衰退・滅亡の時代」と捉《とら》えるのではなく、古代から中世へと時代が大きく変化する「変革の時代」として、その意味を捉え直す「古代末期論」です。

これは、古代と中世の分岐点を一点に絞るのではなく、「古代末期」という変化の時代として捉える、というものです。

古代末期の範囲は研究者によっていろいろで、確定されたものではありません。最大範囲では、ローマの五賢帝時代（二世紀）から、イスラム帝国成立（八世紀）にまで及びます。

この時代のローマ史はこれまで、ギボンの『ローマ帝国衰亡史』の影響もあって、混乱と衰退、分裂と滅亡、といったネガティブな言葉で説明されてきました。

しかし、すでに第Ⅲ部で述べてきたように、そうした混乱と衰退の中にも、民主化や均等化、改革など新たな時代の萌芽を見出すことができます。

本書では、ローマの歴史を単に「誕生→拡大→成熟→衰退」という一つの国家の盛衰として捉えるだけでなく、ローマ史を西洋世界の源流に位置づけることで、ローマが世界に与えた影響の大きさと意味を読み取っていただきたいと思っています。

特にこの第Ⅳ部では、ローマの終末期を、西洋世界における古代から中世への変革期として捉え、新たな視点にも言及していきたいと思います。

時代区分というのは、後世の人間が過去を振り返って、ある意味「無理矢理に」区分したものです。

その時代を生きていた人々にとっては、昨日までが古代で今日からは中世というように、区別できるものではありません。過去として振り返ったとき、混乱や衰退の時代としか見えない世界でも、今のわたしたちがそうであるように、当時の人たちにとっては常に未来という希望があり、そこに向かって努力する人々の生活があったということを知っていただきたいと思います。

軍人皇帝時代——なぜ、皇帝がバルカン半島に集中するのか

二三五年にアレクサンデル・セウェルスが暗殺された後、ローマは約五十年間に七〇人もの皇帝が乱立する「軍人皇帝時代」を迎えます。なぜ軍人皇帝時代と言うのかというと、この時期に擁立された皇帝のほとんどが軍人だったからです。

七〇という数に驚かれた方もいると思いますが、この中には、元老院が認めた正式な皇帝の他、軍隊が勝手に擁立したものの元老院が認めていない「僭称帝《せんしょうてい》」も数多く含まれています。七〇人のうち正式な皇帝は二六人だけ、平均在位期間は三年未満、その中の二四人が暗殺または戦死しているという激動の時代です。

後の歴史家は、この期間を「三世紀の危機」と呼んでいます。

●軍人皇帝一覧（元老院より認められた正式な皇帝）

皇帝名	在位	備考
マクシミヌス・トラクス	235—238	トラキアかモエシアで生まれる。親衛隊に殺される。
ゴルディアヌス1世 ゴルディアヌス2世	238 238	出生地は不明。カルタゴで自殺。 出生地は不明。カルタゴの攻防戦で戦死。
バルビヌス プピエヌス・マクシムス	238 238	出生地は不明。ローマで親衛隊に殺される。 出生地は不明。ローマで親衛隊に殺される。
ゴルディアヌス3世	238—244	ローマで生まれる。メソポタミアで殺される。
フィリップス・アラブス	244—249	シリア西南部のフィリッポポリスで生まれる。マケドニアで戦死。息子と共治帝。
デキウス	249—251	バルカン半島のシルミウム近くのブダリアで生まれる。モエシアでゴート人と戦って死亡。息子と共治帝。
トレボニアヌス・ガッルス	251—253	ペルージアで生まれる。インテラムで配下の兵士たちに殺される。ホスティリアヌスおよび息子と共治帝。
アエミリウス・アエミリアヌス	253	アフリカのジェルバ島で生まれる。スパラト近くで配下の兵士たちに殺される。
ウァレリアヌス ガリエヌス	253—260? 253—268	出生地は不明。ペルシア軍に捕らえられた後、死亡。 出生地は不明。ミラノ郊外で側近に殺される。息子と共治帝。
クラウディウス2世	268—270	イリュリクムで生まれる。シルミウムで疫病により死亡。
クィンティルス	270	出生地は不明。アクイレイアで自殺。
アウレリアヌス	270—275	モエシアで生まれる。遠征途中に親衛隊に殺される。
タキトゥス	275—276	ドナウ川沿いの属州で生まれる。カッパドキアのテュアナで殺される。
フロリアヌス	276	出生地は不明。タルソスで配下の兵士たちに殺される。
プロブス	276—282	シルミウムで生まれる。シルミウム近郊で親衛隊に殺される。
カルス	282—283	ガリアのナルボで生まれる。クテシフォン近郊で落雷によって死亡(?)。
カリヌス ヌメリアヌス	283—285 283—284	出生地は不明。側近に殺される。 出生地は不明。ニコメディアで殺される(?)。

ガリア帝国皇帝5人をのぞく

（網掛け）は共治帝

初代アウグストゥスから、西ローマ帝国最後の皇帝ロムルス・アウグストゥルスまでの間の、正式なローマ皇帝は全部で七七人。わたしたちは、ローマ皇帝なのだからみなイタリア人が多いだろうと漠然と思っていますが、実はローマ皇帝の出身地で最も多いのはバルカン半島なのです。

バルカン半島とは、ヨーロッパ南部に位置し、地中海に突出する半島です。その北限はドナウ川流域とされていますが、明確な線引きはありません。

バルカン半島出身のローマ皇帝の総数は二四人、なんと全体の三〇%を占めているのです。しかも、その二四人のほとんどが、これからお話しする「軍人皇帝時代」(三世紀の後半)に集中しているのです。軍隊に擁立された彼らのほとんどが下層民の出身でした。本人は違っていたとしても、父親あるいは祖父まで遡《さかのぼ》れば、下層民の出身者であるというのが、バルカン半島出身の皇帝に共通する一つの特徴なのです。

それにしても、なぜこの時期にバルカン半島出身の皇帝がこれほどまで集中して現れることになったのでしょう。

その最大の理由は、そこにローマ帝国の最前線である「北方戦線」と「東方戦線」があり、多くの軍隊が派遣されていたからです。この時代のローマは、東はパルティア、北はゲルマン民族など、外敵の侵入に加え、ガリアなど属州の反乱に悩まされ、軍隊の重要性が非常に高まっていた時代です。

古代世界では、軍隊が集まる場所は、同時に経済的な活況が生じる場所でもありました。これを「古代経済の政治依存性」と言います。現在でも軍隊の駐屯地には「基地の町」が生まれると言われますが、古代においては軍隊の存在と経済的発展が、今とは比較にならないほど密接な関係にあったのです。

政治上重要で、軍隊を数多く派遣した場所は、経済も発展し、活況を呈する。経済が盛んになれば人も集まり、さらに政治的な力を持つようになる、ということです。そして人が集まれば、兵士の補充も現地での徴募が普通になっていきます。

防衛費の増大に加え、コンモドゥスの頃から始まった軍人の優遇は、カラカラの時代には皇帝権力の基盤と言えるまでの力を持つようになり、その結果、エラガバルスやアレクサンデルの頃には、軍隊の支持を得られない皇帝はいとも簡単に殺されるまでになっていたのです。

軍人皇帝の始まり——粗野な皇帝マクシミヌス・トラクス

アレクサンデルを殺して、皇帝の位に就いたマクシミヌス・トラクス（一七三〜二三八／在位二三五〜二三八）も、バルカン半島の端に位置するトラキア（その西方のモエシアという説もある）の貧しい農家の出でした。トラキアというのは、現在のブルガリアに当たる地域です。

マクシミヌスは、二メートルをはるかに超す筋骨隆々たる巨漢で、素晴らしい軍事的才能を持っていました。ゲルマン人、ダキア人、サルマタイ人と次々に戦い、すべてにおいて勝利を手にしています。

しかし、ローマの知識人たちは、田舎育ちの粗野なマクシミヌスを「野蛮人」と呼び、元老院は正式な皇帝と認めたものの、莫大な軍資金を求められ、苦々しく思っていました。

マクシミヌスにしても、ローマに対する憧れも祖国意識も全く持ち合わせていなかったのでしょう。三年間の治世の間、一度もローマを訪れていません。軍営生活を好み、まるで戦場を愛するかの如く、ひたすら戦い続けたのです。

そんな彼の首を絞めたのは、度重なる戦争による戦費の増大でした。貧しい者たちから絞り上げるだけでは到底足りず、負担は富裕層に及びました。中でも属州の富裕層の負担は大きく、特に北アフリカで不満は増大しました。

当時の北アフリカは緑豊かな、ローマの属州の中でも比較的豊かな土地でした。今の国名で言うと、リビア、チュニジア、アルジェリアの辺りですが、あまりにも財政負担が多くなったことで不満が鬱積し、二三八年、反乱が勃発。そのとき属州総督だったゴルディアヌス一世（一五九〜二三八／在位二三八）を皇帝に押し立て、マクシミヌスに対抗しようとします。

ゴルディアヌス一世は典型的なローマ人で、執政官（コンスル）を経験したこともある元老院議員だったので、元老院は喜んで彼の即位を承認します。

しかし、このときゴルディアヌスはすでに八十歳の老人でした。本人も一人では不安だったのでしょう、四十六歳の息子ゴルディアヌス二世（一九二～二三八／在位二三八）を自分と同じ「アウグストゥス（正帝）」に立てて、軍事行動を任せます。

ところがこの息子は、あっけなく戦死してしまいます。息子の訃報を聞いたゴルディアヌスは、悲観して自ら命を絶ってしまいます。

こうしてゴルディアヌス親子の共同統治はわずか二十日間で幕を閉じます。ゴルディアヌス一世の自害に慌てたのは、マクシミヌスを承認しておきながら、元老院好みのゴルディアヌス一世が現れた途端、彼を廃して嬉々としてゴルディアヌス一世の即位を認めた元老院でした。

もしマクシミヌスが軍を率いてローマにやって来たら、今度は自分たちが粛清されてしまいます。この危機を脱するために、元老院は急遽、元老院議員の中からバルビヌス（一六五頃～二三八／在位二三八）とプピエヌス（一七八頃～二三八／在位二三八）の二人を立てて、共治帝として対抗したのです。

共治帝としたのは、それが共和政時代からのローマのスタイルだったからです。共和政時代、最高権力者だった執政官が二人とされたのは、もちろん独裁を防ぐためなのですが、軍事行動を起こすとき、一人が軍を指揮し、もう一人がローマに残り、内政に当たるためでもあったのです。

元老院は、このローマ伝統のスタイルで、マクシミヌスを迎撃することにしたのです。

ところが、その頃マクシミヌスの軍勢は、長く続いた戦争に嫌気がさしていました。しかも今度の相手は同朋同士の勢力争いのようなものです。そして二三八年四月、マクシミヌスは配下のイタリア人師団と、ローマからやって来た親衛隊によって暗殺されてしまいます。

二人の皇帝バルビヌスとプピエヌスは、こうして戦わずして、勝利を手にします。

共通の敵を失った二人は、次第に反目し合うようになりますが、それも長くは続きませんでした。なぜなら、元老院が勝手に選んだこの二人の皇帝に仕えることを、親衛隊は承認していなかったからです。結局、この二人もマクシミヌスが殺された翌月、親衛隊によって殺されてしまいます。元老院が自分たちの中から選んだ皇帝二人の治世は、九十九日間で終わったのでした。

ローマ建国千年祭を開催したアラブ出身の皇帝

マクシミヌス、バルビヌス、プピエヌス、と三人の皇帝を立て続けに殺した親衛隊が皇帝に選んだのは、亡きゴルディアヌス一世の孫、ゴルディアヌス三世（二二五～二四四／在位二三八～二四四）でした。

当時十三歳だったゴルディアヌス三世は、戦死したゴルディアヌス二世の子ではなく、ゴルディアヌス一世の娘の子でした。皇帝と言ってもまだ十三歳ですから、当然その任を果たせるはずもなく、政務は側近が運営することになります。

ここで一つ断っておかなければならないことがあります。それは、これ以降の軍人皇帝のエピソードは、信憑性が低い史料に頼らざるを得ない、ということです。政権が安定しない上、数多くの皇帝（僭称帝を含む）が次々と乱立したことで、怪しげな伝承が史料の中に紛《まぎ》れ込み、同じ皇帝の伝記でも、異なる話が書かれているものもあるのです。しかし、そうしたあやふやさこそが、この時代の無秩序さを物語るものだと言えます。ですから、ここからは、正確な史実と言うよりは、軍人皇帝時代の混迷と大きな流れを読み取っていただけば幸いです。

ゴルディアヌス三世の治世は、実直な義父が親衛隊長をしてくれていたうちはよかったのですが、義父が亡くなり、その後任に、アラブ系のフィリップス・アラブス（二〇四頃～二四九／在位二四四～二四九）という人物が就いたことで雲行きが変わります。

フィリップスは、シリア西南部の小さな街に生まれ、一兵卒から親衛隊長にまでのし上がった叩き上げでした。フィリップスは、若い皇帝の無能ぶりを兵士たちにアピールし、兵士たちの支持を得たところでゴルディアヌス三世を殺しました。殺されたとき、ゴルディアヌス三世は、まだ十九歳でした。

二四四年、皇帝になったフィリップスは、交戦中だったササン朝ペルシアと急いで和議を結ぶとローマに向かいました。

彼にしてみれば、今は戦争をするより、ローマに戻って政権を安定させることが先だと思ったのでしょう。ペルシアとの戦況が膠着《こうちゃく》状態になっていたことも、彼をローマに向かわせた理由のひとつだと思います。

それでも、皇帝が講和を急いだり、そのために代償金を支払ったりすることを兵士たちが嫌うことを、叩き上げのフィリップスはよく知っていました。そこで彼は、ローマに向かう途中、ドナウ遠征を成功させ、ローマに「凱旋」するという形をとっています。

このとき、フィリップスがローマ帰国を急いだ理由がもう一つあります。

それは、二四八年がローマ建国からちょうど一〇〇〇年に当たる記念の年だったからです。実際、フィリップスは二四八年四月二十一日から二十三日にかけて、「ローマ建国千年祭」を盛大に挙行しています。

しかし、ローマの都で建国千年祭が華々しく行われていたちょうどその頃、ドナウ川沿いの国境で反乱が起きます。直接の原因はゲルマン系のゴート人が領内に侵攻していたことですが、そもそもアラブ系の皇帝に対する不満がたまっていたことが、混乱をより大きなものにしたと考えられています。

フィリップスは、ゴート人の侵入に対処するため、元老院議員で人望も厚かったデキウスに軍団を預け、ドナウ軍のもとに派遣します。

デキウスは見事ゴート人を撃退しますが、フィリップスにはそれが禍《わざわ》いしました。軍が敵に勝利したデキウスを皇帝に擁立し、ローマを目指して進軍してきたのです。これはデキウスに野心があったということではなく、気乗りしないデキウスを軍が無理矢理祭り上げた即位だったようです。

フィリップスはこれを迎え撃とうとしますが、戦闘の最中、戦死してしまいます。

内憂外患の嵐に苦しんだ皇帝たち

デキウス（二〇一～二五一／在位二四九～二五一）はバルカン半島出身でしたが、元老院議員であり、二三二年には執政官になり、その後はモエシア及び下ゲルマニア、ヒスパニアのタラコネンシスなどの属州総督を歴任し、フィリップス・アブラスの治世にはローマの首都長官を務めていたという、軍からも元老院からも信頼の厚い人物でした。

ですから世が世なら、彼はかなり立派な皇帝になっていたのではないかと思います。

彼はローマの伝統的な神々に対する信仰を、かなり積極的に掘り起こそうとしています。しかし、それは同時にローマの神々を認めないキリスト教徒の弾圧に繋がることにもなりました。

後世の歴史家は、しばしばデキウスを「悪帝」と評することがあるのですが、これは彼がキリスト教を弾圧したことが関係していると考えられます。

実際デキウスは、軍事力だけの皇帝ではなく、内政秩序や人々の信仰心の回復などにも真面目に取り組んでいます。さらに彼は、短い治世の間に、アウンティヌスの丘に浴場を建設したり、落雷被害に遭ったコロッセオの修復なども行っています。

軍からも元老院からも、そして民衆からも信頼されたデキウスですが、天は彼に味方しませんでした。再び侵入してきたゴート人との戦いの中で、彼は敵の罠にはまり、息子ともども戦死してしまうのです。

デキウスの治世はたった二年という短いものでした。歴史に「もし」は禁物ですが、内部での信頼が厚かった人だけに、長生きしていれば賢帝となり、三世紀の危機の様相も、もう少し違ったものになっていたのではないかと思ってしまいます。

デキウスの短い治世の間にも、二人の僭称帝が帝位簒奪《さんだつ》を計り、殺されています。次々と現れては消えていくという状態を民衆はどのような思いで受け止めていたのでしょう。もしかしたら、民衆にとっては誰が皇帝でも、どうでもよかったのかも知れません。

そう言えば、日本の首相もここ最近は安倍晋三氏が続いていますが、その前の十年間はめまぐるしく変わっているため、正確にその順番と名前を答えられる人は少ないのではないでしょうか。ローマの民衆の意識も、その程度のものだったのかも知れません。

デキウスが亡くなった後、ローマ軍は新皇帝にガッルス（二〇六頃～二五三／在位二五一～二五三）を擁立します。ガッルスは、イタリア中部のペルージア生まれの元老院議員で、執政官の経験もある人物でした。彼はローマに残っていたデキウスの遺児ホスティリアヌス（二三〇頃～二五一／在位二五一）を養子に迎え、共治帝とします。

新帝となったガッルスはローマに戻るためにゴート人と講和を結びますが、奪われた物資もローマ人の捕虜もそのままゴート人の所有を認め、さらに毎年ローマがゴート人に貢税を送るという、その内容はローマにとってかなり不利なものでした。

そこまでしてようやくローマに戻ったガッルスを待っていたのは、疫病の蔓延でした。共治帝としたホスティリアヌスもこの疫病にかかり亡くなってしまいます。

国内が乱れると、ここぞとばかりに外敵が押し寄せてくるのがこの時代の常です。北からはゲルマン民族、東からはササン朝ペルシア、講和を結んだはずのゴート人も条約を無視して攻め込んできます。

そのとき、和平協定を無視して進入してきたゴート人を斥《しりぞ》けたのが、ドナウ川流域の属州総督だったアエミリアヌス（二〇七～二五三／在位二五三）でした。ゴート人を撃退し勢いに乗った兵士たちは、アエミリアヌスを皇帝に擁立し、ローマに攻め上ります。

アエミリアヌスの軍の勢いに恐れをなしたガッルス軍は、戦う前にガッルスを殺し、恭順の意を示しました。

しかしこのアエミリアヌスも、皇帝と呼ばれたのはわずか三カ月、ガッルスの忠実な部下だったウァレリアヌスの軍がローマに迫ると、やはり戦火を交える前に配下の兵士たちによって殺されてしまったのでした。

父ヴァレリアヌスの恥辱、息子ガリエヌスの改革

二五三年、ヴァレリアヌス（?～二六〇?／在位二五三～二六〇?）は速やかに正式な皇帝として承認され、ほぼ同時に長男ガリエヌス（二一八～二六八／在位二五三～二六八）も共治帝として認められます。

ヴァレリアヌスはこのとき六十歳くらいと高齢でしたが、ローマの旧家の中でも名門の出であり、執政官の経験を持っていたため、元老院からは、まさに皇帝にふさわしい人物と見なされていました。

息子を共治帝にしたヴァレリアヌスは、自分は帝国の東部を担当し、西部は息子に任せるという形で統治をスタートさせます。このように広大な帝国を東西に分けて二人で統治するというやり方は、この後、当たり前のものとなっていきます。

ヴァレリアヌスが担当した東部では、ササン朝ペルシアの圧力を受けたパルティアが常に不穏な動きをしていました。

ペルシアやパルティアといった東方の異民族は、騎兵戦術がローマ軍より遥かに優れていました。中でも走る馬に乗ったまま後ろ向きに弓を射る技術は、「パルティアンショット」と呼ばれ、ローマ軍に恐れられました。何しろ、普通は追うものと追われるものであれば、圧倒的

シャープール１世に跪くウァレリアヌス

ローマ帝国がササン朝に敗れて皇帝が捕虜となった。馬上のシャープール１世（右）に命乞いするウァレリアヌス帝（左）が描かれている。

に追うものが有利なのですが、この場合は追われる側が後ろ向きに弓を射るのですから、追う側が真正面から飛んでくる矢に襲われることになります。向かってくる矢に突っ込んでいく形になるので、とてもではありませんが、よけることなどできません。

しかもそんな手強いペルシア軍相手に戦闘状態が長引いたことで、陣営の衛生状態は悪化、伝染病が流行り、兵士が次々と命を落とし、戦力が低下するという悪循環に陥ります。

こうして戦力が低下していた最中、ウァレリアヌスが敵の罠にはまって捕まってしまいます。これは伝説なのでどこまで史実かわかりませんが、敵はウァレリアヌスを四つん這いにさせて馬に乗るときの踏み台にし、死ぬとその皮を剝《は》ぎ、赤く染めてペルシアの神殿に飾ったと言われています。ヴァレリアヌスが敵に捕まり、辱《はずかし》めを受けた後で死んだことは、彼の皇帝としての名声を国内で失わせただけでなく、周辺諸国におけるローマの威信をも失墜させてしまいました。そんな中、ガリエヌスは担当した西部だけでなく、帝国全土を背負い、一人でこの苦境を乗り切らなければならなくなります。

後世の伝承によると、「若くして皇帝になったガリエヌスは実務に励み、見事にこなした」が、その後、「贅沢に浸り、ゲルマン人の娘に熱を上げて手のほどこしようが」なくなったと言われています。

確かにガリエヌスは、いくつかの思い切った決断をしています。

一つは軍事改革で、機動力に優れた皇帝直属の騎馬軍団を創設しています。

ローマ人はもともと農耕民族で遊牧民ではありません。そのため騎馬はペルシアやスキタイと比べるとどうしても弱く、そのことが戦場では常に問題になっていました。そこでガリエヌスは騎馬軍団を創設し、ローマ軍に機動力をもたらしたのです。また彼は、兵士を厳しく統制し、軍規違反は容赦なく罰しましたが、同時に兵士たちの忠誠を失わないよう気配りも忘れませんでした。

さらに彼は、国内の安定を図るために、父ヴァレリアヌスが出したキリスト教禁止令を廃止し、その後四十年間続く信教の自由をローマにもたらしています。

ガリエヌスの悪行を伝える伝記が数多く残っているのも事実ですが、戦争に明け暮れながらも数多くの改革を行った彼は、もっと賢帝として評価されていい人物だとわたしは思っています。実際ガリエヌスは、軍人皇帝の時代としては非常に長い十五年もの間、皇帝の座に君臨しています。本当に悪帝であれば、軍によってもっと早い時期に粛清されていたことでしょう。

ここまで元老院によって認められた正式な皇帝の流れを述べてきましたが、その陰には絶えず数多くの僭称帝が擁立されています。ガリエヌスが単独統治を始めた二六〇年から二六二年までの二年間だけでも、少なくとも七人もの僭称帝が各地の軍によって擁立されています。

つまりガリエヌスは、正式の皇帝として認められているものの、国内には別の人間を皇帝（僭称帝）として推《お》す軍団が数多くあり、ローマ軍はとても一枚岩と言える状態ではなかったということです。

そんな激動の時代を為政者として生きるには、覚悟を決め、知恵を絞って、果敢に行動するしかありません。ましてや父の不名誉な死によって、皇帝の権威は失墜していたのです。そう考えると、彼はやはり「賢帝」と言われてしかるべき人だったと思います。

パルミラ王国とガリア帝国に挟まれたローマの危機

混迷を極めたガリエヌスの時代にも、ちょっとした幸運がありました。

それは、ローマ東方に位置する同盟国パルミラが、ローマを苦しめていたササン朝ペルシアを撃退することに成功したのです。

喜んだガリエヌスは、その功に報いるため、パルミラの王オデナトゥスに「東方の統治者」の称号を与えます。

オデナトゥスは、その後もペルシアの攻勢に耐えただけでなく、ペルシアの拠点のひとつである、クテシフォンというところまで攻め入り落としています。また、小アジアではゴート人をも斥け、まさに「東方の統治者」という称号に恥じない実力を見せますが、不運にも内紛によって命を落としてしまいます。

オデナトゥスのときまではパルミラの活躍を素直に喜んでいられたローマですが、彼の死後、王位を王妃のゼノビアが継ぐと、少し雲行きが怪しくなっていきます。

記録によるとゼノビアは「顔は日焼けして黒かったが、信じられないほどの美しさ」だったといいます。しかし、彼女は美しいだけの女王ではありませんでした。賢く、強《したた》かで、勇敢な女性でもありました。

ゼノビアはローマの混迷に乗じ、ペルシアの侵略から守るという建前で、ローマ東部の属州を、さらには皇帝直轄領であるアエギュプトゥス（エジプト）までもパルミラの「領土」にしてしまったのです。

他にも懸案事項を抱えていたローマは、ゼノビア率いるパルミラ王国の覇権を、歯ぎしりしながらも黙認せざるを得ませんでした。

この頃ガリエヌスを悩ませていたのが、帝国の北西部に生まれたガリア帝国でした。もともとガリエヌスは、ガリア地方をライン方面軍の指揮をしたゲルマニア総督のポストゥムスに任せていました。二五九年、ポストゥムスは期待に応え、フランク人の一団を撃破、西方を危機から救いました。すると、勝利に勢いづいた兵士たちが、皇帝の息子サロニヌスを殺害し、ポストゥムスを新皇帝に擁立してしまったのです。

慌てたガリエヌスはガリアに進軍し、ポストゥムス軍を攻撃するも失敗。ガリエヌスはこのときの戦いで背中に矢傷を負い、退却を余儀なくされますが、ポストゥムスはガリエヌスを追撃することはありませんでした。

ポストゥムスはローマ皇帝になることを望まず、アウグスタ・トレウェロルム（現在のトリーア）を首都とする独自の帝国「ガリア帝国」を築き、君臨する道を選びます。

帝国内には元老院がつくられ、毎年の執政官も選出され、独自の通貨も発行されました。つまり、ポストゥムスはローマ帝国から独立したのです。

その後、ガリア帝国にはヒスパニアやブリタニアといった属州も加わり、ガリエヌスは何度も攻撃を試みますが、二七四年にアウレリアヌスによって解体・併合されるまでガリア帝国は独立を守り続けます。

東にパルミラ王国、西にガリア帝国、国内では僭称帝の乱立が続く、そんな過酷な時代に十五年間も政権を維持し続けることができたのですから、ガリエヌスはやはり、伝えられているほど邪悪な君主ではなかったと思います。

それでも、何かしら恨《うら》みを買うことはあったのでしょう。二六八年、ガリエヌスは側近の陰謀によって暗殺されてしまいます。

ガリエヌスの跡を継いだのは、ガリエヌス軍の将軍のひとりであったクラウディウス二世（二一三〜二七〇／在位二六八〜二七〇）でした。

ガリエヌスが殺害されたとき、クラウディウス二世は約三〇キロ離れたティキヌム（現在のパヴィア）にいたので、直接加担してはいないと思われますが、その後、犯人捜しを一切行わなかったことから、実際には彼が首謀者だったと見られています。

彼の即位は、軍隊が擁立した者を元老院が承認したという形ではありましたが、この即位は、元老院からも民衆からも喜ばれたと伝えられています。

クラウディウス二世は、またも国境線を騒がしていたゴート人を斥けたことから、後世の歴史家たちに英雄的人物として描かれることが多いのですが、実際にはゴート人との戦いにしても大勝と呼べるような勝利ではなかったとも言われています。

大勝だったのか辛勝だったのかはともかく、彼はその遠征先で、疫病に感染し亡くなっています。二七〇年の夏、二年の治世でした。

クラウディウス二世の跡を継いだのは、弟のクィンティルス（?〜二七〇／在位二七〇）で

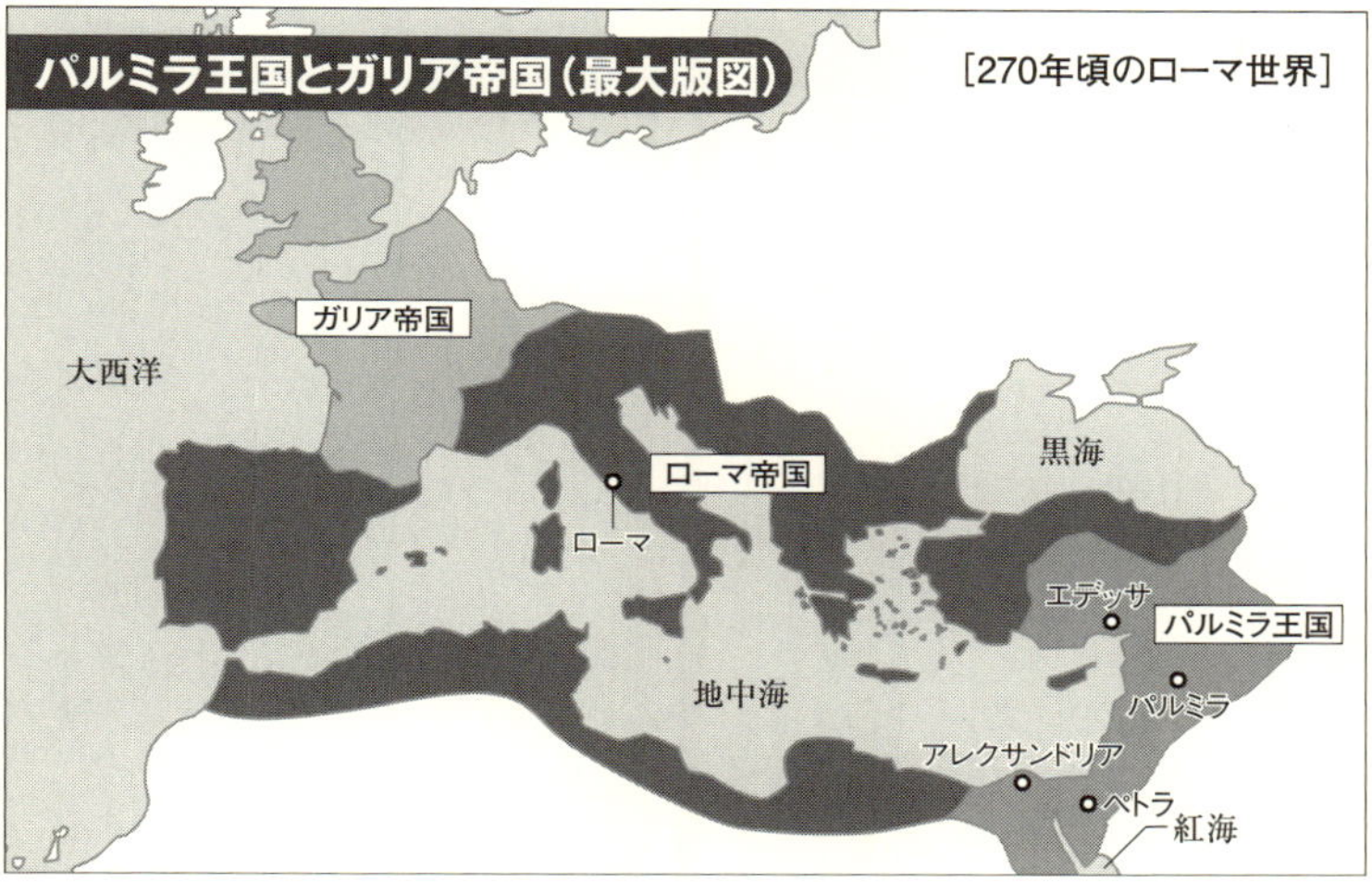

した。かろうじて元老院は彼を承認したものの、クラウディウス二世の弟というだけで実績のない彼を軍団は支持しませんでした。

ちょうどその頃、ドナウ川沿いの国境付近にいたアウレリアヌス（二一四～二七五／在位二七〇～二七五）が軍に擁立されます。アウレリアヌスは、ガリエヌスが最も信頼した将軍のひとりだった上、強力な騎兵隊を率いる司令官でもあり、クラウディウス二世の後継者に選ばれて当然の人物でした。実際、兵士たちはみなアウレリアヌスを支持しました。

クインティルスは自分のもとにつくと思っていたドナウ軍がアウレリアヌスについたと知ると、自分の運命を悟り、自ら命を絶ってしまいます。わずか二カ月に充《み》たない短い在位でした。

世界の復興者アウレリアヌスによる領土回復

新皇帝ドミティウス・アウレリアヌスは、バルカン半島のモエシア地方の貧しい農民の家に生まれ、一兵卒から騎兵隊の司令官にまで出世した叩き上げの軍人でした。同じバルカン半島の貧農の出身でも、彼はマクシミヌスのような粗野なだけの人ではありませんでした。教養も見識もあり、政治手腕にも長《た》けた、心身ともに非常に強靭《きょうじん》な人物だったのです。

アウレリアヌスの賢さはその戦い方によく表れています。

彼の治世になっても、ローマは相変わらず僭称帝の蜂起や、異民族の侵入、東方戦線と、問題が絶えませんでした。こうした次々と起こる問題にいちいち戦闘を以て当たるのは、ローマを疲弊させるだけだと判断したアウレリアヌスは、できるだけ戦闘を避け、威嚇段階で争いを収めるということをやっていきます。

どういうことかというと、たとえばゲルマン人が攻めて来たようなとき、現地まで軍団を率いて行くのですが、強力な軍団を見せるだけで、敵が攻めてこないかぎり動かないのです。相手が威嚇に怯《ひる》んで退《しりぞ》けば、それ以上追撃もしません。

もちろん威嚇しても相手が攻め込んでくることはあります。そうしたときは徹底的に叩きますが、やはり追撃まではしません。甘いと思うかも知れませんが、アウレリアヌスはこの戦法で、自分たちの戦力と戦費の消耗を最小限度に抑えつつ、ゲルマン人を斥けることに成功しています。

また彼は、ドナウ川の外側に位置するダキアを放棄し、国境を自然の要害にすることで国防費を抑え、できるだけ国力を蓄えるようにしています。

とは言え、ひたすら節約し、蓄財に専念していたわけではありません。必要と判断したものには惜しみなく国費を費やしています。

その代表と言えるのが「アウレリアヌスの城壁」の名で知られるローマの街を取り囲む防壁です。

ローマの街は、ローマが帝国になって以降、異民族の侵入など深刻な被害に見舞われたことがありませんでした。そのため、ローマの街には紀元前六世紀に造られたという「セルウィウスの城壁」があるだけという、とても大帝国の首都とは思えない、お粗末な防壁しかありませんでした。

そんなローマの状況に危機感を感じる出来事が起きます。

アウレリアヌスの治世二年目の二七一年、ゲルマン系のマルコマンニ人が中央イタリアへと進撃してきました。このときは幸いにもローマの街に侵入されることはありませんでしたが、ローマにしっかりとした城壁を築く必要性を痛感したアウレリアヌスは、すぐに城壁の建設に取りかかっています。

アウレリアヌスの城壁は、レンガとローマンコンクリートを用い、高さ六・四メートル、厚さ四メートル、全長二〇キロという非常に立派なものです。アウレリアヌスの存命中には完成せず、完成したのはプロブスの治世でした。

さまざまな功績があるアウレリアヌスですが、最大の功績はなんと言ってもパルミラ王国とガリア帝国を打ち破り、失っていた領土を回復したことでしょう。

ガリエヌスのときからローマがパルミラ王国の拡大を黙認していたのをいいことに、パルミラのゼノビア女王は、先にも触れたように、次第にエジプトや小アジアにもその勢力範囲を広げていくようになっていました。このまま放っておいたらどこまで増長するかわかりません。そこでアウレリアヌスは、二七二年、軍勢を率いてドナウ川を渡り、パルミラ王国を攻め、屈服させています。

絶世の美女と讃《たた》えられた女王ゼノビアは捕えられ、ローマに連行されると、凱旋式で引き回されました。

ちなみに、初代皇帝アウグストゥスがまだオクタウィアヌスと呼ばれていたとき、アントニウスがアクティウムの海戦に敗れたと知ったエジプトの女王クレオパトラは、オクタウィアヌスの手に落ちることを嫌って自害しています。このときクレオパトラが嫌ったのは、オクタウィアヌス個人ではなく、敗戦国の女王としてローマに連れて行かれ、凱旋式で「見世物」にされることでした。それは女王にとって耐えられない恥辱だったのです。

そう考えると、ゼノビアは、クレオパトラほど誇り高くなかったのかも知れませんが、凱旋式で見世物にされた後、皇帝にあてがわれた別荘で静かな余生を送ったと言われています。

パルミラ王国を滅ぼした翌年、今度は西のガリア帝国を討つべく、アウレリアヌスは再び軍を率います。そして二七四年、ローマ軍は圧倒的な勝利でガリア帝国を下し、ガリア皇帝テトリクスをローマに連行します。もちろんこれも凱旋式で引き回すためです。

これらの勝利によって、アウレリアヌスは二七四年秋、「世界の復興者」という称号を授けられています。

しかし、世界の復興者と讃えられたアウレリアヌスも、二七五年、新たな遠征に向かう途中、ビザンティオンからボスポラス海峡を渡ろうとしているときに、側近の手で殺されてしまいます。

なぜ殺されたのか、残念ながら殺害の動機はまったくわかっていません。

個人的な怨恨なのか、あるいは、違法行為に対し厳罰主義で臨んだ皇帝への反感が凶行に繋がったのか、いろいろ言われていますが、本当の理由は歴史の闇の中です。

彼の治世は五年という短いものではありますが、その間にパルミラ王国とガリア帝国を打ち破り、十五年ぶりに帝国を再統一したのですから「世界の復興者」という称号は彼にふさわしいものだったと言えるでしょう。

皇帝暗殺はもはや「現代病」だった

アウレリアヌスの後継に選ばれたのは、高齢の元老院議員タキトゥス（二〇〇～二七六／在位二七五～二七六）でした。穏やかで慎ましい人物だったようですが、彼もまたわずか半年という短い在位で殺されています。

次に皇帝になったのは、親衛隊長のフロリアヌス（?～二七六／在位二七六）。彼はさらに短い三カ月という在位で殺されています。

その後に皇帝になったのが、アウレリアヌスの城壁を完成させたプロブス（二三二～二八二／在位二七六～二八二）です。

実は彼は、フロリアヌスが皇帝として承認されたとき、すでに皇帝として軍に擁立されていたのですが、そのときは元老院に承認してもらえなかったのです。しかし、フロリアヌスがすぐに殺されてしまったので、承認を受け、正式な皇帝になったのです。

彼は公明正大で、熱意のある皇帝でした。相変わらず続く異民族の侵入や、僭称帝の蜂起にも対応していましたが、治世六年目の二八二年、彼もまた親衛隊長の裏切りに遭い、殺されてしまいます。

この時代、ほとんどの皇帝が殺されるか自ら命を絶つかで、天寿を全《まっと》うした人はほとんどいません。悲惨に思えますが、それでも彼らはこうして後世に名前を残しています。名もなく消えていった僭称帝たちに比べれば、まだ報われている方だと言えます。

当時は皇帝が殺されるのが、もはや「現代病」のようになっていました。人々の感覚も麻痺していたのかも知れませんが、今にして思うとよく皇帝のなり手があったものだと感心するほど、どの皇帝も悲惨な最期を遂げています。

それでも次々と僭称帝が立ったということは、やはり自分だけは違うと思うのかも知れません。

次の皇帝は、プロブスを殺したカルス（二三〇～二八三／在位二八二～二八三）です。

カルスは、プロブスが始めたペルシアとの戦争を引き継ぎそれなりの成果を挙げていたのですが、二八三年、幕舎の中で亡くなっているのが発見されます。落雷による事故死だと言われていますが、確かな証拠はなく、暗殺の可能性も否定できません。

しかし、カルスは遠征に赴《おもむ》く際に、自分の二人の息子を後継者に指名していたので、彼の跡は、長男のカリヌス（二五〇？～二八五／在位二八三～二八五）と次男のヌメリアヌス（二五三～二八四／在位二八三～二八四）に引き継がれます。

カルスの死によって、遠征軍の指揮権は、遠征に参加していたヌメリアヌスの手に渡ります。彼は「眼病に苦しむ、詩人のような人物」だったと言われており、眼に疾患を抱えていたようです。そのことが理由かどうかはわかりませんが、彼は遠征を中止し、撤退を決めます。

その撤退の途上、ヌメリアヌスの死体が発見されます。おそらく彼は殺されたのだと思いますが、彼の死の顚末も明らかになっていません。

ただ、この二つの不明死の背後にいたのが、皇帝護衛隊長のディオクレティアヌスだったという説は、証拠はないもののかなり信憑性の高いものだと考えられています。

一人残された長男のカリヌスがどのような皇帝だったのか、ここにも信用に足る史料は残っていません。

『皇帝列伝』の記述は「カリヌス帝の無軌道については存分に語りたいが、語りだすときりがない」と、かなりの悪評ですが、この記述のもととなった情報源が、カリヌスを倒したディオクレティアヌスであることを踏まえれば、かなり割り引いて考えなければならないでしょう。

いずれにしても、二八五年の夏の終わり頃、ディオクレティアヌスの軍とカリヌスの軍はベオグラードの近くで激突しています。カリヌス軍の方が大軍だったことから、当初はカリヌス優勢と見られていました。

ところが、後少しというところで、この時代の「現代病」にかかっていた側近のひとりがカリヌスを刺し殺し、勝利はディオクレティアヌスのものとなります。

父親カルス、次男ヌメリアヌス、そして長男カリヌスと、三人の皇帝が正式にいたわけですが、その統治期間は三人合わせても三年間という非常に短いものでした。

父カルスと、次男ヌメリアヌスの不自然な死体のそばには、証拠はないものの、どちらもディオクレティアヌスがいました。勝利を目前にしたカリヌスの不自然な死も、もしかしたら、裏でディオクレティアヌスが糸を引いていたのかも知れません。もちろん、何も証拠はないのでわたしの推測ですが、そんな気がしてならないのです。

ローマ史における支配層の変化

三世紀の危機と言われる軍人皇帝時代に終止符を打ち、ローマを安定に導くのは、軍人皇帝時代の最後を飾るディオクレティアヌス（二四四〜三一一頃／在位二八四〜三〇五）です。

しかし、彼がそれを成し遂げることができたのは、実は二五三年に皇帝になったウァレリアヌスのおかげだと説く研究者がいます。

早稲田大学の教授である井上文則氏は、著書『軍人皇帝のローマ』（講談社選書メチエ）の中で、ウァレリアヌスこそその後のローマに続く改革の先駆者だと述べます。

半世紀に及ぶローマの危機を収めたディオクレティアヌスは、四分割統治など、それまでにない大改革を行っていますが、改革の本当の先駆者は、ウァレリアヌスだというのです。

ウァレリアヌスは、その治世の最初に、自分は帝国の東半分を担当し、息子のガリエヌスには帝国の西半分を担当させるという「二分割統治」を行っています。

この改革自体は、ウァレリアヌスがペルシア軍に捕まって亡くなってしまったため短期間で終わりますが、彼の息子ガリエヌスが、皇帝直属の中央機動軍（騎馬隊）を創設するという軍制改革を断行したことはすでにお話ししたとおりです。

その後、アウレリアヌスは、国力を蓄えるための改革を断行し、首都防衛に関しても巨大な城壁を造るという、それまでのローマにはないものを生み出しています。

つまり、ディオクレティアヌスの改革は、そうした一連の「改革の流れ」の集大成として行われた大改革と見ることができるのです。

そういう目で改めて軍人皇帝時代を見直すと、確かに、ローマという国家を立て直さなければ、という強い意思を持った改革の動きが生まれたのは、ウァレリアヌスからだということがわかります。

では、なぜこの時期にそうした改革の機運が生まれたのでしょう。

その背景にあるのは、ローマ帝国の支配層の変化だと考えられます。

ローマの長い歴史の中で、「支配層の変化」は三度起きています。

まず最初は、「カエサル・アウグストゥスの時代」です。

この時代、ローマの支配層は、古くから続く元老院貴族から、イタリアの新興貴族たちへと移り変わっています。彼らがカエサルやアウグストゥスの後ろ盾となったことが、共和政から帝政への変化を後押ししました。

二度目の変化は、この「軍人皇帝の時代」です。

この章の冒頭で述べたように、この時代の皇帝の多くはバルカン半島の出身です。それは、彼らを擁立した軍人の多くがバルカン半島の出身であったことを意味しています。

軍人皇帝時代もその前半は、元老院好みの皇帝が姿を見せますが、後半は元老院に皇帝を決める力はなく、叩き上げの軍人が、叩き上げの幹部たちに擁立されて帝位に就くというスタイルが定着します。そしてその前半と後半を分けるのが、まさにヴァレリアヌス・ガリエヌス親子の時代なのです。

彼ら以降、ローマ帝国の支配層は、文人的な元老院貴族から、軍人として優れていればいいという武人層に変わっていったということです。

ちなみに三回目の変化は、これから述べるローマ帝国末期に生じます。

詳しくは後で述べますが、次の変化はゲルマン民族がローマの支配層に入ることで生じます。

軍人皇帝の時代は登場人物が多い上に、それらがめまぐるしく入れ替わるので、一人ひとりの人物の物語ばかりを追ってしまうと、全体的な潮流や大きな潮目を見失ってしまいがちです。

この五十年の混乱の時代に、何が生じ、何が失われたのか。その変化がその後のローマ帝国の運命にどのように関わっていくのか。そんな視点を持って、軍人皇帝の時代を見直していただけたらと思います。

第11章　ローマ帝国再興とキリスト教

ディオクレティアヌスは本当に犯罪の創始者なのか

半世紀にわたる軍人皇帝時代最後の皇帝がディオクレティアヌスです。混乱した時代に終止符をうち、ローマ帝国に安定と秩序をもたらしたディオクレティアヌスですが、後世の歴史家の評はよくありません。

ディオクレティアヌス帝は犯罪の創造者であり、邪悪の考案者である。彼はすべてを台なしにし、その汚れた手を神から遠ざけておくことさえできなかった。貪欲と不安にかられた彼は、世界中を混乱に陥《おとしい》れた。

（ラクタンティウス著『迫害者たちの死』）

確かに彼はクリーンな方法で皇帝になったとは言えません。明確な証拠があるわけではありませんが、カルス帝、ヌメリアヌス帝、カリヌス帝ら三人の先帝の死は、すべて彼が裏から手を回したものと推測されます。そういう意味では、かなりの手練手管《てれんてくだ》を弄《ろう》して皇帝になったと言えます。

しかし、先帝の死に新皇帝が関わっているというのは、軍人皇帝時代にはよくある話なので、そのことを以て「犯罪の創始者」とまで言われたとは考えられません。

ディオクレティアヌスが酷評される最大の理由は、彼がキリスト教徒の迫害を行ったからです。右に引用したディオクレティアヌスを酷評した文章を書いたラクタンティウスも、キリスト教徒の論客として知られる人物です。彼はキリスト教を公認したコンスタンティヌスの助言者でもあるので、キリスト教徒を迫害したディオクレティアヌスをことさら厳しく評したのだと思われます。

皇帝になってからのディオクレティアヌスは、少なくともローマ帝国にとっては、数々の改革を断行し、ローマに安定と秩序を取り戻した偉大な皇帝だったと言えます。

二八四年、ディオクレティアヌスは四十歳で皇帝の座に就き、六十一歳で引退するまでの二十年間に数多くの改革を行っています。

中でも注目すべきは帝国の分割統治です。

カリヌスを倒し、帝国唯一の支配者となったディオクレティアヌスは、周囲の危惧をよそに、とても寛容な姿勢で統治をスタートさせます。カリヌスを支持していた実力者たちにほとんど報復しなかったばかりか、新たな国家の要職に彼らを採用しているのです。その姿は、かつての皇帝が見せた「クレメンティア」を彷彿《ほうふつ》とさせるものでした。

さらにディオクレティアヌスは、広大なローマ帝国を一人の皇帝が治めるというシステムがもはや限界にきていると考えたのでしょう。二八五年に、かつての戦友マクシミアヌス（二五〇頃～三一〇／在位二八六～三〇五、三〇六～三一〇）を共治帝（副帝）に迎え、自分は東半分を、マクシミアヌスは西半分をそれぞれ治めるという、帝国の二分割統治を行います。

マクシミアヌスは、ディオクレティアヌスより五歳ほど年下で、やはり彼も叩き上げの軍人でした。軍人として有能で、ディオクレティアヌスのライバルにもなりうる実力の持ち主でしたが、彼は忠実な協力者としてディオクレティアヌスと信頼関係を築いています。

さらに二八六年になると、マクシミアヌスに自分と同じ「アウグストゥス（正帝）」の称号を与え、二九三年にはガレリウス（二六〇～三一一／在位三〇五～三一一）とコンスタンティウス・クロルス（二五〇～三〇六／在位三〇五～三〇六）の二人を、それぞれ東西の「カエサル（副帝）」として、東西正副四人の皇帝で治める「テトラルキア（四分治制）」を完成させます。

この共治体制には、政情を安定させ、国境の防衛を効率化するということの他に、後継者を明らかにしておくという意味もありました。ディオクレティアヌスには跡継ぎとなる男子がい

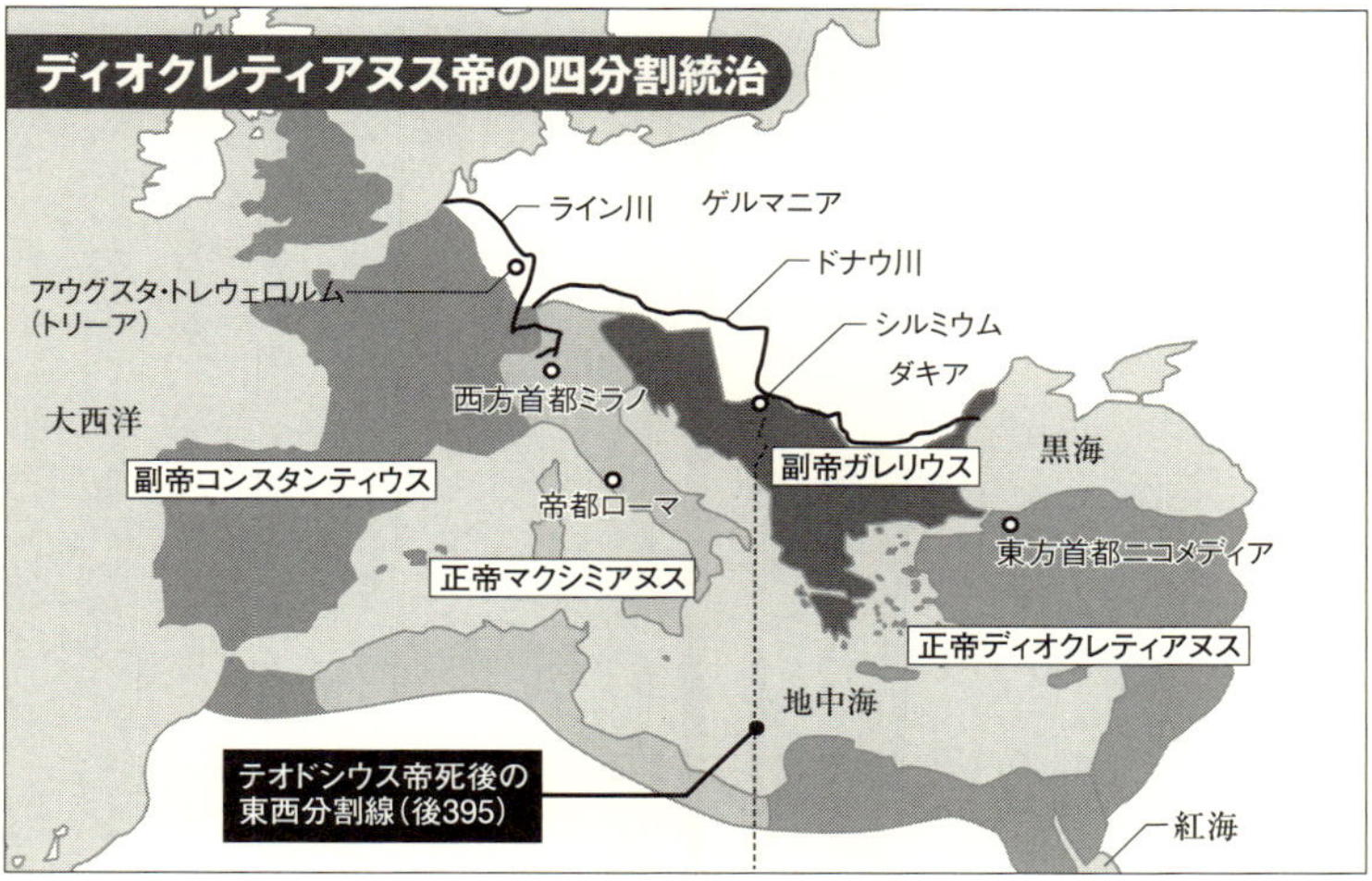

なかったこともあり、東西の正帝は、この統治システムの導入にあたり、それぞれの副帝を養子に迎えています。つまり、正帝が引退、または死亡した場合、速やかに副帝が正帝になり、また新たに後継者としての副帝を任命するということをシステム化したのです。

東西を分割して統治すると言っても、四人の皇帝の頂点にディオクレティアヌスが君臨していました。三人はあくまでもディオクレティアヌスの指示に従って統治していたのです。歴史家はその様子を「彼らは帝を仰《あお》ぎ見る、まるで父あるいは最高神を仰ぎ見るかのように」と表現しています。

ディオクレティアヌスは、テトラルキアに合わせて帝国の行政も改革しています。

まず属州を細分化し、帝国全土を一二の管区に再編、それに合わせて官僚制も整備し直しているのですが、このとき文官と武官を切り離しているのです。

ローマの政治家というのは、軍人であると同時に行政官でもあるというのが原則でした。そのため、今は元老院議員として政治的な活動をしているという人でも、若いときは軍人としてのキャリアを積んでいるというのが当たり前でした。

しかし、軍人皇帝時代に混乱したこともあり、ディオクレティアヌスは軍事と行政をそれぞれ専門化することで効率化を目指しました。つまり、文官と武官を切り離すことで武官が属州や管区といった行政区間に捕らわれることなく、速やかに軍事行動を取れるようにしたのです。

帝国を分割統治したことで、兵員が倍増し、それに伴い軍事力も強化されました。すると当然、財政負担も重くなります。その対策として行ったのが、「税制改革」です。

ディオクレティアヌスが採用したのは、「カピタティオ・ユガティオ制」と言われるもので、それまで別々に徴税されていた人頭税（カピタティオ）と土地税（ユガティオ）を組み合わせることで、収穫と生産性に基づく合理的な徴税を目指しました。この税制を導入するにあたり、二九七年には、帝国全土で人口調査と土地の測量が行われています。

税制改革と合わせて行われたのが、インフレ対策としての「最高価格令」の発布です。

軍人皇帝時代、ローマはさまざまな混乱に見舞われますが、中でも人々の生活を圧迫したのが尋常ならざるインフレでした。

その原因は一つではありませんが、度重なる銀貨の改悪が大きな要因となっていたことは確かです。軍隊が力を持ったこの時代、皇帝は兵士への給与を増額する必要に迫られますが、財源がありません。そこで行われたのが銀貨の改悪です。つまり、既存の銀貨に混ぜ物をして、銀貨一枚当たりの銀の含有量を少なくつくり替えることで、銀貨の枚数を増やしたのです。しかし、そんなことをすれば通貨の価値が下落するのは当然です。こうして度重なる銀貨の改悪が繰り返された結果、物価は天井知らずに高騰し、とんでもないインフレ状態を引き起こしていたのです。

ディオクレティアヌスの四頭像

四分治制における４人の「和合」を表した群像。帝国は４分割され、２人の正帝と２人の副帝が統治した。サン・マルコ広場（ヴェネツィア）。

ディオクレティアヌスは最初、通貨改革を行いますが、インフレが止まらなかったため、三〇一年、諸々の物品とサービスに対し最高価格（賃金を含む）を定める勅令を出します。これが「最高価格令」です。

法令で最高価格が定められた物品やサービスは多岐にわたり、現存する史料に見る限りでも千数百項目に及びます。小麦、ワイン、オイルや蜂蜜といった日用品は等級ごとに上限を設け、石工やパン職人、羊飼いの賃金は食費込みの日当で、ギリシア語やラテン語の教師の日当は生徒一人当たりの賃金が明記されるなど、その内容はとても細かく定められています。

この法令には違反した際の厳しい罰則も設けられていましたが、実施された形跡がなく、どこまでこの法令が遵守されたのかは残念ながらわかっていません。

今の自由主義経済から考えれば、法令で押さえつけても、実際の経済をコントロールすることなどできないことは明らかです。そういう意味では、この法令は、ある種、社会主義的な考え方から生まれたものと言えるでしょう。皇帝権力を以て上から押さえ付ければ、何とかなると思ったのかも知れませんが、実際にはそれほどうまくいかなかったということです。

しかし重要なのは、ディオクレティアヌスが、山積する諸問題に対し、それを改善すべく丁寧な努力をしていた、という事実を知ることだとわたしは思います。

強大なる皇帝権力が確立する

属州生まれのディオクレティアヌスは、ローマという街に思い入れがなかったらしく、生涯で一度しかローマを訪れていません。そんなディオクレティアヌスも、国内の人々を「ローマ人」として結びつける「共通するもの」の必要性を感じていました。

三世紀の混乱の間に、ローマは大きく変化していたからです。

宮廷にも軍隊にも辺境出身者が溢れるようになりましたが、彼らのほとんどはローマ人としての教養も慣習も身についていません。属州には、かつてのようなローマに対する憧れもありません。政治の中心がディオクレティアヌスのいる東に移ったことも、人々の意識がローマに向かわなくなった要因のひとつでした。

先に、アントニヌス勅法によって、ローマは「世界帝国として完成した」と述べましたが、その結果、ローマ人を一つに結びつける「共通するもの」が失われてしまったのです。強い帝国をつくり上げたいと考えるディオクレティアヌスにとって、これはとても不都合なことでした。なぜなら互いに共通するものを持たない国民は結びつきが弱く、愛国心も生まれないからです。

そこでディオクレティアヌスは、ローマ古来の神々に対する信仰を復興させ、自分を最高神ユピテルの子とすることで、民衆に共通の信仰心を持たせるとともに、権力と権威を皇帝に集中させることを思いつきます。

こうしてディオクレティアヌスはユピテルの、マクシミアヌスはヘラクレスの、それぞれ神の子であると宣言し、民衆にローマの神々への礼拝を義務づけたのです。

神の子となったディオクレティアヌスは、金糸を織り込んだ絹の礼服を身にまとい、宝石で飾られた靴をはいて祝祭の場に登場し、臣下にはオリエント風の跪《ひざまず》いて拝礼する謁見《えっけん》儀礼を要求しました。

それまでのローマ皇帝は、あくまでも「プリンケプス（市民の第一人者）」であるというのが建前でした。これは明らかに「王」とは異なる存在です。皇帝を意味する「インペラトール」も、その語源は指揮権を持つ偉大な司令官（最高司令官）に過ぎません。

つまりローマの皇帝は、市民の名簿で最初にくる者ではあるけれど、あくまでも市民の中のひとりに過ぎない、というのが原則だったのです。

この原則に変化が生じたのは、実は五賢帝の時代です。

五賢帝の時代の史料に、皇帝に対して人々が「ドミネ（domine）」と呼びかけていたという記述が見られるのです。

ドミネの主格は「ドミヌス（dominus）」で主人を意味する言葉です。つまり、人々が皇帝に対して「ご主人様」と呼びかけていた、ということなのです。これは極端な言い方をすれば、それまで自分たちの中の第一人者であった皇帝と国民の関係が、ご主人様と奴隷の関係に変化したということです。

こうした変化は、皇帝が「ドミヌスと呼べ」と命令して起きたわけではなく、五賢帝という平和な時代に民衆が皇帝の権威に対し、自然発生的にそう呼ぶようになったと考えられます。

しかし、そうした皇帝の権威は、軍人皇帝時代に失われてしまいます。そういう意味では、ディオクレティアヌスは、失われた皇帝の権威を、自分を神の子とすることで取り戻そうとしたとも言えます。

これは、とても大きな改革でした。なぜなら、それまでローマが、アウグストゥス以来ずっと、まがりなりにも守り続けてきた「共和政ローマ」という建前を、手放したということに他ならないからです。

ディオクレティアヌスは、自らを「ドミヌス」と呼ぶように命じています。つまり彼は、明確な意思を持って、「ドミナトゥス（専制君主政）」の実現を目指したのです。

しかし、皇帝権力の強化と、新たな愛国心の構築を目指して行ったこの改革は、思わぬ軋轢《あつれき》を生み出します。実は、彼の評判を著《いちじる》しく落とすことに繋がったキリスト教徒の迫害は、この改革と大きく関わっているのです。

皇帝が民衆に義務づけたローマの神々に対する礼拝は、一神教を奉じるキリスト教徒にとって、受け入れがたいものでした。

その結果、キリスト教徒たちは、命がけで皇帝の命に背《そむ》くようになります。

この時代のローマのキリスト教徒は、実はまだそれほど多くありません。おそらく人口の一割にも充たない人数だったはずです。しかし、この時代のローマ軍にはキリスト教信者がかなりいたようで、キリスト教徒の兵士が相次いで軍を逃亡するという事件が起きています。でもそれは、現代人が考えるような理由、つまり、人殺しをしたくないというようなヒューマニティーにもとづくものではありませんでした。彼らが軍を逃げ出したのは、ローマの神々を拝《おが》むことを強制されたからだったのです。

誤解しないでいただきたいのですが、ディオクレティアヌスは、この時点ではローマの神々を礼拝することを義務づけましたが、キリスト教の信仰を禁じたわけではありません。キリストを拝んでもいいからローマの神々も拝め、と言っただけなのです。でも、キリスト教徒にそんな理屈は通用しません。一神教であるキリスト教徒にとっては、他の神を拝むことは神の教えに背くことだからです。

こうしたキリスト教徒の頑《かたく》なな態度は、キリスト教の信仰を認めているディオクレティアヌスにとっては「傲慢」以外の何物でもありませんでした。皇帝権力の強化と、新たな形の愛国心の構築を目指している中で、こうしたキリスト教徒の態度を見逃すことはできませんでした。

三〇三年には帝国中の教会及び聖書の廃棄令が出され、続けてキリスト教聖職者の逮捕、投獄を命じる勅命が出されています。そして三〇四年、ついに「聖職者も一般信者も、等しくローマ神への礼拝を行わなければ、全員死刑に処する」という勅命が下ります。

しかし、どれほど激しい迫害を加えても、キリスト教徒がローマの神々を礼拝することはありませんでした。その結果、キリスト教禁止令が出されたのです。

こうした流れを見ればわかるように、ディオクレティアヌスの立場に立てば、キリスト教徒がどうしても「ローマの神々を礼拝せよ」という命に従わなかったので、迫害せざるを得なかったとも言えるのです。

哲人のごとき見事な最期

ローマ史に登場する七七人の皇帝の中で、自ら退位したのはたった一人しかいません。それは、ディオクレティアヌスです。共和政期には、時の権力者スッラが改革を成し遂げた後、引退していますが、彼は皇帝ではありません。

ディオクレティアヌスは、うまくいかなかった改革もありましたが、全体としては混乱を収拾し、新しい秩序を確立した偉大な皇帝であった上、するべきことを成し遂げた後は退位という形で権力の座から身を退《ひ》いた、唯一無二のローマ皇帝なのです。

ディオクレティアヌスが退位したのは、在位二十二年目の三〇五年です。このとき彼は六十一歳、二年ほど前から体調を崩すことが多くなっていました。

引退を決意したディオクレティアヌスは、ここで驚くべき行動に出ています。もう一人の正帝マクシミアヌスを、自分とともに引退するよう説得したのです。こうして三〇五年五月一日、東西二人の正帝は同時に引退し、それぞれの副帝が新たな正帝となります。

権力の座を退いたディオクレティアヌスは、アドリア海を挟んでイタリア半島の対岸に位置するスパラト（現在のスプリト）にある別荘で静かに余生を送り、亡くなります。

ディオクレティアヌスが亡くなったのは、三一一年頃と伝えられていますから、引退してから六年ほどを、この自分の故郷に近い別荘で過ごしたということになります。

その間、ディオクレティアヌスがどのような生活をしていたのか、詳しいことは何もわかっていませんが、一度だけ彼が公の場に姿を見せたことがあります。三〇八年十一月、ドナウ河畔の要塞カルヌントゥムで開かれた皇帝会議に出席したときのことです。

彼の引退後、もちろん新たな正帝・副帝がいたのですが、彼らの間では激しい対立が繰り返されていました。そのため、会議の席上で、ディオクレティアヌスの復位を望む声が上がりました。

しかしディオクレティアヌスは、次のような言葉で、その申し出を断っています。

「わしが菜園に植えたキャベツの世話にどれほど心を砕いているか、それがわかれば、そんな頼みごとはできないはずだよ」

その後、彼は二度と公の場には現れていません。

彼がいつどのように亡くなったのか、実は正確なことはわかっていません。

一説によると、自分の中にストア哲学を持っていた彼は、回復の見込みがなくなると、人に迷惑をかけないようにと、自ら食を断って亡くなったと言われています。ちょっと出来過ぎた話にも思えますが、普段の彼の言動から考えて、あり得ない話ではありません。

改革を強引に推し進め、キリスト教の弾圧など激しい政策も断行していますが、権力の座を潔《いさぎよ》く退いたり、その後の死に様などを聞くかぎり、やはり彼は、ローマ帝国に新時代の扉を開いた立派な皇帝だったのではないかと思います。

コンスタンティヌスによる帝国の再統一

ディオクレティアヌスが退位した三〇五年から、コンスタンティヌスが西の単独皇帝となる三一三年までの八年間、ローマは何人もの皇帝が覇権を争う内乱状態に陥ります。

事の発端は、後継者の選定でした。

三〇五年に東の正帝ディオクレティアヌスと西の正帝マクシミアヌスが同時に退位し、それぞれの副帝が正帝になります。東の新正帝はガレリウス、西の新正帝はコンスタンティウス・クロルス、第一正帝はガレリウスと決まりました。

問題は副帝の選定です。このとき東西の副帝を決めたのはガレリウスだったと思われます。なぜなら、東の副帝に自分の娘婿であるマクシミヌス・ダイアが就いただけでなく、西の副帝にガレリウスの親友であるセウェルスが就いているからです。

この副帝人事に不満を持ったのが、マクシミアヌスの息子マクセンティウスと、コンスタンティウス・クロルスの息子コンスタンティヌスでした。正帝の息子でありながら、副帝になれなかった二人は、自分たちに与えられるべきだと信じる地位の獲得を目指して行動を起こします。

最初に行動を起こしたのは、コンスタンティヌスでした。コンスタンティヌスは、父のコンスタンティウスが三〇六年に病で亡くなると、副帝のセウェルスを無視し、「父は臨終に自分を正帝に任じた」と主張し、西の正帝として即位してしまいます。ガレリウスは苦々しく思いますが、コンスタンティヌスを完全には排除できず、セウェルスを西の正帝にするという条件のもと、コンスタンティヌスを西の副帝として承認します。

東西正副四人の皇帝が決まり、混乱も収まったかに見えたとき、今度はマクセンティウスがローマ市民と親衛隊の残存部隊の支持のもと西の正帝を称し立ち上がります。

マクセンティウスはガレリウスに自分を正式な皇帝として承認するように働きかけます。しかし、ガレリウスはこれを拒否。軍事行動に出たマクセンティウスは、イタリアの大部分とシチリア島、サルディニア島、北アフリカを支配下に置くとともに、隠居していた父マクシミアヌスを呼び寄せ、勢力の安定を図ります。その後、マクセンティウスはコンスタンティヌスと同盟を結び、セウェルスの軍を破り、無理矢理退位させてしまいます。

ガレリウスはこの混乱を何とか収めようと、三〇八年十一月ウィーン近郊のカルヌントゥムで皇帝会議を開きます。引退したディオクレティアヌスが、一度だけ公の場に出たのが、この会議です。この会議で、新たな西の皇帝に任じられたのが、ガレリウスの友人であるリキニウス（二六五？～三二四／在位三〇八～三二四）でした。こうして再び東西正副四皇帝が決まりますが、いまだマクセンティウスがイタリア及び北アフリカを支配しているという状況は変わりませんでした。

西の正帝に任じられたものの居場所のないリキニウスは、三一一年にガレリウスが病で亡くなると、空いた東部の覇権をマクシミヌス・ダイアと争い、最終的にリキニウスはバルカン半島を、マクシミヌス・ダイアは小アジアと東部の属州を治めることで落ち着きます。

その後、コンスタンティヌスがマクセンティウスの軍を破り、三一二年、コンスタンティヌスは西の単独皇帝になります。

コンスタンティヌスの勝利は、東の覇権争いを刺戟し、両者を決戦に向かわせます。その結果、リキニウスがマクシミヌス・ダイアに勝利し、三一三年、帝国は東のリキニウスと西のコンスタンティヌスに二分されることになります。

二人の皇帝は、ともに野心を抱きながらも軍事衝突を避け、同盟関係を結びます。しかし、それも長くは続かず、三一六年、コンスタンティヌスはバルカン半島を侵略、リキニウスはバルカン半島の大部分をコンスタンティヌスに差し出すこととなります。再び両者が対決したのは、さらに八年後の三二四年。コンスタンティヌスは大軍を以てリキニウスを攻め、ついに自害に追い込みます。

こうして三二四年、コンスタンティヌスはローマを再統一し、単独皇帝として君臨したのでした。

コンスタンティノープルに遷都する

帝国を再統一したコンスタンティヌス（二七二または二七三〜三三七／在位三〇六〜三三七）は、基本的にディオクレティアヌスの改革路線を踏襲しながら、新たな改革を推し進めていきます。

ディオクレティアヌスは民政と軍政を分離しましたが、コンスタンティヌスはそれをさらに進め、行政官システムを皇帝直属の組織として再編しています。また、「野戦機動部隊」と言われる騎馬隊や戦車といった機動力の高い部隊の強化も行っています。

さらに小作農の移動を禁じたり、職業の世襲化を推進し、社会と税収の安定に努めました。しかし、いくら税収を安定させても、軍人皇帝時代から続くインフレを解消しないかぎり、経済状態は改善しません。そこでコンスタンティヌスは、ディオクレティアヌスの最高価格令でも効果の見られなかったインフレ対策として、大規模な「通貨改革」を行います。

ディオクレティアヌスもインフレ対策として銀貨の改鋳を行っていますが、中途半端なもので、効果はありませんでした。しかし、コンスタンティヌスは、後に「グレシャムの法則」と呼ばれるものに気づいていたのかも知れません。彼の貨幣改革は、確固たる意思のもと徹底して行われています。

ちなみに、グレシャムの法則というのは、十六世紀のイギリスの金融業者グレシャムが、国家財政顧問をしていたときに、エリザベス一世に進言した「悪貨は良貨を駆逐する」にちなんで、十九世紀の経済学者が命名した経済学の法則のひとつです。

ごく簡単に言えば、良貨と悪貨の両方が巷《ちまた》にあれば、人々は良貨を手元に置き、悪貨を使用するようになる、その結果、良貨は個人の懐《ふところ》に隠され、市場に流通する貨幣は悪貨ばかりになる、ということです。つまり、通貨改革を行うのであれば、すべての貨幣を良貨にしなければ、市場から悪貨は消えないということです。

コンスタンティヌスは、「ソリドゥス」と呼ばれる金貨を新たにつくり、そこに含まれる金の含有量を厳守させました。

ソリドゥス金貨の一枚当たりの金の含有量は四・四八グラム。これは純度で言うと九五・八%という非常に純度の高いもので、ローマ人の重量単位である一ポンドから七二枚の金貨をつくるという基準に基づくものでした。

さらにコンスタンティヌスは、金貨と同時に、一枚当たりの銀の含有量を二・二四グラ

コンスタンティヌス

帝国の再統一、キリスト教を公認したことで知られる。

ムと定めた良質の銀貨を発行することで、金貨と銀貨の交換レートを銀貨二四枚に対し金貨一枚という非常にわかりやすいものにしています。

ちなみに「ソリドゥス（solidus）」は英語の「ソリッド（solid）」の語源となったラテン語で、「びっしり詰まって固まった状態」を意味します。金がびっしり詰まった金貨であることをアピールした命名と言えるでしょう。

この徹底した通貨改革が功を奏し、ローマのインフレは徐々に回復していきました。良貨がついに悪貨を駆逐したのです。

さらに驚くべきことは、この含有量を決して変えてはならないというコンスタンティヌスの厳命が、その後七百年以上守られ、ソリドゥス金貨の純度が維持されたということです。純度が維持されたことで、ソリドゥスは国際交易においても、最も信用度の高い「世界通貨」として世界中で長く使われることになります。

ちなみに、アメリカの通貨ドルの貨幣記号が「D」ではなく「$」なのは、ソリドゥスの長期にわたる安定した通用力に倣《なら》い、第二のソリドゥスとなることを願ってのものです。

いろいろな改革を行ったコンスタンティヌスですが、中でも有名なのが遷都です。

ディオクレティアヌスは帝国の東西分割統治を行うにあたり、西ローマの首都はローマからミラノに、東ローマの首都はニコメディア（現在のトルコ北西部イズミット）に移していました。

ソリドゥス

コンスタンティヌスは、ソリドゥス金貨を帝国領の地中海域全域で流通させ、商業の活発化をもたらした。コンスタンティヌスの顔が描かれている。

移したと言っても、国家として「遷都」を行ったわけではなく、その時々の皇帝が居をかまえることで、自然と首都としての機能を果たすようになっていった、というのが現実です。

そういう意味では、ディオクレティアヌス以降もローマは首都ではあったのですが、街は荒れ果て、事実上の首都ではなくなっていました。

コンスタンティヌスが帝国を再統一したとき、ローマの市民は、再びローマが名実ともに首都に返り咲き、荒れ果てたローマの街がかつての壮麗な姿を取り戻すことを期待していました。

しかし、コンスタンティヌスには、アレキサンダー大王やローマを建国したロムルスのように、自分の名を冠した街を新たにつくりたいという野望がありました。

その野望を実現する街として、コンスタンティヌスが選んだのが、「ビザンティウム（現在のイスタンブール)」です。

ビザンティウムはボスポラス海峡とダーダネルス海峡に守られた天然の要害である上、遙か昔から交易の拠点として栄え、すでに大規模な商業都市として賑わっていました。

コンスタンティヌスは、以前からこの場所に目をつけていたらしく、三二四年九月に単独皇帝になると、二カ月後にはビザンティウムの新たな都市計画を打ち出しています。

そして六年後の三三〇年五月、それまでの四倍に拡大された街を取り囲む堅牢な城壁はまだ建設中でしたが、コンスタンティヌスは新しい街を「コンスタンティノポリス」と命名し、開都式を行っています。

コンスタンティノポリスは、コンスタンティヌスの死後、「コンスタンティノープル」と呼ばれるようになり、帝国が東西に分裂した後も、東ローマの首都として繁栄を続けることになります。

一神教世界帝国への変貌――ミラノ勅令

コンスタンティノポリスへの遷都以上に、後世に多大な影響を与えたのが、コンスタンティヌスが西の単独皇帝となった三一三年に出した「ミラノ勅令」です。

我、皇帝コンスタンティヌスと、我、皇帝リキニウスとは、幸いにもミラノに会して公共の利益と安寧に関わるすべての事柄を協議したる時、大多数の人々【多くの全体】にとり有益であると我等が考えた他の事柄の中にあっても先ず第一に、神格に対する畏敬を堅持するような事柄が規定されるべきと考えた。即ち、キリスト者に対しても万人に対しても、各人が欲した宗教に従う自由な権能を与えることである。

（「所謂ミラノ勅令」『西洋古代史料集』）

この勅令の文章は、三一三年二月にミラノで開かれた、コンスタンティヌス・リキニウス会談での合意を踏まえ、同年六月にリキニウスがニコメディアで公示したものですが、同じものがローマ帝国全土に発布されています。

ここで間違えないでいただきたいのは、この時点ではキリスト教は、その信仰を公に認められただけで、まだ国教化されたわけではないということです。あくまでも今まで弾圧され、ときには信仰を禁止されたキリスト教を、信仰することが認められた、ということです。

コンスタンティヌスがキリスト教を公認し、自らもその最晩年に洗礼を受け信者となったことは知られていますが、なぜ彼がキリスト教を信仰するに至ったのかは、怪しげな伝説が残されているだけで、実際のところはよくわかっていません。

伝説はその経緯を次のように語っています。

コンスタンティヌスがマクセンティウスとの決戦に向かう途中のことです。彼は、天空に光り輝く十字架とともに、「汝《なんじ》、これにて勝て」という文字が現れるのを見ます。しかもこの奇跡は、コンスタンティヌス一人ではなく、従軍していた兵士たちにも目撃されたといいます。しかし、コンスタンティヌスは、このときすぐにはその意味するところがわからずにいました。

するとその晩、夢の中にキリストが天に現れたしるしを持って現れ、「天に現れたしるしの模像をつくり、それを敵との対戦のための守護として用いよ」と語ったというのです。

この奇跡の伝説が真実かどうかはわかりませんが、コンスタンティヌスがマクセンティウスとの決戦に、十字架の旗を掲げて戦い、勝利したことは事実です。

この伝説は三三七〜三三八年にエウセビオスが著した『コンスタンティヌス大帝伝』に掲載されているものです。そういう意味では、同時代の史料なのですが、コンスタンティヌスがキリスト教の洗礼を受け、信者となったこともあり、同時代史料であっても、キリスト教のバイアスがかかっていることは否《いな》めません。

コンスタンティヌスが洗礼を受けたのは、三三七年、死に臨んでのことだったと伝えられています。正式なキリスト教徒として亡くなったコンスタンティヌスの葬儀は、キリスト教の祭式に従って執り行われ、遺体は生前彼が建てた、コンスタンティノポリスの聖十二使徒教会に埋葬されました。

ローマ市民は皇帝の改宗に衝撃を受けますが、元老院は彼が洗礼を受けたことを知った上でも、彼を神格化し、ローマの神々に加えています。

結果的に、コンスタンティヌスの葬儀は、キリスト教公認を広く帝国に知らしめるものとなり、その後のローマが、多神教世界帝国から一神教世界帝国へと変貌する動きを加速させることに繋がりました。

キリスト教が克服した三つの壁

イエスが十字架に掛けられたのは、第二代皇帝ティベリウスのときのことです。

その後、ユダヤ教徒の中からイエスをメシア（救世主）と崇《あが》める人々が現れます。彼らはイエスから直接教えを受けた十二使徒のひとり、ペテロを中心に仲間を増やし、パウロがそこに加わります。

パウロは直接キリストの教えを受けたわけではありません。むしろ最初はキリスト教に対して否定的な考えを持っていたのですが、「奇跡」を経験し「回心《かいしん》」、熱心な布教者に転身したと聖書は伝えています。

パウロはローマの属州キリキアの州都タルソスで生まれたユダヤ人ですが、ローマ市民権を持っていたと言われています。そのパウロがローマで布教を行ったのは、ネロの時代です。

多くの人は、パウロの布教によってキリスト教徒が爆発的に増え、ネロの迫害で少し減少するものの、その後、ディオクレティアヌスが大規模なキリスト教弾圧を行うまでの間に、ローマのキリスト教徒は右肩上がりに増加していったと漠然と考えているようなのですが、実はそうではありません。

確かにパウロの布教によって、ローマにキリスト教信者が増えたことは事実ですが、人数としてはごくわずかで、ローマの人口からすれば一％にも満たないものでした。

ちなみに、パウロはネロのキリスト教迫害で殉教したとされていますが、ネロのところで述べたように、ネロが本当にキリスト教徒を迫害したかどうかも疑わしいと言わざるを得ないのです。そして、その後約二百年間、実はキリスト教徒は、この一％以下という低水準のままほとんど増加していないのです。

歴史家カシウス・ディオは、神話の時代から二二九年までの『ローマ史』を書き残していますが、その中にキリスト教徒についての記述はほとんどありません。これは少なくとも、彼が生きていた時代までは、キリスト教徒の存在が大きな問題になっていなかったということを意味しています。

軍人皇帝時代に終止符を打ったディオクレティアヌスは、大規模なキリスト教徒迫害を行っていますが、このときですらキリスト教徒は全人口の一割未満でした。

なぜキリスト教徒が長い間増えなかったのかというと、増加を阻《はば》むいくつかの「壁」があったからです。最初の壁は「民族の壁」です。

当初キリスト教徒は、そのほとんどがユダヤ人でした。つまり、ローマ人からすれば、初期キリスト教は、ユダヤ教の中の一派という認識だったのです。おそらく「キリスト教」という名称すらなかったと思われます。キリスト教徒自身も、自分たちはユダヤ教の改革派である、という程度の認識だったのではないでしょうか。

ここで大きな役割を果たしたのがパウロの存在です。パウロはユダヤ人でしたが、親の代からローマ市民権が与えられていたといいますから、それなりの教養を身につける機会に恵まれていたのでしょう、彼は当時の公用語であるギリシア語ができました。

イエス自身が使っていたのはアラム語です。アラム語も東地中海の方では広く使われていたセム語系の言葉ですが、世界に広がっていくためにはやはりギリシア語に勝《まさ》るものはありません。

そういう意味では、アラム語をギリシア語に翻訳することができたパウロの役割は、ある意味イエス以上に大きなものがあった、と言っても過言ではないかも知れません。

ローマに入り込んだキリスト教が直面したのが、「階層の壁」です。

「貧しい人は幸いである」と説くキリスト教は、最初、大都市の貧しい人たちの間に広がります。さらに信者を増やすためには、まずこの「階層」という壁を破ることが必要ですが、貧しい彼らには布教の拠点となる教会をつくる資金がありませんでした。

この壁を打ち破ったのは、言わば発想の転換です。

つまり、「金持ちが天国に入るのは、ラクダが針の穴を通るより難しい」という教えを、「金持ちでも貧しい者に施《ほどこ》しをすれば救われる」と解釈して説くことで、富裕層の人々を少しずつ取り込んでいったのです。

こうして信者の階層が広がったことで、次の壁「居住地の壁」が自然と破られていきました。それまで大都市に集中していた信者が、もう少し小さな都市や周辺の農村部へと広がっていったのです。

キリスト教徒がどのように増えたかということを三つの壁の克服という視点からお話ししましたが、これはあくまでもわたしなりの一考察に過ぎません。

なぜキリスト教がローマという多神教社会で、さまざまな民族の、さまざまな階層の、さまざまな都市に広がっていくことができたのかということは、いまだに解決されていない世界史の大きなテーマのひとつなのです。

最初の二百年間、ほとんど増えなかったキリスト教徒の数が爆発的に増えるのは、三世紀半ばの軍人皇帝時代、デキウス帝（在位二四九～二五一）の時代ころからだと考えられます。

それまで横ばいだったキリスト教徒の数がなぜこの時代以後三、四世代に急増したのか、信教の自由が認められていたこととともに、やはり世の中が大きく乱れたことが関係していると思われます。

皇帝が乱立し、軍人が幅をきかせ、激しいインフレが生活を圧迫する。国境では異民族が侵入を繰り返し、戦場から戻った兵士が街に疫病を蔓延させる。そんな不安定で先行きが見えない時代を生きる人々の心を、「唯一絶対神」という強い神が摑んだのかも知れません。

背教者ユリアヌス――腐敗したキリスト教を批判する

三三七年五月、ローマを再統一し「大帝」と呼ばれたコンスタンティヌスが亡くなると、コンスタンティノープルで軍が反乱を起こします。大帝亡き後の覇権をめぐってのことでした。この混乱の中、三人の息子を除き、大帝の親族はほとんどが殺されてしまいます。

生き残った三人の息子、長男コンスタンティヌス二世（在位三三七〜三四〇）、次男コンスタンス（在位三三七〜三五〇）、三男コンスタンティウス二世（在位三三七〜三六一）は、同年九月、揃って「アウグストゥス（正帝）」の称号を得、三人で帝国を分け合い統治することを決めます。

しかし、兄弟による分割統治は長くは続きませんでした。

三人が互いを攻撃するようになると、当然、皇帝権力は弱まります。皇帝権力が弱まると、その隙を突いて帝位簒奪者が現れるというのがこの時代の常ですが、ここでも同じことが起き、帝国は再び混乱してしまいます。

大帝の死によって始まった、十五年にわたる権力闘争を勝ち抜いたのは、大帝の三男コンスタンティウス二世でした。

コンスタンティウス二世は、単独統治の難しさを知っていたのでしょう。三五五年、アテネ留学中の従弟ユリアヌス（三三二～三六三／在位三六一～三六三）を呼び戻し、副帝に迎えます。

当時ユリアヌスは二十三歳、軍事経験はありませんでしたが、天賦の才があったのでしょう、ガリア及び国境が不穏なライン川周辺の管理を任せられると、見事にゲルマン人を撃退しただけでなく、税制改革までも成功させてしまったのです。こうしてユリアヌスは、軍と市民の両方から熱烈に支持されるようになります。

これに不安を覚えたコンスタンティウス二世は、ユリアヌスの軍事力を削《そ》ぐために、長引くペルシアとの戦争に、ユリアヌスの軍から精鋭部隊を派遣するよう命じます。

これに反感を覚えたのは、ユリアヌスの軍でした。彼らはユリアヌスを正帝に擁立し、コンスタンティウス二世に承認を迫ります。しかしコンスタンティウス二世はこれを拒否。両者は対決姿勢を余儀なくされます。

そして三六一年、ついにコンスタンティウス二世はユリアヌス討伐に動き出します。それでも自分の意思に反して祭り上げられてしまったユリアヌスは、コンスタンティウス二世と話し合う機会を最後まで望んでいたといいます。

両者の争いは、思わぬ形で終わりを迎えます。コンスタンティウス二世が、行軍の途中で熱病にかかり亡くなってしまったのです。

コンスタンティウス二世が残した遺言状には、意外にもユリアヌスを後継者に、と記されていたといいます。

コンスタンティウス二世が亡くなった翌月、ユリアヌスは彼の後継者としてコンスタンティノープルに入城し、正式にアウグストゥス（正帝）となります。

後世、キリスト教関係者から「背教者」と呼ばれるユリアヌスですが、彼の基本姿勢は、「異教徒もキリスト教徒も個々人の信教は認められる」というものでした。そして、この言葉通り、ユリアヌスは追放されていた聖職者を呼び戻しています。

では、なぜ彼は「背教者」と呼ばれなければならなかったのでしょう。理由は二つあります。一つはローマ古来の神々への祭儀を復興しようとしたこと。もう一つは、痛烈な教会批判を行ったことです。

コンスタンティヌス大帝がミラノ勅令でキリスト教を公認してから、ユリアヌスが皇帝になるまで約五十年、この間にさまざまな優遇を受けたキリスト教会は、早くも腐敗が進んでいました。

この時代、物欲にかまける空気が衰退し、多くの人が富や欲望に振り回される生活にむなしさを感じ始めていました。そうした人々を吸収したのが、清貧を旨とするキリスト教でした。

教会が「富める者が天国に行くには財産を施せばいい」と説いたことで、教会には富裕層からの寄付が集まりました。たとえば、亡くなった人がキリスト教徒だった場合、所有していた土地を教会に寄付するといったことが、ごく普通に行われていたのです。

ところが、当時の寄付の証文の中には、明らかに偽造されたとわかるものがたくさんあるのです。その中には、コンスタンティヌスが土地を教会に与えたというものまであります。

誰がこうした偽造を行ったのでしょう。当然、それによって利益を得るもの、つまり教会が証文を偽造していたらしいのです。

聖職者がそんなことをするとは思えないかも知れませんが、こうした偽証文《にせ》は、ローマに限らず、そしてこの時代に限らず、ヨーロッパ各地でごく当たり前の如く見つかっています。

幼いときからギリシア・ローマの古典を勉強していたユリアヌスは、学者に引けをとらない学識の持ち主でもありました。そうした資質を持つ彼にとって、清貧を説くキリスト教会が私腹を肥やすために証文を偽造するなど、あってはならないことでした。

我慢ならなくなったユリアヌスは、激しい口調でキリスト教会批判を行っています。

「神々を恐れぬガリラヤ人」どもは、幼児を甘い菓子で何度もだますがごとく、友愛や自己犠牲という甘い言葉で、多くの人々をたぶらかし、崇めるべき神々への畏敬《いけい》から遠ざけているようだった。

哲学に傾倒し、ミトラス信仰をはじめ諸々の密儀宗教にも参加していたユリアヌスにとって、人間を守護してくれる神々への祭儀を拒《こば》むキリスト教信者は、無神論者に見えました。

先にも触れましたが、古代の人々にとって神々の存在は疑いを挟む余地のないものでした。古代に神々の存在を疑う者など一人も存在していなかったのです。そうした人々にとって、神々の存在を無視するように祭儀を拒否し、自分たちが勝手につくり上げた「唯一神」に向かってのみ祈るキリスト教徒（ユダヤ教徒も同じですが）は、ふとどききわまりない無神論者に見えたのです。

それでも賢いユリアヌスは、弾圧や迫害といった権力にもとづく暴力的手段を行使することは、決してありませんでした。なぜなら、そんなことをすれば新たな殉教者の美談が生まれ、それがキリスト教の宣伝に使われるだけだとわかっていたからです。

あくまでも彼は、異教の古典文化に親しむ教養人として、ギリシア・ローマの伝統にてらし、キリスト教がいかに腐敗しているかということを、言葉を用いて批判することに終始しています。

そんな彼も、一つだけキリスト教を評価しているところがありました。

それは、恵まれない人たちに対し保護活動を行っていたことです。

貧しい人々、あるいは離婚や死別によって夫や父親など保護者をなくした女性や子供といった「恵まれない者」を保護しなければならないという考え方は、何もキリスト教独自のものではなく、ユダヤ教の経典でもある『旧約聖書』にすでに見ることができるものです。とは言え、キリスト教はそうしたものを単なる教義に止《とど》めるのではなく、実際に保護活動を行っていました。

そのことに関してだけは、ユリアヌスも「われわれもああいうところは真似しなければならない」と高く評価しているのです。

キリスト教に関しての話が長くなりましたが、ユリアヌスはキリスト教批判ばかりに力を入れていたわけではありません。

彼の治世は二年という短いものでしたが、増えすぎていた宮廷の人員を削減し、国費の節約を行ったり、没落しつつあった地方都市の有力者を救済するために減税を行ったり、数々の行政改革を行い国家の安定を図っています。

そんなユリアヌスの最期は、ペルシア遠征の最中、流れ矢に当たり命を落とすというあっけないものでした。

フランスを代表する歴史家ポール・ヴェーヌは、著書『「私たちの世界」がキリスト教になったとき――コンスタンティヌスという男』（岩波書店）の中で、次のような疑問を投げかけています。

「もしユリアヌスが、あと二〇年間生きていたら、本当にキリスト教があれだけ普及しただろうか」

ユリアヌスは、亡くなったとき、まだ三十代前半の若さでした。何もなければ、後二十年は生きることができたはずです。

たった一人の人間の存在が、歴史を変えるような大きな変化を生むことはよくあります。そういう意味では、ユリアヌスが若くして亡くなったことは、キリスト教にとっては大きな幸いだったのかも知れません。

キリスト教はなぜ広まったのか

ユリアヌス以後の皇帝は、キリスト教に熱心だった者も不熱心だった者もいますが、ユリアヌスのようにはっきりとキリスト教批判をした人はいません。そういう意味では、コンスタンティヌス以降のローマ皇帝は、ユリアヌスを除いて、キリスト教に対しては柔軟な姿勢を取ったと言えます。

このことについて、ポール・ヴェーヌは、コンスタンティヌス以降の皇帝たちの選択が、キリスト教の普及に大きな意味を持っていると指摘しています（『「私たちの世界」がキリスト教になったとき』）。

つまり、皇帝たちがキリスト教にかなりの保護を与えたことが、キリスト教が民衆レベルで広がっていったことに繋がっている、というのです。

前近代社会というのは、為政者なり最高権力者の意思というものが、かなり強力な意味を持つ社会です。今のように民主的な考え方が当たり前の社会に生きていると気がつきにくいのですが、当時は今と違って、上から強力に推し進めることでうまくいくことがたくさんあったのです。

このことは、「古代経済の政治依存性」という言葉で、十九世紀にはすでに指摘されていたことですが、その多くは経済活動に関する考察にとどまっていました。

実際、古代における経済活動は、かなり政治に依存していました。その典型的な例が、政治がどこに軍隊の拠点を置くかによって、消費地が変化し、経済活動そのものが大きく変わるというものです。

ヴェーヌは、これと同じようなことがキリスト教の普及においても起きていたのではないか、と指摘しました。

つまり、これまで下のレベルから徐々に広がっていったと考えられていたキリスト教の普及が、実は上のレベル、具体的に言えば皇帝が保護したからこそ、その恩恵に与《あずか》ることを求めて下の人々が集まり、急速に広がっていったのではないか、というのです。

このことは、ユリアヌスさえ認めたキリスト教の「弱者保護」において、さらにキリスト教に有利に働いたと言えます。皇帝が教会に弱者保護を行う力、具体的に言えば金銭的援助や社会的保護を与えたことによって、恩恵に与りたい弱者が教会に集まり、結果的に教会の権威が高まっていくことに繋がっているからです。

このように考えていくと、確かに当時における皇帝権力がキリスト教の普及に大きく寄与したというヴェーヌの指摘は、鋭いところをついていると言えるのではないでしょうか。

コンスタンティヌス以降の皇帝が、キリスト教を保護したのは、本人の明確な意思だったというよりは、単に偉大な「大帝」の判断に倣っていれば間違いないというような安易なものだったと思われます。

かつての五賢帝時代には、トラヤヌスの政治がその後の皇帝の政治規範として大きな意味を持ったように、コンスタンティヌス以降は、ユリアヌスという例外はあったものの、基本的にはコンスタンティヌスの行った政治が皇帝たちに踏襲され、そのことがキリスト教の普及・繁栄に大きく影響したということです。

ヴェーヌは、一人の人間が歴史の中で果たす役割の大きさを過小評価してはいけない、と指摘します。二十世紀においてレーニンやトロツキーといった人がもし存在しなかったら、ロシア革命は起きていただろうか。起きていたとしても、それは全く違った形のものになっていたかも知れない。

同じようにコンスタンティヌスがこの時期にいなかったら、世界は大きく変わっていたのかも知れない、と。

ゲルマン人を受け入れられなかったローマ人

三六三年のユリアヌスの死後、帝国は再び三十年に及ぶ混乱期に突入します。戦場でユリアヌスの跡を継いだ司令官ヨウィアヌス（在位三六三〜三六四）は、首都コンスタンティノープルに帰還する前に命を落とし、帝国は後継者を失います。

その後、武官と文官の秘密会議によってウァレンティニアヌス（在位三六四〜三七五）とウァレンス（在位三六四〜三七八）という兄弟による共同統治が行われますが、兄弟はその治世のほとんどを辺境の防備に費やし、戦地で命を失います。

ウァレンティニアヌスの死後、西ローマは長男グラティアヌス（在位三六七〜三八三）、その異母弟ウァレンティニアヌス二世（在位三七五〜三九二）、さらにエウゲニウス（在位三九二〜三九四）と短命な政権が続きます。一方、東ローマは、ウァレンスが戦死した後、スペイン出身のフラウィウス・テオドシウス（三四七〜三九五／在位三七九〜三九五）が即位し、最終的にテオドシウスがエウゲニウスを破り、三九四年にやっとローマは再統一されるのです。

この混乱期を長引かせた最大の理由は、辺境外に住むゲルマン人の動きがにわかに騒がしくなっていたことでした。

いわゆる「ゲルマン人の大移動」です。

「ゲルマン人の大移動」と聞くと、突然ゲルマン人が大挙してやって来たように思うかも知れませんが、ゲルマン人はこのとき初めてやって来たわけではありません。

属州ゲルマニアというのがあることからもわかるように、かなり以前から帝国の中に属州として編入されている地域もありましたし、その他、家族や部族といった小さな単位で帝国に入り込んでいた人々もたくさんいました。

彼らの本拠地はローマ帝国の北方です。寒さが厳しい地域なので、気候が少しでも寒冷化すると、暖かいところを目指して南下してくることになります。南の中でもローマ帝国は文明地なので、彼らにしてみても、どうせ移動するならローマ帝国がいいということで、個々にはかなり早い時期から、ローマ帝国の中に入り込んでいるゲルマン人がたくさんいたのです。

そうして少しずつ入り込んでいたゲルマン人が、この時期に大移動を起こすことになったのは、東のフン族が西に大移動を起こしたことが原因でした。

では、フン族はなぜ西に大移動したのでしょう。

原因は、四世紀の後半に起きた、地球規模の寒冷化でした。

ユーラシア大陸では、暖かい方に行こうとしたとき、南に向かう他に、西に向かうというルートがあります。西に位置するヨーロッパは、緯度は同じでも、メキシコ湾流（暖流）の関係で、沿岸部に行くと比較的暖かいのです。

つまり、中央アジアのステップ地帯にいたフン族が、寒冷化によって西に移動したため、そこにいた東ゴート人、西ゴート人と言われるゲルマン人たちが、押し出される形でドナウ川の南岸にあるローマ帝国領内に大挙して移動してきたということです。

一気に大量のゲルマン人が流入してきたことで、ローマの中にはいろいろな意見が噴出するようになります。中には、「兵士が不足しているのだから、彼らをうまく使えば、再びローマ軍を大軍団にすることができる。ゲルマン人は兵士の貯蔵庫だと考えればいいんだ」と言う者もいました。実際、多くのゲルマン人が、この時期にローマ軍に吸収されています。

しかし、入って来た方にしてみると、待遇は期待したほどよいものではありませんでした。ローマ市民とは違う扱い方をされたり、野蛮人として差別されたり。そうした待遇に対する不満が、やがて騒動や反乱へと繋がっていくことになります。

そして、もめ事が起きると、ローマ軍が派遣されて鎮圧に当たるということが、何度も何度も繰り返されることになっていくのです。

ですから、これは現在の移民・難民問題とも非常に共通する点が多いのですが、ローマはゲルマン人の移動そのものは認め、ローマの中に彼らを受け入れもしたのですが、やはり違った価値観を持つ人たちが大量に入ってくるわけですから、どうしてももめ事が絶えなくなってしまうのです。

その原因は双方にありました。ゲルマン人にも不満がありましたが、ローマ人の方も我慢の限界とばかりに、怒り心頭に発する人々が絶えませんでした。

こうした繰り返される内紛が、ローマが滅亡に至った一つの大きな要因だと言われてきましたが、最近になって少し違う見方がなされてきています。

それは「ローマ人における寛容さの喪失」という視点です。

もともとローマ人は、寛容な人々でした。

勇敢に戦った敗戦将軍を受け入れ、雪辱のチャンスを与え、スキピオは差し出された美女を婚約者のもとに祝儀をつけて返しました。カエサルは自分を裏切ったブルトゥスを何度も許し、併合した属州の人々にローマのやり方を押しつけることもしませんでした。ローマ人に対してはもちろん、異民族に対してもローマ人は寛容な精神で対していたのです。

そうした「寛容なローマ人」が時間とともに変質し、非寛容になったことにこそ、ゲルマン人の大移動後に起きた、繰り返される暴動の本当の原因があるということです。

この視点は、現在のアメリカにおける不法移民への対処のあり方や、ヨーロッパ諸国の中東難民受け入れ問題など、この時期のローマが抱えていたのと類似した諸問題を考える上で、とても重要なものだと思います。

しかしこれらは非常に難しい問題です。ローマ人がどの程度の寛容さを見せていれば問題を未然に防ぐことができたのかというと、そこに明確な答えはありません。実際、ローマ人も非寛容になっていたとは言え、全く寛容さがなかったわけではありません。

ローマ軍は大勢のゲルマン人を単に兵士として受け入れただけでなく、能力のある者はきちんと認め、軍団の幹部にも登用しています。そういう意味では、この時期のローマも、ある種の寛容さは持っていたと言えます。

しかし、全体として見た場合、やはり異民族に対する嫌悪感を持つ人がいたり、明らかな差別行為をする者がいたりと、かつてのローマ人が持っていた「何でも受け入れる寛容さ」が失われていたことは事実と言えるでしょう。

この「異なる人々を、どのように処遇していくのか」という問題は、とても大きな課題として、その後の皇帝やローマ帝国そのものが背負っていくことになります。

ちなみに、この寛容から非寛容へというローマ人の変質は、キリスト教が国教化された後の、ローマ人の行動にも垣間見ることができます。

この後、ローマは異教の信仰を禁止し、キリスト教の国教化を推し進めていくわけですが、いくら国が禁止したと言っても、先祖代々信じていた神々に対する信仰を、みんながすぐに捨てられたわけではありません。人の心はそうたやすく変えられるものではないからです。

こうした過渡期に何が起きていたかというと、反面ではキリスト教を批判する人が増えているのです。

そういう意味では、やはりローマ人がかつて持っていた寛容さというものを喪失したことが、この時代の問題の根底にあったと言えるのではないかと思います。

スペイン出身の皇帝テオドシウスVS生粋のローマ人アンブロシウス

テオドシウスは、皇帝になるとすぐに洗礼を受け、正式なキリスト教徒になったという、熱心なキリスト教信者です。彼の宮廷は、ほとんどが正統派のキリスト教徒で占められていたと言われています。

テオドシウスは、ヒスパニアのカウカ（現在のスペインのコカ）の、上級将校の子供として生まれました。長ずると父について軍に入り、若くして国境の防備でそれなりの成果を挙げていましたが、北アフリカで司令官をしていた父親が残虐行為をした罪で処刑されると、その煽《あお》りを食って辞任に追い込まれてしまいます。

そんなテオドシウスを再び歴史の表舞台に引き上げたのは、西ローマの皇帝グラティアヌスでした。グラティアヌスは、戦死した東ローマの皇帝ウァレンスの後継者にテオドシウスを指名したのです。おそらく東部防衛の必要から、軍人として有能なテオドシウスに目をつけたのでしょう。

こうして東ローマの皇帝になったテオドシウスは、期待以上の有能さを見せます。彼は軍事面だけでなく、行政にも辣腕《らつわん》を発揮しました。

帝国の東部ではゲルマン人を同盟民族として定住を認め、西部ではグラティアヌスが亡くなった後、簒奪政権を倒してローマを再統一しています。

その皇帝テオドシウスが唯一膝を屈したのが、ミラノ司教アンブロシウスでした。

アンブロシウスは、テオドシウスより八歳ほど年上でローマ貴族の家に生まれています。帝国高官の家の息子として、法学や修辞学など高い教育を受け、三十五歳のときにはイタリア北部の州知事として活躍しています。政治の世界で活躍するのは属州出身者ばかりだった当時としては、珍しい生粋《きっすい》のローマ人気質の人物でした。

転機となったのは、ミラノで繰り返されていた宗教抗争を、鮮やかな捌《さば》きで解決したことでした。その後たまたま司教が亡くなったとき、歓呼する民衆によって、図らずも後任の司教に推挙されてしまったのです。

アンブロシウスは、一応キリスト教を信仰していたようですが、このときはまだ洗礼すら受けていなかったのですから、異例なことでした。

司教になったアンブロシウスは、持ち前の弁舌と鋭い見識で、異端派の聖職者を罷免《ひめん》したり、宮廷内の異端支持者に圧力を加えたり、着実に影響力を広げていきました。

「異端」という言葉を使いましたが、これはカトリックを正統なキリスト教とした場合の、キリスト教諸派を意味します。一方「異教」というのは、ローマの伝統的な信仰を含む、キリスト教ではない宗教を意味します。

当時、キリスト教の会派は確定しておらず、さまざまな派が自分たちの正統性と保護を訴えていました。

そのため、三七九年の即位と同時にカトリックの洗礼を受けたテオドシウスは、翌三八〇年にカトリックを国家の宗教とする勅法を出し、その翌年にはアリウス派をはじめとする異端諸派を禁じる勅法を出しています。

テオドシウスが異端を禁じる勅法を出した翌年（三八二年）、アンブロシウスがローマの元老院からヴィクトリア女神の祭壇を撤去させ、祭壇復旧を願う名門貴族のシンマクスと論争になった「ヴィクトリア女神の祭壇論争」が起きています。

「帝国の繁栄はローマ古来の神々を敬《うやま》うことにかかっている」

と抗議するシンマクスに、アンブロシウスは次のように言い放ちます。

「キリスト教徒は異教徒にキリストの祭壇を拝することを強いてはいない。異教徒もそうすべきだ」

結局この後、女神の祭殿が復旧することはありませんでした。

この時点では、「異端」は禁止されていましたが、「異教」は容認されていました。にもかかわらず、アンブロシウスは言葉巧《たく》みに、元老院から異教の祭壇を排除してしまったのです。

アンブロシウスが力を拡大してきていた三九〇年、エーゲ海の北岸に位置するテサロニケで、民衆約六〇〇〇人が虐殺されるという事件が起きます。

事の発端は、民衆に人気のあった戦車馭者《ぎょしゃ》が、禁止されていた同性愛の罪を問われ、守備隊長に捕えられたことでした。

この逮捕に不満を抱いた民衆が守備隊長を殺し、その知らせに激怒したテオドシウスは、軍隊が報復処置をとることを許します。

その結果が、民衆六〇〇〇人の虐殺でした。

すると、今度はこの知らせを聞いたアンブロシウスが、教会会議で皇帝の有罪を宣告し、テオドシウスの教会への立ち入りを禁じます。

アンブロシウスがいかに力を持ってきていたとは言え、彼はミラノの司教に過ぎません。

当時は、キリスト教会のシステムもまだ完全には出来上がっていないので、今のローマ教皇のようにカトリックの頂点に位置していたわけでもありません。権力ということで言えば、明らかにローマ皇帝テオドシウスの方が上です。

テオドシウス本人もそう思っていたのでしょう。当初はそれほど焦っていませんでした。

しかし、教会への出入りを禁ずるというのは、事実上の「破門」です。破門されるということは、信者の列から外され、永遠の命に与れないということですから、キリスト教徒にとってはこれほど辛《つら》いことはありません。

当然、テオドシウスもいろいろな手を打つのですが、アンブロシウスはそれを一切受けつけず、毅然とした態度で、皇帝自ら公の場で罪を懺悔《ざんげ》することを要求します。結局、破門されたくないテオドシウスは、アンブロシウスに膝を屈し、教会の秘蹟《ひせき》を受けます。

十一世紀に、時の神聖ローマ皇帝ハインリヒ四世が破門を解いて貰うために、雪の降りしきるカノッサの城門で三日三晩の断食を行い、教皇グレゴリウス七世に許しを請うた「カノッサの屈辱」を彷彿とさせるエピソードです。

これはテオドシウスが情けないという話ではなく、アンブロシウスの方が役者が上だったということだと思います。

『ローマ人の物語』の著者塩野七生氏とアンブロシウスの話をしたとき、彼女は「敵ながらあっぱれ」と称していましたが、アンブロシウスは、まさにスキピオやスッラ、そしてカエサルのような古き良きローマ人の資質を持った生粋のローマ人だったと言えるでしょう。

この後、三九一年にテオドシウスは異教神殿の閉鎖を命じ、翌三九二年には、ついに異教の

アンブロシウス

ミラノ司教アンブロシウスを描いたモザイク画。聖アンブロシウス教会蔵（ミラノ）。

信仰を全面的に禁じる勅法を出し、名実ともにキリスト教を国教化するわけですが、わたしはその陰に、アンブロシウスの影響があったのではないかと思っています。

そのことを示す史料は残っていませんが、アンブロシウスの言葉の中に、そのことを彷彿とさせるものが残っています。

ローマの支配下にある万人が地上の支配者にして元首たる陛下がたのために戦う如く、陛下がたは全能の神と聖なる信仰のために戦っておられます。何故なら各人が真の神、即ち万物を統べ給うキリスト教徒の神を真に拝さぬ限り、救済は確保され得ないからです。何となれば、この神こそ心底から崇めらるべき唯一真なる神なのです。聖書にある如く、異教徒の神々はダイモーンなのですから。

（「ウァレンティニアヌス二世宛書簡」『西洋古代史料集』）

この文章は、ヴィクトリア女神祭壇論争の際に、アンブロシウスがウァレンティニアヌス二世に宛てた書簡の一節です。

キリスト教（カトリック）をローマの国教にしたいアンブロシウスは、同じようなことをテオドシウスに囁《ささや》いたのではないでしょうか。

第12章　ローマが滅んだ理由

東西ローマ帝国の明暗を分けた経済

三九五年、テオドシウスはミラノで亡くなります。

後継者はテオドシウスの二人の息子でした。子供たちに後事を託すに当たり、テオドシウスは帝国を東西二つに分割しています。それまでも帝国は東と西に分割統治がなされたことはありましたが、それは合衆国のようなもので、あくまでもローマ帝国という一つの国家でした。しかし今回の分割は、結果としては東ローマ帝国と西ローマ帝国という二つの国家に分けることになりました。

東ローマ帝国が与えられたのは、長男のアルカディウス（在位三九五〜四〇八）でした。

西ローマ帝国を与えられたのは、次男のホノリウス（在位三九五〜四二三）でした。

アルカディウスは十八歳、ホノリウスは十一歳、どちらも皇帝になるのは早すぎる年齢ですが、特に弟のホノリウスは幼すぎました。

しかも、国そのものの条件も、東と西を比べると、軍事力、経済、人口、人材、すべてにおいて西の方が劣っていました。特に経済の低迷は致命的で、軍事力不足を補うための傭兵を雇うこともできず、結果、異民族の侵入を押さえることが難しくなっていきます。

当時の西ローマ帝国は経済の悪化が進んでいました。市場そのものが縮小し、かつてのように地中海世界全域でモノが動くのではなく、州単位、あるいは州の中のもっと狭い範囲でしか経済活動が行われなくなっていました。

人口が多ければ経済は回っていくのですが、西ローマは人口減少が進んでいたことが禍いしました。

人口が減少すると、都市の富裕層にかけられる税金負担が増えるので、都市から富裕層が逃げ出していくようになります。富裕層は農村に移住し、そこで「ヴィッラ」と呼ばれる館を建てて定住していきます。ヴィッラの周りには小さな集落ができたりしますが、都市と呼べるようなものではありません。

その結果、都市は富裕層が逃げ出したことで寂《さび》れ、農村も富裕層が住み着いたとしてもたいして発展しない、ということで西ローマは加速度的に国力が落ちていったのです。

一方東ローマは、都市がそのまま残りました。

東ローマは都市の富裕層が、海路を使った経済活動を行うことができたことが幸いしました。広い範囲から集めたモノを、船を使ってより広い範囲に送り出すことによって、人口が減少しても経済の活況を保ったのです。

ローマの経済は、完全に東に移行しました。

西ローマ帝国が、テオドシウスの死から百年足らずで滅びてしまったのに対し、東ローマ帝国が、その後も一千年近く命脈を保つことができたのは、都市が衰退しなかったことが大きく関係していたのです。

西ローマ帝国の滅亡

幼い皇帝に、低迷する経済。そんな状況の西ローマを支えたのは、テオドシウスの時代から重用されていたゲルマン人の将軍、スティリコでした。ホノリウスの後見を任されたスティリコは、異民族と戦い、ときには彼らを巻き込み、何とか西ローマ帝国の再興を目指しました。

しかしスティリコは、ゲルマン人であるために支持を得られず、最後は敵のゲルマン人と通じているという讒言《ざんげん》のため、四〇八年、処刑されてしまいます。

スティリコが亡くなって間もない四一〇年、西ゴート王アラリックにより、首都ローマが占領、略奪されるという苦難に襲われます。このときは、略奪するだけするとローマを離れているのですが、ローマの被害は甚大で、研究者の中には、このときを以て西ローマの事実上の滅亡と考えている人もいるほどです。

ローマは、紀元前四世紀の初めにも、ケルト人に占領されたことがありますが、そのときは、後に「ローマ第二の建国者」と呼ばれるカミルスの奮闘によって、ローマの奪還、再建が行われました。ローマ人はこの出来事を、ローマが帝国と呼ばれるほど発展しても、決して忘れなかったにもかかわらず、再び同じ屈辱を受けてしまったのです。

永遠の都であったはずのローマが、いとも簡単に西ゴート人によって蹂躙《じゅうりん》されてしまった。この受け入れがたい事実を前に、ローマではキリスト教を非難する動きが起こります。テオドシウスによって、すでに異教を祭ることは禁じられていましたが、非キリスト教徒はまだたくさんいました。そういう人たちを中心に、「キリスト教なんかが普及したからローマはこんな目に遭ったんだ」という非難の声が上がったのです。

実はこの時期に、古代最大の教父と謳《うた》われるアウグスティヌスが『三位一体論』や『神の国』といったキリスト教の正当性を訴える著作を書き上げているのですが、それは、そうしたものを書いて擁護しなければならないほど、キリスト教が批判にさらされていたということなのです。

先ほど、ローマを蹂躙したアラリックを「西ゴート王」と書きましたが、実はこのときすでに西ローマの中には異民族の独立政権がいくつも生まれ始めていました。

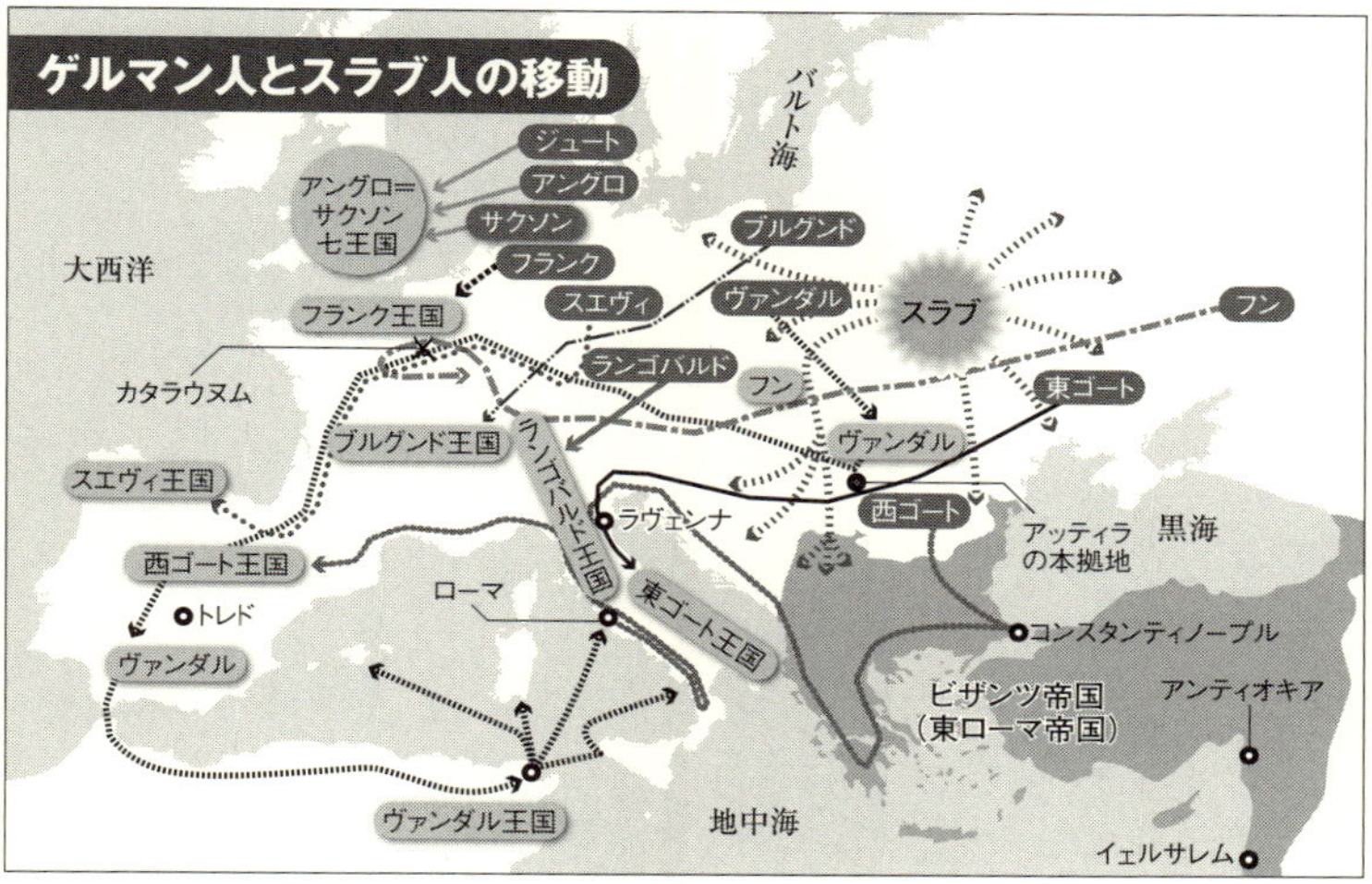

ゲルマン人の大移動以降、ローマ領内に大量に入り込んだゲルマン人の受け皿となったのが、慢性的な人員不足に悩んでいたローマ軍でした。ローマ軍に入ったゲルマン人は、やがて軍隊の幹部になり、場合によっては最高司令官にまで登りつめる者も現れるようになります。スティリコなどはその典型と言っていいでしょう。

アラリックもローマ軍傘下のゴート人部隊長として従軍した過去を持つ人物です。しかし、過酷な戦闘を強いられるにもかかわらず、わずかな見返りしか貰えないことに不満を抱いたアラリックは、ローマ軍に反旗を翻《ひるがえ》し、西ゴート王として名乗りを上げることになったのです。

アラリックが王を名乗ったことで、ローマの中にいたゴート族の人たちが彼を慕って集まり、大きな集団として、土地を荒らしたり強奪したり、最終的には安住の地を求めて領内に定住するようになっていったのです。西ゴートの場合は、最終的にイベリア半島に西ゴート王国を建てることになります。

同じような形で、ヴァンダル人は北アフリカに渡りヴァンダル王国を、ブルグンド人はガリア中部に、そしてアングロ・サクソンは、言うまでもありませんがブリタニアに、フランク人はガリア北部に、ランゴバルド人は北イタリアというように、それぞれは小さな単位ではありますが、さまざまな民族国家が、西ローマ帝国の中に出来上がっていったのです。

そして四七六年、ついに西ローマ帝国に最後の時が訪れます。

ゲルマン人傭兵隊長オドアケルが、西ローマ帝国の少年皇帝ロムルス・アウグストゥルス（在位四七五〜四七六）に退位を迫ったのです。

このときすでに、ロムルスに皇帝としての実権はありませんでした。真の権力者はゲルマン人傭兵部隊だったのです。

ロムルスを退位させたオドアケルは皇帝の地位には就かず、帝位を東ローマ帝国に返却しています。

皇帝を殺さず退位させ、その位を東ローマに返したオドアケルの行為は、ローマを一つにしたという意味では、ローマ帝国の再興と言えるのかも知れません。

退位したロムルスはその後どうなったのでしょう。ナポリ湾沿岸に移り住んだことまではわかっていますが、その後彼がどうなったのか、いつ死んだのかさえも記録には残っていません。

ローマを建国したのがロムルスなら、ローマ（西）を終わらせたのもロムルスだったというのは何とも不思議な巡り合わせです。

いつの時点を以て「ローマ帝国の終わり」と見るかという問題は、意見の分かれるところです。

先に述べたように、ローマがゲルマン人に蹂躙された四一〇年を以て実質的な終わりと見る人もいますが、やはり、四七六年のロムルス・アウグストゥルスの退位、つまり西ローマ帝国の滅亡を以てローマ帝国の終わりと見なすのが一般的と言えます。

もちろん、東ローマ帝国はこの後も、十五世紀にオスマン帝国によって滅ぼされるまで続きます。しかしそれは、「ローマ人の帝国」ではないのはもちろんのこと、もはや「ローマ帝国」でもなく、後世の人が名づけたように、コンスタンティノープルを中心とする「ビザンツ帝国」と言われるべきものになっているように思います。

東ローマ帝国の終焉

西ローマ帝国よりも経済的にいい条件でスタートを切った東ローマ帝国は、異民族の侵入を何とか防ぎつつ繁栄を続けます。

また、優れた皇帝に恵まれたことも、東ローマ帝国が繁栄できた大きな要因と言えるでしょう。なかでも特筆すべきは、ユスティニアヌス（四八三～五六五／在位五二七～五六五）の治世です。なぜなら、彼はローマを含むイタリア半島の奪還に成功しているからです。

しかし、彼の三十八年にも及ぶ長い治世は、必ずしも成功にばかり彩《いろど》られていたわけではありません。なかでも苦しめられたのは、治世五年目（五三二年）に起きた「ニカの乱」のときでした。

きっかけは戦車競走場で起きたレース後の騒動でした。騒動は市内全域に広がり、皇帝の政策に反対していた一部の元老院議員が暴徒たちと結託し、新皇帝の擁立を掲げてコンスタンティノープルの街は焦土と化しました。

暴動は何日も続き、ユスティニアヌスは宮殿から出られなくなっていました。

暴徒たちは多くの教会を含む壮麗な建築物を破壊し、膨大な量の財宝が何者かによって奪われました。コンスタンティウス二世によって造られた、最初のハギア・ソフィア大聖堂もこのとき壊されています。裕福な市民たちは暴動に巻き込まれることを恐れ、船に財宝を積んでアシアへと逃れます。皇帝の宮殿が襲われるのも時間の問題でした。

ユスティニアヌスも、退位しこの地を離れることを考えますが、皇后テオドラがこれを諌《いさ》めます。

テオドラは一介の踊り子からローマ帝国の皇后になった女性です。非常に有能でユスティニアヌスの治世を支えたことで知られますが、このときも毅然とした態度で、逃げ出そうとするユスティニアヌスに、「私は『帝衣は最高の死装束《しにしようぞく》である』という古《いにしえ》の言葉が正しいと思います」と言って、思いとどまらせたと伝えられています。

テオドラの言葉に奮起したユスティニアヌスは、軍に暴動の鎮圧を命じ、何とか暴動を鎮《しず》めることに成功します。

この暴動が転機となり、ユスティニアヌスは積極的に帝国運営をしていくようになります。反乱鎮圧後間もなくハギア・ソフィア大聖堂（現在のアヤソフィア博物館）など破壊された街の再建に乗り出し、翌年には偉大なるローマ帝国の復興を目指して、周囲の国々を征服し始めます。

まずアフリカのヴァンダル王国を滅ぼし、西ゴート王国からはヒスパニア南部を奪還、そして五五四年、ついにローマを含むイタリア半島を取り戻したのでした。

しかし、その栄光は長くは続きませんでした。

五六五年にユスティニアヌスが亡くなると、それを待っていたかのようにゲルマン系のランゴバルド人がイタリアに侵入、北アフリカとヒスパニアの南部も程なく奪われ、ローマ帝国は再びもとの東ローマ帝国の範囲に戻っています。

二十年に及ぶユスティニアヌスの領土拡大戦争は、一時的ではあったものの大ローマの再現という栄光をもたらしました。しかし、その代償は大きく、東ローマ帝国は莫大な戦費と多くの兵士の命を失っています。さらに、ユスティニアヌスの治世には疫病の大流行もあり、帝国にもはやそれを維持し続ける体力は残っていなかったのです。

この後東ローマ帝国は、十五世紀まで何とか帝国としての体裁を保ちます。しかし、九世紀頃から始まったスラブ人の侵入に少しずつ領土を奪われ、首都コンスタンティノープルはかろうじて活況を呈していたものの、帝国の体力は明らかに低下していました。

特に十一世紀後半から繰り返された十字軍とのもめ事では、一時期首都コンスタンティノープルを奪われるという、瀕死の状態にまで陥っています。一二六一年にラテン帝国を倒し、五十七年ぶりに首都を回復するものの、モンゴル帝国やオスマン帝国の侵攻に悩まされ続けます。

そして、一四五三年四月、オスマン朝トルコのスルタン、メフメト二世が、十余万の大軍を率いてコンスタンティノープルを包囲します。対する東ローマ帝国軍はわずか七〇〇〇。コンスタンティノス一一世（一四〇五〜一四五三／在位一四四九〜一四五三）率いるローマ軍は二カ月間抵抗を続けます。メフメト二世は、皇帝の命を保障し、財産とモレアスの領有を認めるとして降伏を勧告しますが、コンスタンティノス一一世はこれを撥《は》ね除《の》けます。

そして五月二十九日未明、オスマン軍が城壁を突破したと知ると、コンスタンティノス一一世はきらびやかな皇帝の衣《ころも》を脱ぎ捨て、「神よ、逃れんとする者を助け給え。死なんとする者は我とともに戦い続けよ」と言い、市中に溢れかえるオスマン兵の中に身を投じたといいます。

こうして、ロムルスの建国（前七五三年）から数えると二千二百六年の長きに及んだローマ帝国の歴史は終わりを告げたのでした。

ローマを生み、ローマから生まれた「三つの世界」

ローマ帝国が誕生する前、そこには「オリエント世界」、「ギリシア世界」、「ラテン世界」という三つの世界が広がっていました。

その三つの世界を、ラテン世界を中心とするローマが統合しました。

そして、「ローマ帝国」という一つの世界が生まれます。

その一つの世界は、やがて「イスラム教の世界」、「ギリシア正教の世界」、「カトリックの世界」という三つの世界に分かれていきます。

この新たな三世界を見ると、かつてオリエント世界だったところは「イスラム教の世界」になり、かつてギリシア世界だったところは「ギリシア正教の世界」になり、かつてラテン世界だったところは「カトリックの世界」にと、少々色合いは異なりますが、同じような場所に三つの世界ができていることがわかります。

なぜ以前と同じような場所に、新たな世界が構築されるのでしょう。

その背景にあるのは、「言語的な違い」だとわたしは思います。

「オリエント―イスラム教世界」は、アラム語、シリア語（後のアラビア語）など、基本的にセム語系の言語が使われる世界です。

「ギリシア―ギリシア正教世界」は、当然ですがギリシア語です。

そして、「ラテン―カトリック世界」は、もともとのラテン語に、同じインド・ヨーロッパ語族に属するゲルマン語が加わった世界です。

このように「言語」を基盤として、ローマ帝国が解体されていったことで、再び、もとのオリエント、ギリシア、ローマと同じような三つの世界に分裂することになったということです。

そう考えると、三つの世界の中で、「ギリシア―ギリシア正教世界」が古代の要素を最も色濃く受け継いでいる理由がわかります。この世界は古代もローマ崩壊後も、ギリシア語という同一の言語世界を踏襲しているからこそ、文化的なものを古代そのままの形で受け継ぐことができたということです。

古代ローマ帝国の公用語はラテン語でしたが、テオドシウス以降の東ローマ帝国ではギリシア語が公用語として使われています。七世紀以降の東ローマ帝国は「中世ローマ帝国」という性格を持ちますが、それも同一言語が使われたことで、古代世界を受け継ぎながら、中世という時代にうまく適応していくことができたからなのかも知れません。

一方「ラテン―カトリック世界」は、ラテン語というローマ世界を基本としながらも、ゲルマン語を母国語とする人々がつくり上げた世界なので、ギリシア世界のようなまとまりを見せることはありません。

最終的にはフランク王国が盟主となりまとまっていくわけですが、西ローマ帝国滅亡以降、ゴート王国、ヴァンダル王国、フランク王国などいくつもの国にさらに分かれています。それでも彼らが同じ「ローマ的なもの」を受け継いでいることも事実です。それは、一つは「キリスト教カトリック」という宗教、もう一つは「法律」です。

西ゴート王国ではローマ法にゴート人の慣習法を合わせた西ゴート統一法典をつくるなど、ゲルマン諸国がそれぞれに同様の法典を発布しています。

そうしたゲルマン諸国は、ラテン人と融和しながらフランク王国を中心に、最終的にはローマカトリック教会の承認を受けた、神聖ローマ帝国としてまた統合されていきます。

よく「マホメットなくしてシャルルマーニュ（カール大帝）なし」と言いますが、それはフランク王国がウマイヤ朝イスラムの攻撃を斥けたトゥール・ポワティエ間の戦い（七三二年）を機に、ヨーロッパ諸国がフランク王国を中心にまとまっていくことになるからです。

神聖ローマ帝国誕生の背景には、カトリック諸国をまとめるローマ教皇の力とともに、イスラム教世界の存在があったということです。

そう考え、神聖ローマ帝国誕生の契機となったトゥール・ポワティエ間の戦いまでを古代末期と考える研究者もいます。

どの時点までを古代末期と捉えるかは、いろいろな視点があり、まだまとまっていませんが、いずれにしても、ローマによる三世界の統合が長い年月をかけてなされたように、ローマが新たな三世界へ解体されていく過程も長い年月を要しているということは言えるでしょう。

古代末期というのは、単なる衰退期ではなく、ローマによって一つに統合された世界が再び三つの世界に分裂し、新たな世界を構築していく時代と見ることもできるのです。

ローマ帝国滅亡の原因——交響曲『古代末期』

最後に、ローマ史を考える上ではずせない問題、「なぜローマ帝国は滅びたのか」ということについて言及しておきたいと思います。


ローマ帝国滅亡の原因はどこにあったのか。

そう問いかけることは、わたしのような歴史を専門とする者にかぎらず、歴史に学ぼうとする人々にとっても、とても大きな意義があります。

しかし、これまで多くの人々がこの問題に取り組み、語ってきたその「シナリオ」は、ゲルマン人、キリスト教、人口減少、気候変動、インフラ劣化、鉛中毒などあまりにも多種多様です。ある研究者によると、これまで出されたローマ帝国の滅亡原因を細かく分類すると二一〇種にも及ぶといいます。しかも、それらはいずれもそれなりの根拠を持っているのですから、この問題は難しいのです。

そこで本書では、それぞれの細かい要因については専門書に譲り、大きな視点からローマ帝国の滅亡の原因を考察していこうと思います。木を見て森を見ずという言葉がありますが、あまり細かいところに照準を合わせすぎると、見えなくなってしまうものもあります。

わたしが試みようと思っているのは、ローマ帝国の滅亡を、交響曲『古代末期』として奏《かな》でることです。古代から中世へ移りゆく時代を、ローマ帝国という巨大な世界が分裂していく過程、つまり「旋律（流れ）」として見ていこう、ということです。

交響曲「古代末期」の第一楽章は、「ローマ帝国衰亡史」。

これはギボンに代表される、ローマ国家の終焉を帝国の衰亡として捉える旋律です。その核をなすのは、やはり経済の衰退です。これは、人口の減少やインフラの劣化など、繁栄した国が絶頂期を過ぎた後に、必ず直面する問題です。

第二楽章は「新ローマ帝国衰亡史」。

これは、京都大学で西洋古代史を専門とされている南川高志氏の同名タイトルの著書『新・ローマ帝国衰亡史』をヒントに、ローマという国家の衰退を、主に異民族問題として捉える旋律です。

そして、最後の第三楽章は、ローマの滅亡を従来のように「衰亡」として見るのではなく文明の「変質」として捉える旋律です。

ここでの大きなテーマは、ローマ人の「変質」です。当初弾圧していたキリスト教がなぜ受け入れられていったのか、異民族に対し寛容だったローマ人がなぜ非寛容になっていったのか、ローマ人の変質を古代から中世へと移りゆく文明の変質のひとつとして捉えていく試みです。

ローマ帝国の滅亡は、一つの国家の衰亡であると同時に、新たな時代が生まれるプロローグでもあるのです。歴史は一日の断絶もなく続く人々の営みの結果であることを、交響曲『古代末期』から感じていただければと思います。

【交響曲『古代末期』第一楽章　ローマ帝国衰亡史】経済の衰退

紀元前一四六年、ローマは長きに及んだカルタゴとの戦いに勝利しますが、働き手の男性が兵士にとられたことで、農地が荒廃し、経済的に困窮した農民は次々と農地を手放し無産市民が急増しました。

農民たちが手放した農地は、富裕層のものとなり、「奴隷制ラティフンディア」が生まれます。これを支えたのが、労働力としての奴隷でした。

労働力を奴隷に頼っていたのは、何もローマに限ったことではありません。古代地中海世界は基本的に奴隷制社会でした。

ではその奴隷は、どのようにして調達されていたのかというと、主な供給源は戦争捕虜です。つまり、ローマが地中海の覇者となったときに奴隷制ラティフンディアという新しい経済システムが誕生した背景には、長引く戦争による農地の荒廃と農民の困窮という要因に加え、戦争によって大量の戦争捕虜をローマが得たことによる、奴隷の余剰というもう一つの要因があったということです。

しかし、帝政期に入り「パクス・ロマーナ（ローマの平和）」と呼ばれる時期になると、大きな戦争が減ったことで、今度は奴隷が枯渇するようになっていきます。

この間もローマは戦争を行っていますが、それは国境を守るためのもので、新たな奴隷の供給には繋がりませんでした。奴隷の枯渇は、奴隷制社会にあっては労働力の減少と同義なので、経済に大きな影響を及ぼすことになります。

ここでひとつ不思議なことが起こります。それは、この時代の奴隷供給量の減少と、実際の奴隷の数を比べてみると、供給量が大きく落ち込んでいる割には、奴隷の数はそれほど大きく減っていないのです。少なくとも戦争捕虜が得られなくなってから、ローマが奴隷枯渇状態に陥るまで四百年ほどかかっているのです。

このような話をすると、奴隷の子が新たな需要を満たしていたのだろう、と言う人がいるのですが、それは不可能なのです。

なぜなら、奴隷の子供が生まれるためには、大量の女奴隷が必要だからです。もちろんこの時代に女奴隷がいなかったわけではありません。しかし、需要を満たすほど子供を産むためには、計算上、男奴隷と同数か、それ以上の女奴隷が必要になります。この時代は子供が乳幼児期を超えて成長できる確率が非常に低かったからです。五賢帝最後の皇帝マルクス・アウレリウスが一四人もの子供を授かりながら、無事に乳幼児期を超えることができたのは半分に満たない六人しかいなかったことを思い出して下さい。

最善の環境が与えられたであろうローマ皇帝の子供ですら、そうなのですから、最も劣悪な環境で育つ奴隷の子供の生存率が、かなり低かったことは容易に想像がつきます。

さらに、奴隷は、もともと戦争捕虜でしたからそのほとんどが男性でした。カルタゴ陥落のときのように、一つの都市の住人すべてを奴隷とした場合は女性もいたでしょうが、労働力としても男性の方が都合がよかったので、奴隷の男女比は圧倒的に男性が多かったのです。

戦争捕虜が得られないこの時代に、奴隷の子供が供給源でないとすれば、何が四百年もの間、ローマの奴隷制を支えたのでしょう。

実はこの問題は、わたしが博士論文で取り組んだテーマです。

『薄闇のローマ世界』と題したわたしの論文の結論は、「捨て子」でした。

実はローマには、捨て子の事例がとてもたくさんあるのです。

そうした捨て子を奴隷として売った場合、かなりの数の奴隷が見込めます。もちろんそうしたことを可能にするには、捨て子を集めて、主人の言うことを聞くように躾《しつ》け、奴隷としての価値を高めた上で売るという、専門の奴隷商人の存在が必要です。

これはわたしの仮説ではありますが、単なる想像ではありません。奴隷商人が捨て子を養育するために雇っていた乳母の契約書や、孤児を育てていたことを記した当時のパピルス文書などが実際に発見されているのです。

スパルタクスの時代（前一世紀）まで頻繁に起きていた奴隷の反乱が、パクス・ロマーナ以降ほとんど起きていないことも、奴隷の質が変化したことを暗示しています。つまり、それまで戦争捕虜が中心だった奴隷が、奴隷としてきちんと教育された孤児に変化していたと考えられるのです。

しかし、戦争捕虜がいなくなった後も、別の形で奴隷が供給され、結果的に奴隷制社会が長引いたことが、ローマ経済の発展・成長を阻むことになります。

ローマ文明は、舗装道路、上下水道、アーチ構造にローマンコンクリートなど非常に高い技術力を誇る文明です。それらは必ずしもローマ発祥の技術ではないかも知れませんが、どれもローマ人によってソフィスティケートされたものです。そうした高い技術力を持っていたにもかかわらず、それを活かす形での経済成長がローマには見られないのです。

たとえば、十八世紀の産業革命は、蒸気機関の発明によってなされたとよく言われますが、実は蒸気機関の原理そのものは、ヘレニズム時代からすでに知られており、ローマ時代でも神殿の扉が自動で開く装置に蒸気機関が使われていました。

でもそれは、あくまでも神殿の神秘性を演出するための工夫として使われていただけで、近代のように作業効率をよくするために用いられたわけではありません。

そのため大々的に使われることのないまま、蒸気機関は長い間忘れられてしまったのです。

なぜ高い技術が効率化のために用いられなかったのでしょう。

それは、面倒くさいことや大変なことは、すべて奴隷にやらせていたからなのです。

人はどんなに高い技術や教養を持っていても、改善の必要性を感じなければ、それを活用しようとは思いません。つまり、自分が大変な思いをしているわけではないので、合理化し、経済活動を発展させようという発想自体が生まれなかった、ということです。

奴隷制社会が、イノベーションに繋がるインセンティブを失わせ、その結果、経済成長を目指すという観念すらないまま、経済の衰退が起きていったのです。

戦争捕虜から捨て子へと、奴隷の供給源を変えることで奴隷不足を補ってきたローマですが、人口減少から捨て子も限界を迎えるようになると、奴隷制ラティフンディアは廃《すた》れていきました。富裕層は新たな労働力として、一般の自由人を「小作人（コロヌス）」として雇うようになります。

コロヌスは奴隷と違い自由人なので、収穫物は地主の総取りというわけにはいきません。地主は小作料という形で収入を得ることになります。

ところが、コンスタンティヌスの治世に、奴隷の供給が完全に失われると、安定した労働力を確保するために、コロヌスの移動が禁じられてしまいます。そして、経済が低迷すると、移動を禁じられたコロヌスは安定した税収源と見なされ、重い小作料が課されるようになっていきました。

こうしてもともと自由人だったはずのコロヌスは、移動を禁じられた上、重い小作料を課され、結婚相手も同じコロヌスの異性に限られ、生まれた子供もコロヌスの身分を引き継ぐという、不自由な身分へと変化していったのです。

そして、ローマの解体後も、コロヌスは土地を離れることなく、やがて中世ヨーロッパの農奴へと移行していくことになるのです。

インフラの劣化は経済力を低下させる

経済の衰退でもう一つ見逃せないのが、インフラの劣化です。経済力の低下が最も顕著に表れるのがインフラの劣化だからです。

共和政期、ローマの貴族には「財力」が必要不可欠な資質とされていました。なぜ貴族に財力が求められたのかというと、ローマの拡大を支えていたのが貴族の財力だったからです。

道路や水道といった基本的な都市のインフラ整備はもちろん、市民の娯楽の場である円形闘技場や劇場など、現在なら国家がするべき都市のインフラ整備は、そのほとんどが貴族のポケットマネーで賄《まかな》われていました。

もちろん資金を出すからといって、こうした公共物を誰でも勝手に造れたわけではありません。元老院に申し出をし、許可を得てはじめて造ることができました。

こうして造られた建造物には、出資した貴族の名前が刻まれます。水道や道のように名前を明示できないものは、出資した貴族の名前を冠して「○○街道」「○○水道」と命名され、誰がそれを造ったのか、人々にわかるようになっていました。

たとえば、ローマで最も有名な「アッピア街道」は、執政官だったアッピウス・クラウディウス・カエクス（前三四〇～前二七三）が造ったものなのでアッピア街道と呼ばれているのです。ちなみにアッピウスは、街道の他に、ローマ最古の水道として知られる「アッピア水道」も造っています。

なぜ個人が公共のためにそこまでしたのか、と思うかも知れませんが、ローマ貴族にとって公共に益するものを提供することは、とても名誉なことだったのです。

ラテン語で名誉を「ホノル」と言います。これは英語の「honor／名誉」の語源になった言葉ですが、ラテン語のホノルには名誉の他にもう一つ「公職」という意味もあります。つまり、ローマ人には、公共に資することを「ホノル（名誉）」とする価値観があったのです。

こうした個人の資産に頼った公共施設の建設は、帝政期に入ると、「プリンケプス（市民の第一人者）」である皇帝に集約されるようになっていきます。

たとえば、ローマには「ローマ水道」と呼ばれる上水道が、全部で一一本ありますが、帝政期に入ってから造られた五本は、すべて皇帝によって造られたものです。

こうした建築物や道路、水道などの施設は、造ればそれで終わりというものではありません。その機能を保ち、安全に活用し続けるには、定期的なメンテナンスが必要です。

ローマにも、そのための公職「アエディリス（造営官）」があり、当初はきちんとしたメンテナンスが行われていました。

しかし、時代を経るごとに建築物は増え、それらすべてを補修・管理するのが難しくなっていきます。さらに、古くなると劣化が進み、メンテナンス自体に手間と費用がかかるようになります。

ローマのアッピア街道など、三世紀の危機と言われた軍人皇帝時代には、すでに造られてから六百年ほどが経っていることになります。もちろんその間に何度も修復は行われていますが、根本的な老朽化は如何《いかん》ともしがたいものがあったのも事実でしょう。

公共物は造営官が管理していたとは言え、インフラの多くは富裕層が私財を投じて造ったものだったため、そもそも国家がインフラに責任を持つという意識も希薄でした。

さらに、かつて公共に資することをホノルと感じていた富裕層が、経済の悪化に伴う重税を嫌い、都市を離れていったことも、インフラの劣化を加速させました。

「トラヤヌスの浴場」や「カラカラ浴場」など、ローマにはパクス・ロマーナの時期に皇帝が私財をつぎ込んだ巨大な「テルマエ（公共浴場）」がいくつもありましたが、盛況を誇ったテルマエも四世紀になると衰退し、姿を消してしまっています。

その最大の理由は、インフラの劣化と労働力としての奴隷の枯渇でした。巨大なテルマエは、多くの水と燃料とそこで働く大勢の奴隷を必要としました。しかし、水道の劣化で水の供給は滞《とどこお》り、奴隷の減少で労働力を確保できなくなってしまったのです。

ローマの繁栄を象徴する巨大なテルマエは、インフラの劣化とともに姿を消し、ローマ滅亡後に生まれた三世界でも復活することはありませんでした。

巨大なテルマエは最盛期の世界帝国だけが成しえた繁栄の賜《たまもの》だったのかも知れません。

【交響曲『古代末期』第二楽章　新ローマ帝国衰亡史】国家の衰退

国家という組織の中心には、常に財政力と軍事力があります。財政の基盤となる徴税をスムーズに行うためには、国家に求心力が必要です。ローマ帝国の場合の求心力は、皇帝権力の強さと言ってもいいでしょう。

パクス・ロマーナの時期に、民衆が自然発生的に皇帝を「ドミヌス（ご主人様）」と呼ぶようになったという事実は、皇帝権力の確立がローマの平和の土台となっていたことを表しています。

しかし、その絶大な皇帝権力も、三世紀の軍人皇帝の時代に地に落ちてしまいます。民衆の主人であった皇帝は、この時期、軍隊に生殺与奪権を握られた、非常に頼りない存在になってしまっています。

そのため軍人皇帝後の皇帝、ディオクレティアヌスやコンスタンティヌスは、かつての皇帝権力を取り戻すためにさまざまな努力をしています。

ディオクレティアヌスは、ローマの神々への礼拝を義務づけ、その宗教的な力を利用して権威を高めようとし、コンスタンティヌスは宗教の中でもキリスト教を公認することで、皇帝の命に従わない者がいないという状況をつくり上げています。

さらに彼は、ビザンティウム（後のコンスタンティノポリス）に遷都し、質のいい金貨を市場に提供することで、民衆に皇帝に対する敬意を持たせる努力をしています。

こうした努力の甲斐あって、ディオクレティアヌスやコンスタンティヌスはある程度の皇帝権力を持つことに成功しますが、彼らが亡くなるとすぐにまた軍隊が台頭しているので、全体として見るとやはり皇帝権力が安定したとは言いがたい状況が続きます。

その最大の理由は、「軍隊の肥大化」ですが、それを後押ししたのは辺境を騒がす異民族の存在でした。北のゲルマン人、東のパルティア、ササン朝ペルシア、彼らを押さえ込むには、軍隊を国境に配属するしかなかったのです。

軍隊を辺境に配属すれば、当然のことながら多くの経費がかかります。

そもそも前近代社会というのは、国家予算の三分の二は軍事費というのが当たり前の世界です。その中でさらに軍事費を強化しなければならないとなると、徴税を強化するしかありません。世の中が乱れ、経済が低迷する中、民衆の負担を増やせば、当然の結果として皇帝への忠誠心が失われ、権力の低下に繋がります。

つまりこの時期のローマは、「皇帝権力の低下↓異民族の侵入↓軍隊の強化↓徴税強化による皇帝権力の低下」という悪循環を繰り返すことで、国家としての体力がそぎ落とされていったのです。

そして、四世紀末のテオドシウスの死後、ローマ帝国は東西に分裂するわけですが、このときすでに西ローマ帝国は「風前の灯《ともしび》」と言っても過言ではないほど弱っていました。

そんな瀕死の西ローマ帝国が生き延びるために選んだのが、「毒を以て毒を制す」というリスクの高い道でした。

毒を以て毒を制すとは、フン族に押されて帝国内に流入したゲルマン人を、傭兵としてローマ軍に組み入れ、国境に迫り来るゲルマン人を含む異民族に当たらせるということです。

しかし、このような策が長続きするはずもなく、西ローマ帝国は、その体内に深く入り込んだ異民族にその身を蝕《むしば》まれることになります。

中でもヴァンダル人によるローマの蹂躙《じゆうりん》、略奪による被害は致命的で、かろうじて皇帝は形をなしていましたが、すでに皇帝権力と呼べるものはなく、その皇帝の側《そば》にいたのはローマ軍とは名ばかりのゲルマン人傭兵部隊でした。

そうした中で、ゲルマン人傭兵隊長のオドアケルがロムルス帝を退位させたのは、国家転覆や権力の簒奪というより、むしろ、すでに命運の尽きていた西ローマ帝国の現実を突きつけることで、年若い皇帝を皇帝権力という幻想から解き放ってあげるための行動だったのではないかとさえ思えてきます。

このように俯瞰すると、皇帝権力の喪失は、権力を回復させたかに見えるコンスタンティヌスのときに始まっていたのかも知れないということが言えそうです。

なぜなら、コンスタンティヌスこそが、帝国領内に移住していた異民族出身者を軍人として公然と登用した最初の皇帝だからです。

それは、軍制改革、強力な機動軍の創設という美名のもと密《ひそ》かに行われていました。そして、この自由な機動軍の創設が、固定した辺境の兵力の削減を招き、国境線を曖昧にし、さらなる異民族の侵入を容易にしたことを考え合わせれば、コンスタンティヌスの治世を、国家の衰退のターニングポイントとして見るべきなのかも知れません。

国境をゾーンで捉えることで見えてくるもの

『新・ローマ帝国衰亡史』の中で京都大学教授の南川高志氏は、当時のローマ帝国の国境線の曖昧さを指摘した上で、イギリスの学者ホイタッカーの研究に基づき、国境を線ではなく、もっと幅の広い「ゾーン」として捉えることを提唱しています。

ローマ軍が駐留する最前線の峻厳に見える人工の防壁も自然国境を成すと見られる大河も、実際には至る所で開かれており、平時には防壁を越え大河を渡って人と物が行き来していた。

（南川高志著『新・ローマ帝国衰亡史』岩波新書）

当時の国境は、現在の国境のように確定されたものではありません。それはなんとなく出来上がった棲《す》み分けによるもので、人々はその場所で交戦していない限り、自由に行き来をし、交易をしながら日々の生活を送っていたのです。

実際、こうした「国境ゾーン」で、頻繁な交流・交易が行われていたことは、考古学調査からも明らかになっています。

異民族の人たちと、国境の最前線に駐屯する軍隊の人々の日常的な交流は、私たちがこれまで「異民族の侵入」「国境」「最前線」という言葉からイメージしていたものとは、かなり差があるのではないでしょうか。

でも、そういう曖昧な国境だったからこそ、帝国領内に多くのゲルマン人が入り込み、また軍隊にも彼らを受け入れる土壌ができたのではないでしょうか。

「ゲルマン人の大移動」と聞くと、ある日突然ゲルマン人が大挙して押し寄せてきたような気がしますが、実際にはフン族に押されて大挙してくる以前から、ゲルマン人は帝国内に少しずつ流入していたのです。

コンスタンティヌスが採用した異民族出身者は、そうした先駆的ゲルマン人たちでした。軍人として採用された彼らは、次第に軍の中枢部にまで入ってくるようになり、やがて強力な機動軍を創設。機動的な軍隊が増えてくることで、それまで国境ゾーンに配備されていた軍が削減されることになるのですが、これは国境ゾーンのゲルマン人たちからすれば、帝国が門戸を開いたかに見えたのかも知れません。

それまでも国境ゾーンに行き来する隙はありましたが、駐留するローマ軍が削減されたことで、その隙間がさらに大きなものになってしまったからです。

国境ゾーンの往来はさらにしやすくなり、異民族が大挙して入り込んでくる余地が生まれたのです。

西ローマ帝国が、窮余の策として数多くのゲルマン人を軍隊に採用しますが、このとき用いられたゲルマン人というのは、国境の守備が手薄になったことで、新たに国境ゾーンに入って来ていたゲルマン人たちだったのです。

コンスタンティヌスが国防力を上げるために採用した機動部隊の創設が、結果的に多くのゲルマン人を国境ゾーンに招き入れる結果に繋がってしまったということです。

【交響曲『古代末期』第三楽章　古代世界の終焉】文明の変質

ロムルスの建国から、西ローマ帝国の滅亡まで約千二百年、東ローマ帝国の滅亡までだと約二千二百年にもなる長いローマ史を振り返ると、共和政期のローマ人と、帝政末期のローマ人とが全く異なる人々のように見えてしまいます。共和政期に、ギリシアの使者に「数多くの王者の集まりの如く見えた」と言わしめた骨太のローマ人の姿を、帝政末期のローマ人に見ることはできません。

こうしたローマ人の変質は、一言で言うなら、「共同体から個人への変質」と言えます。そしてローマ史の中で、この変質は、古代以来の「ポリス市民の多神教文明」から、キリスト教の普及にともなう「コスモポリタンの一神教文明」への移行という形で整理することができます。

多神教の神々を崇めていた、都市国家の市民というあり方から、だんだん唯一の神を崇めるコスモポリタンな人々へと、ローマ人の「人間の質」が変わっていったということです。

多神教世界と一神教世界では、同じ言葉を使っているように見えても、大きな違いがあることがあります。

たとえば、もともとのローマ人にとっての「慈愛」と、カエサルの「慈愛」と、キリストの

「慈愛」は違います。

多神教世界というのは、もともと非常に寛容の精神に富んだ世界です。なぜなら数多く存在する神々の中で、どの神を崇めるのも自由な世界だからです。

ですからローマは、さまざまな民族を自分の中に統合していく過程で、相手のいろいろな価値観や生き方をすべて認めていくわけですが、それはローマが基本的に神々を崇める世界であったからに他なりません。そういう意味では、多神教世界の「慈愛」は「寛容」と非常に深く結びついたものと言えます。

相手に対して寛容なのは、視点を変えれば、自らが支配されたくないからです。

これは古代ギリシアでもローマでも同じですが、彼らの基本は、「すべての市民は、基本的には自由人であり、誰からも支配されない」というものです。

だからこそ、ギリシアでは、「われわれは誰にも支配されない、自分たちの力で国家を成り立たせるんだ」と考え、民主政が誕生し、ローマでは独裁者を認めない共和政が選ばれたのです。そう考えると、ギリシアにしろローマにしろ、ポリス市民というのは基本的に自由人であり、自由人だからこそ、誰にも支配されない、という点においては同じ価値観を共有していたと言えます。

ただし、こうしたローマの「慈愛」は、ローマ帝国ができてゆく過程で少し変貌を遂げます。

たとえば、「カエサルの慈愛（寛容）」と言いますが、彼は自分に反抗する人間に対しては、徹底的に弾圧したり残酷なことをしたりしますが、相手がそれなりの恭順の意を示せば相手を受け入れ、受け入れた以上は、惜しみない寛容さを見せます。

しかし、こうした「慈愛」は、よく考えてみると、力を持つ者が、力を持たざる者を条件付きで保護するという考えであることがわかります。

アウグストゥスをはじめとする帝政初期の皇帝たちも、カエサルに倣《なら》い「クレメンティア」を強調します。しかし、その「慈愛」も、はっきりとは表に出していませんが、皇帝が市民を「支配」したうえでのものです。

こうした変質は、キリスト教世界でさらに変化します。

キリスト教の「慈愛」は、弱者に対する愛として表現されます。

キリスト教を批判して背教者と言われたユリアヌスでさえ、キリスト教の弱者保護の精神を高く評価していますが、「弱者」を保護しなければならないという考え方は、そもそも自分を強者と考えるところからの発想です。

もともとのポリス社会では、すべての自由人は平等であり、そこに弱者と強者は存在しません。そもそも彼らは、弱者という存在を認めないのです。

今の価値観と古代の価値観は違うので、これはあくまでも古代の常識として理解していただきたいのですが、この時代において、五体満足でない人間は「弱者」以前の存在でした。公に寄与できない人間は、国家にとって必要のない存在と見なされていたのです。

そのため、当時は障害を負って生まれた子は、その場で捨てたり殺したりすることが当然とされていました。

こうしたことは障害者に限らず、物乞いで生活しているような社会の脱落者に対しても同様のものがありました。実際、プラトンやアリストテレスといった優れた思想家でさえ、そうした人々に対しては無視を貫いています。

このように考えると、ポリス社会の「慈愛」は平等ではあるけれど、その平等は弱者を切り捨てた上に成立するものであり、帝政期の皇帝たちの「慈愛」は、力を持つ者と持たざる者という階級差の上に立脚するものですが、恭順を条件に保護を与えるというものになっていることがわかります。

そして、キリスト教になると、強者は無条件で弱者を保護しなければならないという新たな「慈愛」へと変質していることがわかります。

これは良い悪いの問題ではありません。古代から中世へと移り変わる過程において、それぞれの時代背景のもと、人々の質もまた変化していたということです。

ストア哲学がキリスト教を受け入れる素地となった

多くの神々を奉じた古代ローマ人にとって、当初、唯一の神しか崇めないキリスト教徒は全く異質の、理解に苦しむ人間に見えました。

実際、キリスト教はローマに伝わってから、約二百年間にわたり、信者数をほとんど増やしていません。キリスト教の信者が急増するのは、三世紀に入ってからです。

なぜこの時期にキリスト教徒が爆発的に増えたのか、前章では世の中が乱れたことに対する不安と、皇帝権力の影響について考察しましたが、それ以前の問題として、この全く相容れないものを、ローマ人はなぜ受け入れることができたのか、ということについて触れておきたいと思います。

ここで思い出していただきたいのは、五賢帝時代の最後を飾るマルクス・アウレリウス、哲人皇帝と呼ばれた皇帝です。彼がストア哲学の徒であったことはすでにお話ししたとおりです。

一般的に、ストア派は禁欲主義で、エピキュロス派は快楽主義と言われますが、この二つはアプローチの方法が違うだけであって、ともに精神的な世界を豊かにしていくことを目指していたわけですから、方向性は同じと言えます。

では、同じところを目指していながら、なぜそのアプローチ方法が正反対と言えるまでに違っているのかというと、神に対する考え方が違っていたからなのです。

繰り返しになりますが、古代において神々の存在を疑う人はひとりもいません。ストア派もエピキュロス派も神々の存在は信じています。

両者の考えが異なるのは、神々と人間の関わり方についてです。エピキュロス派は、神は人間世界に介入しないと考え、ストア派は介入すると考えます。

わたしたちは不幸な出来事があると、「神様はなぜ」と嘆きますが、エピキュロス派の人はそうしたことは絶対に言いません。なぜなら、彼らは「この世の出来事は、良いことも悪いことも神の意思によって起きるのではない。神々は存在しているけれど、人間世界には一切介入しない」と考えるからです。

エピキュロス派の人々が、しばしば快楽主義者と言われるのは、自分たちの行動に対し神々が介入することはない、つまり、何をしても罰を与えることはないのだから、好きに楽しむべきだと考えたからです。

一方のストア派は「神々は人間の世界を見ていて、介入する」と考えたので、この世で公務など自分に与えられた仕事に真面目に取り組むことを重視したのです。

ローマでストア派が広く受け入れられたのは、もともと公職をホノルとしていたローマ人にとって、ストア派の思想の方がわかりやすかったからです。

神の介入を認めるという点においては、キリスト教も同じです。神がわたしたちを見ていて、必要に応じて介入すると考えたからこそ、キリスト教では身を慎み、善行を積まなければならないと説いているのです。

つまり、キリスト教と共通点を持つストア哲学が、三世紀のローマ社会で広く受け入れられていたことが、キリスト教を受け入れる精神的土壌のひとつになったと考えられるのです。

とは言え、ストア哲学だけがローマ人のキリスト教理解に繋がったと言うつもりはありません。他にもいろいろなことが考えられます。

たとえば、イエス・キリストが十字架にかかって犠牲になったという考え方は、古代人にとってはとてもわかりやすいものでした。

というのは、彼らは多神教を信じる中で、常に神々に生《い》け贄《にえ》を捧げていたからです。神に自分たちが持てる最も良いものを生け贄として捧げることで、神に喜んでもらえると考える多神教信者にとって、神の子イエスが犠牲になることで全人類が救われるというストーリーはかなり受け入れやすいものだったはずです。

実は、ローマでは当初、人間を犠牲として捧げるということに対して、揶揄《やゆ》する人々もいました。実際、二世紀末に書かれた落書きに、ロバが十字架に掛けられている姿を描いたものが見つかっています。

しかし、それも時間とともに、人間が、それも非常に優れた人間が生身のまま犠牲として捧げられたという、とてつもないインパクトを持つ話として、人々の心を摑んでいくことになったのです。

キリスト教は貧しき者たちの宗教だと言われます。

『聖書』にはイエスが祝福する人々が記されていますが、確かにそれはこれまで顧《かえり》みられることなく、社会から切り捨てられていた人々でした。

「貧しき者は幸いである」というイエスの言葉は、それまで貧しく、抑圧された下層民に、自分たちこそ救われる人間なんだという希望を与えました。

第一楽章で、自由人でありながら土地に縛られ、重税をかけられてしまった小作人の話をしましたが、そうした社会の下層に押し込められた貧しい人たちの中には、富める人たちに対する一種の「怨念」があったのだと思います。

そういう怨念を心に秘めていた人々にとって、貧しい者だけが救われるというイエスの言葉は、希望であるとともに、現実社会では晴らせぬ怨念をすくい上げて浄化してくれるものでした。

その後、皇帝がキリスト教に帰依《きえ》し、下層民に教会を通して現実の恩寵《おんちょう》が与えられたことで、こうした怨念はだんだんと弱められていくことにはなるのですが、キリスト教が弱者救済を謳《うた》う下層民のための宗教であるというところは基本的には変わりません。

ローマは、なぜキリスト教を受け入れたのか。

この問いの答えはまだ出尽くしていませんが、キリスト教の本質が弱者救済であるのならば、古代地中海世界の覇者として君臨したローマ人の多くが、古代から中世へと移りゆく時代の中で弱者に変質していたのかも知れません。

変わりゆく世界の中で

古代末期という時代は、ローマ帝国の衰亡期であると同時に、そこで生きていた人たちが、異なる価値観を持つ人や、異なる宗教を受け入れていくことで、時代に対応していった時代であるとも言えます。ローマという国は失われましたが、そこで生きていた人々は、新たな時代を生き続けていったのです。このような文脈《コンテキスト》のなかでは、まさしく「古代世界の終焉」でした。

今、世界で古代末期が注目されているのは、今を生きるわれわれが、古代末期を生きたローマ人と似たような問題に直面しているからだと思います。

ヨーロッパではシリアからの難民が急増し、異なる宗教、異なる価値観、異なる生活習慣に対する視線が厳しさを増しています。

ローマもゲルマン人が少数であったときは、余裕を持って受け入れていたものが、数が急増し、ローマの内部深くにまで彼らが入って来たことで、文明の衝突が争いへと発展しています。

しかし、古代末期を研究する人々の間で、この問題は、入って来た側にあるのではなく、受け入れる側の変質にこそ、問題の本質があるという見方がクローズアップされてきています。

つまり、相手に対するまなざしが、寛容から非寛容へと変化することが、争いの原因だという考え方です。

実際、今世界で古代末期のローマと同じようなことが起きています。

難民の受け入れを発表していたドイツが、あまりの難民の多さに、難民を厳しく見咎《みとが》めるようになったり、アメリカでこれまで安価な労働力として受け入れていたメキシコの不法移民を厳しく取り締まるようになったりしています。

数が増えすぎたことによる「非寛容」が加速しているのです。

わたしが今最も危惧しているのは、アメリカの非寛容が加速していくことです。

移民の流入を防ぐことを公約したトランプ氏が大統領となった当初、社会の上層部はその非寛容を問題視し、トランプ氏を非難しました。

しかし、トランプ政権が経済政策で良い結果を出せば、こうした上層部の意見も変わっていく可能性が高いのです。

移民を閉め出したことで経済が好転すれば、これまで反対していた上層部の人々がトランプ氏のやり方に賛成するようになるかも知れません。

もしそうなったら、アメリカ社会は大きく変わるでしょう。

そして、その変化は世界に広がっていくかも知れないのです。

世界に広がりつつある「非寛容」のまなざしを再考するためにも、今こそ多くの人にローマの歴史に触れていただきたいと思っています。

主要参考・引用文献

・フィリップ・マティザック著、東真理子訳、本村凌二監修『古代ローマ歴代誌』創元社、二〇〇四年
・クリス・スカー著、月村澄枝訳、青柳正規監修『ローマ皇帝歴代誌』創元社、一九九八年
・ポール・ヴェーヌ、西永良成・渡名喜庸哲訳『「私たちの世界」がキリスト教になったとき　コンスタンティヌスという男』岩波書店、二〇一〇年・木村靖二ほか監修『山川　詳説世界史図録（第2版）』山川出版社、二〇一四年
・南川高志『新・ローマ帝国衰亡史』岩波新書、二〇一三年
・本村凌二『興亡の世界史　地中海世界とローマ帝国』講談社学術文庫、二〇一七年
・同『愛欲のローマ史　変貌する社会の底流』講談社学術文庫、二〇一四年
・同『多神教と一神教　古代地中海世界の宗教ドラマ』岩波新書、二〇〇五年
・同『世界史の叡智　悪役・名脇役篇』中公新書、二〇一四年
・同『ローマ人に学ぶ』集英社新書、二〇一二年
・同『ローマ帝国　人物列伝』祥伝社新書、二〇一六年
・同『はじめて読む人のローマ史1200年』祥伝社新書、二〇一六年
・桜井万里子・本村凌二『集中講義！　ギリシア・ローマ』ちくま新書、二〇一七年
・マルクス・アウレーリウス、神谷美恵子訳『自省録』岩波文庫、二〇〇七年
・タキトゥス、國原吉之助訳『同時代史』ちくま学術文庫、二〇一二年
・同『年代記』（上・下）岩波文庫、一九八六年
・スエトニウス著、國原吉之助訳『ローマ皇帝伝』（上・下）岩波文庫、一九六八年
・アエリウス・スパルティアヌス、南川高志訳『ローマ皇帝群像〈1〉』京都大学学術出版会、二〇〇四年
・同、桑山由文・南川高志・井上文則訳『ローマ皇帝群像〈2〉』京都大学学術出版会、二〇〇六年
・同、桑山由文・井上文則訳『ローマ皇帝群像〈3〉』京都大学学術出版会、二〇〇九年
・同、井上文則訳『ローマ皇帝群像〈4〉』京都大学学術出版会、二〇一四年
・本村凌二ほか訳『西洋古代史料集』（第二版）東京大学出版会、二〇〇二年

装幀
西垂水敦(Krran)
装幀写真提供
iStock. by Getty Images
本文写真提供
著者
(67p、87p、91p、119p右上、151p、163p、185p上、185p右下、
195p、197p、215p、219p右、231p、243p、247p、301p、313p)
ユニフォトプレス(上記以外)
「ローマ帝国の最大版図」地図作成
アトリエ・プラン
本文図版作成
有限会社ティー・ハウス
編集協力
板垣晴己

〈著者略歴〉

本村凌二（もとむら　りょうじ）

東京大学名誉教授。博士（文学）。1947年、熊本県生まれ。1973年、一橋大学社会学部卒業。1980年、東京大学大学院人文科学研究科博士課程満期退学。東京大学教養学部教授、同大学院総合文化研究科教授などを経て、早稲田大学国際教養学部特任教授を2018年3月末に退職。専門は古代ローマ史。『薄闇のローマ世界』でサントリー学芸賞、『馬の世界史』でＪＲＡ賞馬事文化賞、一連の業績にて地中海学会賞を受賞。

著書に『地中海世界とローマ帝国』『愛欲のローマ史』（以上、講談社学術文庫）、『多神教と一神教』（岩波新書）、『ローマ帝国 人物列伝』（祥伝社新書）、『競馬の世界史』『世界史の叡智』（以上、中公新書）、『集中講義！ ギリシア・ローマ』（共著、ちくま新書）、『教養としての「世界史」の読み方』（ＰＨＰエディターズ・グループ）などがある。

教養としての「ローマ史」の読み方

2018年３月30日　第１版第１刷発行
2018年７月19日　第１版第４刷発行

著　者　本村凌二
発行者　清水卓智
発行所　株式会社ＰＨＰエディターズ・グループ
〒135-0061　江東区豊洲5-6-52
☎03-6204-2931
http://www.peg.co.jp/
発売元　株式会社ＰＨＰ研究所
東京本部　〒135-8137　江東区豊洲5-6-52
普及部　☎03-3520-9630
京都本部　〒601-8411　京都市南区西九条北ノ内町11
PHP INTERFACE　https://www.php.co.jp/
印刷所
製本所　凸版印刷株式会社

ISBN978-4-569-83780-2